Timm Eichenberg, Olga Hördt, Thomas Stelzer-Rothe

**Zukunft der Arbeit: New Work und agile Arbeitsformen**

# Lehr- und Klausurenbücher der angewandten Ökonomik

—

Herausgegeben von
Prof. Dr. Michael Vorfeld und Prof. Dr. Werner A. Halver

## Band 11

Timm Eichenberg, Olga Hördt,
Thomas Stelzer-Rothe

# Zukunft der Arbeit: New Work und agile Arbeitsformen

Klausuraufgaben, Übungen und Lösungen

**DE GRUYTER**
OLDENBOURG

ISBN 978-3-11-138878-6
e-ISBN (PDF) 978-3-11-138886-1
e-ISBN (EPUB) 978-3-11-138892-2
ISSN 2364-2920

**Library of Congress Control Number: 2025930556**

**Bibliografische Information der Deutschen Nationalbibliothek**
Die Deutsche Nationalbibliothek verzeichnet diese Publikation in der Deutschen Nationalbibliografie;
detaillierte bibliografische Daten sind im Internet über http://dnb.dnb.de abrufbar.

© 2025 Walter de Gruyter GmbH, Berlin/Boston, Genthiner Straße 13, 10785 Berlin
Satz: Integra Software Services Pvt. Ltd.


www.degruyter.com
Fragen zur allgemeinen Produktsicherheit:
productsafety@degruyterbrill.com

# Vorwort

Fragestellungen zur Zukunft der Arbeit zählen zu den spannendsten und gleichzeitig auch innovativsten Aufgabenstellungen innerhalb der Unternehmensführung. Dies gilt sowohl im akademischen als auch im unternehmenspraktischen Umfeld. Woran liegt es? Aus der Praxisperspektive gewinnen Fragestellungen darüber, wie die Zukunft der Arbeitswelt gestaltet werden kann, durch aktuelle gesellschaftliche Entwicklungen und technologischen Fortschritt zunehmend an Bedeutung. Divergente Sichtweisen auf zukünftige Ausgestaltungsmöglichkeiten der Arbeit führen in Gesellschaft, Politik, Wissenschaft und innerhalb der Belegschaften auch teils zu kontroversen Diskussionen.

Das Buch soll unseren Leserinnen und Lesern die Möglichkeit geben, anhand von Fällen, Klausuraufgaben und Übungsaufgaben das aktuelle Grundlagenwissen in dem Bereich Zukunft der Arbeit, agile Arbeitsformen und New Work zu erlangen und zu vertiefen.

Das Buch eignet sich zum Selbststudium, als Repetitorium und auch für Lehrende zum Einsatz in der eigenen Lehre. In den Übungsaufgaben können einzelne Wissensbausteine vermittelt werden. Außerdem werden aufgabenbezogene Literaturhinweise angeführt, die konkrete Empfehlungen zum vertieften selbstständigen Studium geben sollten. Des Weiteren ist jede Aufgabe mit einer Angabe zum angestrebten Niveau sowie zum zeitlichen Arbeitsumfang versehen.

Bedanken möchten wir uns bei Katharina Reccius, die mit ihrem Einsatz dazu beigetragen hat, das Manuskript in eine druckreife Form zu bringen. Ebenso gilt unser Dank den Studierenden unserer Hochschulen, denen wir einen Teil der Aufgaben bereits präsentieren konnten und die uns hilfreiches Feedback gegeben haben. Dem De Gruyter Verlag sind wir für die vertrauensvolle Zusammenarbeit sehr dankbar.

Wir wünschen Ihnen viel Freude bei der Bearbeitung der Aufgaben und viel Erfolg bei der Prüfungsvorbereitung. Für Anregungen und Feedback sind wir Ihnen dankbar.

Mülheim an der Ruhr, Hagen und Hameln im Januar 2025

https://doi.org/10.1515/9783111388861-202

# Inhalt

# Kapitel 1: Einführung in New Work

## 1.1 Begründung neuer Ideen für die Arbeitswelt des 21. Jahrhunderts

**Aufgabe 1: Die Notwendigkeit einer differenzierten und verantwortungsvollen Auseinandersetzung mit dem Thema Arbeit**

| Wissen, Verstehen | 15 Minuten |
|---|---|

### 1 Fragestellung

Bevor Fragen thematisiert werden, die sich unmittelbar mit dem Thema New Work auseinandersetzen, soll die Bedeutung der Arbeit an sich behandelt werden. Aus diesem sehr grundlegenden Verständnis heraus lässt sich erahnen, dass es naheliegend war, über das Thema Arbeit als einem bedeutenden Teil des Lebens nachzudenken und die Frage zu stellen, was getan werden könnte, damit Menschen Arbeit noch erfüllender erleben können.

Fragen wir Menschen am Ende ihres Berufslebens, welche Erfahrungen sie mit ihrer Arbeit oder in ihrem Beruf gemacht haben, erhalten wir eine ganze Palette von höchst unterschiedlichen Antworten. Wir können aber wohl mit großer Sicherheit annehmen, dass bei allen Befragten positive und negative Seiten ihrer beruflichen Tätigkeit sichtbar werden.

So werden einige Befragte davon schwärmen, wie schön und erfolgreich sie waren, und andere berichten von Enttäuschungen und Misserfolgen. Normalerweise kommt beides vor.

Festzuhalten ist auf jeden Fall, dass das Berufsleben bei vielen Menschen auch heute noch viel Lebenszeit beansprucht. Der Hinweis darauf, dass die Generation Z bisher am deutlichsten nach der sogenannten Work-Life-Balance fragt, ist mittlerweile fast überflüssig geworden. Der darin enthaltene Gegensatz von *work* und *life* wird allerdings zunehmend infrage gestellt. Leben wir um zu arbeiten, oder arbeiten wir um zu leben? Letzteres wird von der Generation Z wahrscheinlich anders empfunden als von vielen Menschen, die seit Jahrzehnten im Arbeitsprozess eingebunden sind beziehungsweise waren.

https://doi.org/10.1515/9783111388861-001

## 2 Lösung

Es stellt sich die Frage, warum das Berufsleben eher positiv oder negativ bewertet wird. In einer fast unüberschaubaren Zahl von wissenschaftlich durchaus fundierten Studien sind die Gründe untersucht worden. Die genauen Zusammenhänge und Wirkungen, die sich zum Beispiel durch die Gestaltung von Arbeitsplätzen ergeben, sind zumindest zum Teil noch nicht genau bestimmbar. Tiefere und fundierte Darstellungen der Wirkweisen existieren noch nicht. Bekannt ist allerdings, dass die physischen Arbeitsumgebungen sehr wohl Einfluss auf die psychische Gesundheit von Beschäftigten haben (vgl. Lütke-Lanfer, Sarah/Becker, Cathrin (2020), S. 206 und Cremer, Kira Marie (2024), S. 72).

Forschungen, die sich mit der Frage befassen, was Menschen glücklich macht, belegen, dass die Beziehungsgestaltung, und das betrifft auch den Arbeitsplatz, einen sehr großen Einfluss auf die Zufriedenheit und die Arbeitsleistung hat (vgl. Waldinger, Robert/Schulz, Marc (2023), S. 11).

Arbeit ist auf jeden Fall eine spezifische Art, der Welt und uns selbst zu begegnen (vgl. dazu Bauer, Joachim (2015), S. 14 ff.). Durch Arbeit erleben wir im günstigen Fall die Wahrnehmung der für die Motivation so überaus wichtigen Selbstwirksamkeit. Zweifellos werden auch immer wieder unsere Grenzen deutlich. Beides ist wichtig, um ein realistisches Selbstbild zu erhalten, das uns hilft, die für uns passende Form der Betätigung zu finden. Die eigene Arbeit zu erleben, ist eine spezifische Form, personale Identität herauszubilden, die uns zu dem werden lässt, was wir sind oder sein sollen.

Gefährdet die eigene Arbeitserfahrung die Persönlichkeit eines Menschen, sind Folgewirkungen möglich, die ihn im Letzten vernichten können. Dazu gehören zum Beispiel Burn-out, Depression und vielfältige Formen von Krankheitsbildern, die aus latentem oder akutem Stress resultieren. Die durch Stress ausgelöste Schädigung des Immunsystems und Erkrankungen des Herz-Kreislauf-Systems sind gravierende und keinesfalls zu unterschätzenden Formen ungünstiger Arbeitsbedingungen.

Nicht zuletzt schafft Arbeit allerdings auch die Möglichkeit stärkender Begegnungen mit anderen Menschen. Das längste, jemals durchgeführte Forschungsvorhaben in diesem Kontext (Beginn 1938), welches die Frage thematisiert, wie Menschen ein gutes Leben führen können (glücklich werden), macht deutlich, dass es letztlich die als positiv wahrgenommenen sozialen Kontakte (menschliche Begegnungen) sind, die das gelingende Leben kennzeichnen:

> *Positive interactions with other people stimulate our brains and make us feel good and safe, whereas negative interactions lead to the production of cortisol and adrenaline, which are stress hormones. In fact, humans only survived because people knew that they were safer together and that they could cooperate to hunt and farm more efficiently. Our modern world tries to trick us into going after certain things in order to be happy, but happiness does not always follow.* (Waldinger, Robert/Schulz, Marc (2023), S. 11)

Die beschriebenen Facetten der Arbeit sind eng miteinander verbunden und beeinflussen sowohl unsere physischen als auch psychischen Bedürfnisse und Funktionssysteme. Neuere Erkenntnisse der Hirnbiologie zeigen, wie soziale Interaktionen und Arbeitserfahrungen auf neurobiologischer Ebene mit der Regulation von Stress und Glücksgefühlen zusammenhängen. Arbeit kann daher sowohl kreative und soziale Erfüllung fördern als auch belastend und gesundheitsschädlich wirken. (vgl. dazu Bauer, Joachim (2015), S. 25 ff.).

Aus allem ergeben sich ausgesprochen gute Gründe, sich mit dem Thema Arbeit auseinanderzusetzen. Sie können dabei helfen zu verstehen, warum es, in einer Zeit, in der die Gefährdung menschenwürdiger Arbeit im Rahmen einer rasanten Beschleunigung in vielen Bereichen des Lebens mehr an Bedeutung gewinnt als jemals zuvor, Konzepte geben sollte, die Arbeit auf ein neues Niveau von Menschlichkeit zu bringen (vgl. Bauer, Joachim (2014), S. 23). Beim Thema Arbeit geht es vor allem auch darum, wie Menschen mit Menschen umgehen. Diese Frage gehört zu den wichtigsten Fragen, die nicht nur das Arbeitsleben prägen.

## 3 Hinweise zur Lösung

Die Ausführungen für die Notwendigkeit, sich mit dem Thema Arbeit auseinanderzusetzen, machen in einer tieferen Betrachtung deutlich, dass Arbeit zwei Gesichter hat. Wir brauchen Arbeit, um überleben zu können. Auf der anderen Seite hat Interaktion mit anderen Menschen eine zentrale neurobiologisch begründbare Notwendigkeit. Arbeit bietet eine Möglichkeit zur sozialen Teilhabe, Wertschätzung und Anerkennung zu erhalten. Sie generiert Identität und stiftet Sinn.

Umgekehrt bedeutet dies, dass Menschen, die diese positiven Erfahrungen nicht machen, weil sie sich in prekären Arbeitsverhältnissen, in andauernden Stresssituationen oder in einem Arbeitsklima befinden, das durch Demütigung oder Feindseligkeit gekennzeichnet ist, leiden müssen.

Allerdings gibt es eine Gruppe von Menschen, der es noch schlechter geht. Das ist die Gruppe der Arbeitslosen (vgl. Bauer, Joachim (2015), S. 18). Nicht zu arbeiten löst nicht das Problem, dass ungünstige Arbeitsbedingungen krank machen können. Keine Arbeit macht viele Menschen genauso krank wie der Stress durch ungünstige Arbeitsbedingungen. Die Suche nach Lösungen für gute Arbeit – für New Work – ist deshalb ein Gebot der Menschlichkeit und der Menschenwürde. Nicht zuletzt deshalb hat die Bundesrepublik Deutschland die UNO-Menschenrechtsdeklaration, die das Recht auf soziale Sicherheit, Arbeit und Wohnung festschreibt, unterzeichnet (vgl. Vereinte Nationen (1948)).

## 4 Literaturempfehlungen

Bauer, Joachim (2014): Prinzip Menschlichkeit: Warum wir von Natur aus kooperieren, Hamburg, S. 23–46.

Bauer, Joachim (2015): Arbeit: Warum sie uns glücklich oder krank macht, München, S. 9–23.

Cremer, Kira Marie (2024): Eingetaucht: New Work: Wie arbeiten wir in Zukunft?, Köln, S. 72–81.

Lütke-Lanfer, Sarah/Becker, Cathrin (2020): Offene Büroumgebungen und psychische Gesundheit: Theoretische Überlegungen zu psychologischen Einflussfaktoren; in: Zeitschrift für Arbeitswissenschaft 74. Jg., 2020, H. 3, S. 206–215.

Waldinger, Robert/Schulz, Marc (2023): Summary of Robert Waldinger and Marc Schulz's The Good Life, Stuttgart, S. 11–14.

Vereinte Nationen (1948), Resolution der Generalversammlung 217 A (III). Allgemeine Erklärung der Menschenrechte, https://www.un.org/depts/german/menschenrechte/aemr.pdf/, (18.07.2024).

## Aufgabe 2: Trends und ihre Konsequenzen für die Neugestaltung der Arbeitswelt

| | |
|---|---|
| Wissen, Verstehen | 20 Minuten |

### 1 Fragestellung

Wer auf einem Surfbrett steht und kerzengerade versucht, irgendeinen Halt zu finden, wird normalerweise ins Wasser fallen. Das liegt daran, dass sich das Wasser nicht wie eine feste und stabile Fläche verhält, sondern überaus flexibel ist. Es gibt Wellen und die angemessene Haltung auf einem Surfbrett ist davon geprägt, zu versuchen, die unterschiedlichen Wellenbewegungen durch eine geeignete Veränderung der Körperhaltung auszugleichen.

So ähnlich ist das in der Arbeitswelt. Wir sind gehalten, Veränderungen im Umfeld einer bestimmten Tätigkeit zu beobachten und angemessen darauf zu reagieren. Andernfalls laufen wir Gefahr, dass die Grundlage der entsprechenden Tätigkeit wegfällt.

### 2 Lösung

Es gibt eine Reihe von Megatrends, die die wirtschaftlichen und gesellschaftlichen Aktivitäten weltweit bestimmt. Dazu gehören die in der folgenden Abbildung 1 dargestellten Phänomene.

Das, was die Arbeitswelt über diese Trends bestimmt, wird mit dem Begriff der VUKA-World umschrieben. Das Akronym VUKA setzt sich aus den vier Begriffen zusammen, die in der folgenden Abbildung 2 kurz erklärt werden.

```
┌─────────────────────────────────────────────┐
│  Megatrends im beginnenden 21. Jahrhundert:   │
└─────────────────────────────────────────────┘
```

| Gewaltiger Wissenszuwachs | Massive Digitalisierung | Spürbare Globalisierung | Demografischer Wandel |
|---|---|---|---|

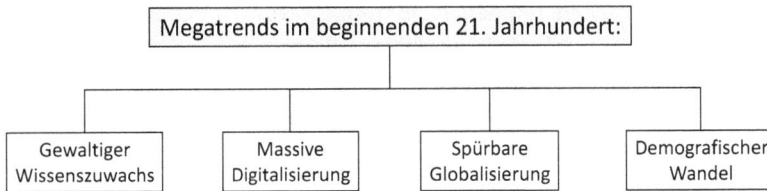

**Abb. 1:** Megatrends im beginnenden 21. Jahrhundert.
Quelle: Modifiziert nach Schermuly, Carsten C. (2024), S. 35.

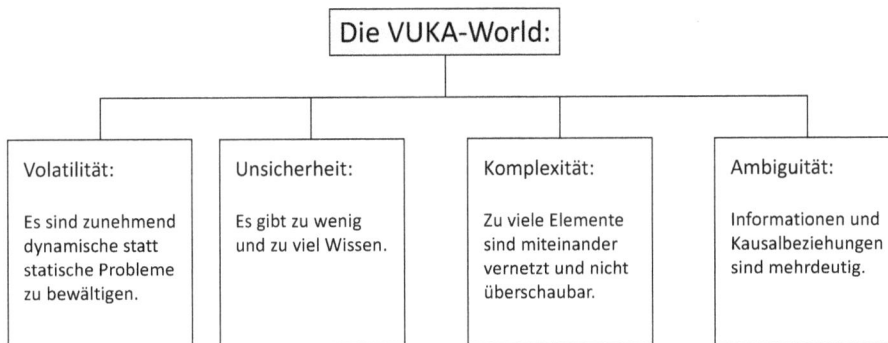

```
┌─────────────────────┐
│   Die VUKA-World:    │
└─────────────────────┘
```

| Volatilität: | Unsicherheit: | Komplexität: | Ambiguität: |
|---|---|---|---|
| Es sind zunehmend dynamische statt statische Probleme zu bewältigen. | Es gibt zu wenig und zu viel Wissen. | Zu viele Elemente sind miteinander vernetzt und nicht überschaubar. | Informationen und Kausalbeziehungen sind mehrdeutig. |

**Abb. 2:** Die VUKA-World.
Quelle: Schermuly, Carsten C. (2024), S. 51 ff.

Die VUKA-World hat ihre Ursachen in den zuvor genannten Phänomenen, die weltweit zu beobachten sind und auf die reagiert werden muss, wenn die Grundlage aller wirtschaftlichen Aktivitäten nicht in Gefahr geraten soll. Es bedarf also der Klärung, was hinter den vier Trends steckt und wie sie die Arbeitswelt in Zukunft bestimmen werden.

Jeden Tag werden laut UNESCO ca. 5000 neue Bücher veröffentlicht (vgl. dazu Schermuly, Carsten C. (2024), S. 36). Dieser gewaltige Wissenszuwachs hat Folgen. Die Zahl drückt das aus, was wahrscheinlich viele Menschen unmittelbar nachvollziehen können. Es gibt eine unüberschaubare Flut von Informationen, die tagtäglich in Büchern, in Veröffentlichungen von Zeitschriften oder im Internet zu finden sind. Die oben beschriebene VUKA-World verlangt, dass insbesondere die im scharfen Wettbewerb befindlichen Unternehmen Informationen sammeln und zielbezogen verwerten. Dabei geht es nicht nur um die schnelle Beschaffung der Informationen, sondern darüber hinaus vor allem um ihre geeignete kreative Verknüpfung (vgl. Scholl, Wolfgang et al. (2012), S. 391), um durch neue Ideen ein konkurrenzfähiges Produkt oder eine konkurrenzfähige Dienstleistung zu generieren.

Die Auswertung von Informationen erfordert, dass diejenigen, die sie vornehmen, kritisch bewerten können, ob die Quellen zuverlässig sind. Generative KI-Systeme wie

ChatGPT basieren auf den Daten, mit denen sie trainiert wurden, und reproduzieren Muster aus diesen Daten. Werden jedoch falsche oder ungenaue Informationen eingegeben, kann dies die Qualität der Ergebnisse beeinträchtigen. Gleichzeitig können solche Systeme durch die Breite ihres Trainingsdatensatzes in der Lage sein, fehlerhafte Eingaben teilweise zu kompensieren oder plausible Antworten zu generieren.

Künstliche Neuronale Netze (KNN) sind im Grunde mathematische Konstrukte (vgl. Bauer, Joachim (2023), S. 135 ff.). Grundlage dieser Systeme sind Rechnerknoten, die übereinanderliegen und miteinander verbunden sind. Gefüttert werden diese Systeme mit Millionen von Texten oder Bildern. Ein KNN ordnet die Daten nach wechselseitigen Wahrscheinlichkeitszusammenhängen.

Je nachdem, welche Informationen also in das System eingehen, ist es möglich, dass die Systeme falsche Informationen ausgeben. Für die Arbeitswelt bedeutet dies, dass die Informationen, die Beschäftigte aus den vielfältigen Quellen erhalten, von ihnen einer intensiven Prüfung unterzogen werden müssen. Das führt sinnvollerweise zu einer Vernetzung derjenigen Wissensarbeiter, die die Informationen auswerten. Es liegt auf der Hand, dass die Beteiligten hochgradig in der Lage sein müssen, mit anderen Menschen zu kommunizieren. Letztlich ist es erforderlich, dass jeder mit jedem kommuniziert.

Die Bedeutung von gelungener und zielbezogener Kommunikation zwischen Mitarbeitern wird durch den gewaltigen Wissenszuwachs also noch einmal maßgeblich gesteigert. Das hat Konsequenzen für die Menschen, die in Unternehmen in Zukunft eingestellt werden müssen, um den Ansprüchen der Wissens- und Informationsgesellschaft gerecht werden zu können.

Die Generierung neuer Informationen wird durch die Entwicklung immer neuer Informations und Kommunikationstechnologien begünstigt. Zusammen mit dem oben beschriebenen Wissenszuwachs werden bestimmte Tätigkeiten, deren Bewältigung mittlere Qualifikationen verlangen, tendenziell durch digitalisierte Prozesse ersetzt. Diejenigen, die diese Arbeitsplätze bisher besetzt haben, müssen sich entweder zu spezialisierten Wissensarbeitern entwickeln oder Tätigkeiten übernehmen, die nicht durch digitale Systeme ersetzt werden können. Das sind zum Beispiel handwerkliche Tätigkeiten.

Globalisierung ist nicht unbedingt ein Trend des 21. Jahrhunderts. Internationale Kontakte gab es schon vor Hunderten von Jahren. Das Ausmaß der Globalisierung und die damit verbundenen Konsequenzen haben allerdings signifikant zugenommen.

Im Arbeitsumfeld zeigt sich Globalisierung in der Zusammenarbeit von Menschen aus verschiedensten Kultur- und Zeitzonen (vgl. Schermuly, Carsten C. (2024), S. 46). Heterogene Teams arbeiten unter Umständen kreativer zusammen, weil sie in der Lage sind, sehr unterschiedliche Sichtweisen einzubeziehen. Allerdings sind sie auch mit der Schwierigkeit konfrontiert, dass es, aufgrund unterschiedlicher Kulturen, zu Missverständnissen kommen kann. Führungskräfte, die die aus der Globalisierung gewachsenen heterogenen Teams führen, benötigen Kompetenzen, um die Kreativität und Heterogenität dieser Teams zusammenzubringen.

Der demografische Wandel ist der vierte Trend, der die Arbeitswelt deutlich verändert. Qualifizierte Fachkräfte werden in einigen Unternehmen mittlerweile zur Mangelware. 51 % der deutschen Unternehmen beklagen sich über eine qualitativ und quantitativ unzureichende Bewerberlage auf dem Arbeitsmarkt (vgl. Schermuly, Carsten C. (2024), S. 47).

Die Bewältigung des Mangels hat Konsequenzen für die einzelnen Unternehmen oder Organisationen, die neue Mitarbeiter suchen. Die Marktlage ändert sich zugunsten der Bewerber. Die potenziellen Arbeitgeber müssen deshalb dafür sorgen, dass die Arbeitsbedingungen für sie attraktiv sind und sich eine anziehende Arbeitgebermarke im Markt ergibt.

Die genannten Trends haben insgesamt zur Folge, dass neue Konzepte der Arbeit (zum Beispiel New Work) entwickelt und angewendet werden könnten, um die mit den Trends verbundenen Chancen zu nutzen und die damit verbundenen Gefahren, soweit möglich, abzuwehren.

## 3 Hinweise zur Lösung

Die Herausforderungen, die mit der Gestaltung der neuen Arbeitswelt auf Unternehmen zukommen, sind enorm. Das kann alle Beteiligten überaus verunsichern. Es sind nicht nur die Kunden, die in Zukunft im Mittelpunkt stehen, sondern auch diejenigen, die in Unternehmen Leistungen vollbringen.

So sind zum Beispiel hybride Arbeitsmodelle sowie die Gestaltung von Führungsbeziehungen in digital veränderten und kulturell heterogenen Arbeitswelten herausfordernd. Darüber hinaus sind die weltweit durch Konflikte entstandene Unsicherheit zusammen mit der drohenden und noch deutlicheren Klimaveränderung Kontextbedingungen, unter denen das Arbeitsleben jenseits der Verbesserungen, die festzustellen sind, existiert und die es erfolgreich zu bewältigen gilt (vgl. Dull, Doris (2023), S. 24).

Es wird darum gehen, noch genauer darauf zu schauen, wie in Organisationen gearbeitet wird. So gilt es zum Beispiel, Stimmungen in Unternehmen zu erfassen, Menschen zu ermutigen, sinnvolle und gemeinsam gefundene Lösungen für Fragestellungen erfolgreich umzusetzen. Damit werden Aufgaben eines wirkungsvollen Changemanagements und/oder wirksamer Organisationsentwicklungsprozesse (vgl. Eichenberg, Timm/Hahmann, Martin/Hördt, Olga/Luther, Maren/Stelzer-Rothe, Thomas (2019), S. 202) und die damit verbundenen Kompetenzen zunehmend bedeutsamer.

Letztlich geht es darum, Menschen dazu zu motivieren, Gestaltungsmut zu entwickeln bzw. zu erhalten, statt sich von Zukunftsangst treiben zu lassen. Auch das ist eine hervorragende Begründung, das Arbeitsgeschehen mit neuen und kreativen Ideen anzureichern.

## 4 Literaturempfehlungen

Bauer, Joachim (2023): Realitätsverlust. Wie KI und virtuelle Welten von uns Besitz ergreifen – und die Menschlichkeit bedrohen, München. S. 135–143.

Dull, Doris (2023): New Work – die Illusion von der großen Freiheit, Ausprägungen der neuen Arbeitswelt, Wiesbaden, S. 24–27.

Eichenberg, Timm/Hahmann, Martin/Hördt, Olga/Luther, Maren/Stelzer-Rothe, Thomas (2019): Personalmanagement, Führung und Change Management, Berlin/Boston, S. 200–251.

Schermuly, Carsten C. (2024): New Work – Gute Arbeit gestalten: Psychologisches Empowerment von Mitarbeitenden, 4. Aufl., Freiburg, S. 35–81.

Scholl, Wolfgang et al. (2012): Wissensgewinnung durch Führung – die Vermeidung von Informationspathologien durch Kompetenzen für Mitarbeitende (Empowerment); in: Grote, Sven (Hrsg.): Die Zukunft der Führung, S. 391–414.

# 1.2 Historische Entwicklung und Inhalte von New Work

### Aufgabe 1: Frithjof Bergmann und seine zentralen Anliegen

---

**Wissen, Verstehen**                                                    **15 Minuten**

---

### 1 Fragestellung

Bevor die Ideen von Frithjof Bergmann etwas genauer beleuchtet werden, soll ein erster Blick auf die Person Frithjof Bergmann erfolgen. Seine Biografie gibt zumindest Anhaltspunkte für das, was später unter dem Begriff New Work entstanden ist. Seine Persönlichkeit wird sicher, wie bei allen anderen Menschen, nachhaltig von seinen Erfahrungen geprägt worden sein, die er in seinem Leben machte. Sie riefen bei ihm Ideen hervor, die gänzlich neue Sichtweisen eröffneten, bei denen es sich überaus lohnt, etwas genauer nachzuforschen, was sich hinter ihnen verbirgt und was als New Work bezeichnet wird.

### 2 Lösung

Frithjof Bergmann wurde 1930 in Sachsen als eins von fünf Kindern geboren und verstarb 2021 (vgl. zum Folgenden Väth, Markus (2016), S. 51; vgl. auch Wagner, Dieter et. al. (2021), S. 50 f.). Sein Vater war evangelischer Pfarrer (vgl. NANK Co:llaboratory (2024)), was zumindest nahelegt, dass er schon früh von Gedanken der Nächstenliebe beeinflusst wurde. Allerdings war er sich selbst über diese Zusammenhänge nicht sicher, wie er einmal in einem Interview betonte (Personalmagazin (9/2018), S. 43).

Die Zeit des Nationalsozialismus führte dazu, dass Frithjof Bergmann und seine Familie nach Österreich übersiedelten. Dort machte er sein Abitur. Aufgrund der Tatsache, dass seine Mutter jüdischer Herkunft war, wurde die Familie stark benachteiligt. Früh auf sich allein gestellt, nahm er Aushilfsjobs an. Diese Erfahrungen dürften ihn sehr bewegt und die Ansätze der New Work beeinflusst haben. Ihn trieb an, die Welt besser zu machen, als er sie erlebt hatte.

1949 erhielt er die Möglichkeit eines einjährigen Studienaufenthalts in den USA. Er blieb anschließend dort, hielt sich mit Aushilfsjobs über Wasser und lebte fast zwei Jahre auf dem Land bei New Hampshire, wobei er sich weitgehend selbst versorgte.

Nach einem Studium der Philosophie an der Universität Princeton promovierte er mit einer Arbeit über Hegel. Anschließend versuchte sich Bergmann mit Kartoffeln, Kohl und Mais zwei Jahre im Wald selbst zu versorgen. Das kann sicher ein wenig verwundern, ist aber angesichts seiner Persönlichkeit, die von unorthodoxen Ideen gekennzeichnet war, nicht überraschend.

Von 1958 an hatte er, nach einigen Lehraufträgen an verschiedenen Hochschulen, an der University of Michigan zunächst einen Lehrstuhl für Philosophie und später auch für Kulturanthropologie in Ann Arbor inne. Er wurde dort 1999 emeritiert.

Prägend für die Ansätze der New Work waren für ihn u. a. Aufenthalte in den damaligen Ostblockstaaten. Die Kritik am real existierenden Sozialismus und sein Nachdenken über den Kapitalismus führten ihn zu der Idee, ein neues Modell zu entwickeln. Die darauf aufbauende Bewegung wurde mit dem Begriff der Neuen Arbeit (New Work) belegt.

Inspiriert wurde Bergmann darüber hinaus von Massenentlassungen in Flint (Michigan) bei General Motors. Dort verloren in den 1990er-Jahren Menschen in bisher kaum bekannten Maßen ihre Arbeit (vgl. Schermuly, Carsten C. (2024), S. 55).

## 3 Hinweise zur Lösung

Die Ideen von Frithjof Bergmann wurden vielfach adaptiert, aber auch kritisiert. Er selbst hat in einem Interview 2018 die Feststellung gemacht, dass seine Idee zwar nicht vollständig entstellt, seine Ziele aber nicht deutlich genug wurden (Personalmagazin 09/2018, S. 40): „Es ist mir sympathisch, dass die Neue Arbeit jetzt bekannt ist – auch wenn sie weit weg ist von dem, was ich mir dabei gedacht habe." Es lohnt sich auf jeden Fall, seine Ideen und das, was später mit seinen Ansätzen gemacht wurde, etwas genauer zu beleuchten. Das wird Gegenstand der folgenden Ausführungen sein.

## 4 Literaturempfehlungen

NANK Co:llaboratory (2024) https://newwork-newculture.dev/frithjofbergmann/ (20.07.2024).

Personalmagazin (9/2018): Interview mit Frithjof Bergmann: Für viele ist New Work etwas, was Arbeit ein bisschen reizvoller macht, quasi Lohnarbeit im Minirock; in: Personalmagazin 09/2018, S. 40–43.

Schermuly, Carsten C. (2024), New Work, Gute Arbeit gestalten, 4. Aufl., Freiburg, S. 55–81.

Väth, Markus (2016): Arbeit. Die schönste Nebensache der Welt, E-Book, Offenbach, S. 51–55.

Wagner, Dieter et al. (2021): New Work in Brandenburg; in: PERSONALquarterly, 73. Jg., 2021, H. 4, S. 50–51.

## Aufgabe 2: Zentralen Ideen von Frithjof Bergmann

| Wissen, Verstehen | 15 Minuten |
|---|---|

### 1 Fragestellung

Die ursprünglichen Ideen von Frithjof Bergmann wurden vielfältig adaptiert. Er selbst hat festgestellt, dass das, was in der Praxis unter dem Begriff New Work umgesetzt wurde, zum Teil deutlich von dem abweicht, was er selbst darunter verstand. Aus diesem Grund stellt sich die Frage, wie Frithjof Bergmann selbst seine Idee der New Work ausgestaltet hat. Im Folgenden soll der Kern seiner Gedanken zusammengefasst werden.

### 2 Lösung

Frithjof Bergmanns Ideen waren durchaus radikal. Er ging davon aus, dass die gegenwärtige Situation der Arbeit sich nicht durch mehr oder weniger große Korrekturen verbessern ließe (vgl. Bergmann, Frithjof (2020), S. 353 ff.). Er plädierte für ein völlig neues System von Arbeit. Der Übergang zu diesem neuen System sollte allerdings allmählich und behutsam erfolgen.

Sein Ansatz enthält einen fundamentalen Perspektivwechsel für das Phänomen Arbeit: Der Sinn der Arbeit besteht darin, Menschen zu stärken und zu ermächtigen. Im Grunde ist dies die Umkehrung der Aussage, dass der Mensch für die Arbeit da sei. Im Sinne Bergmanns ist die Arbeit für den Menschen da, in der er Sinn erfährt und aus der er seine Kraft schöpft.

Unter diesem Blickwinkel spricht er von schlechter Arbeit und guter Arbeit (vgl. Bergmann, Frithjof (2020), S. 13 ff.). Der übliche Job (und nicht die Berufung) macht abhängig vom Arbeitsmarkt. Er bietet zwar materielle Unabhängigkeit und eine gewisse Sicherheit, ist aber gleichzeitig eine Art von Versklavung.

Gute Arbeit ist die Arbeit, mit der wir uns einverstanden erklären können. Sie macht Menschen stark und stolz. Gute Arbeit lässt den Menschen über sich hinauswachsen. Zu ihr fühlen wir uns berufen. Die von ihm vielfach benutzte Wendung ist die der Arbeit, die wir „... wirklich, wirklich wollen" (Bergmann, Frithjof (2020), S. 1 ff.).

Bergmann nahm an, dass der Mensch von Natur aus eher ein Mangelwesen ist. Er ist demnach tendenziell zum Beispiel schwach und/oder leicht zu entmutigen. Er spricht in diesem Zusammenhang von der Armut der Begierde (Bergmann, Frithjof (2020), S. 114 ff.). Sie gipfelt in folgender Frage (Bergmann, Frithjof (2020), S. 114): „Was in aller Welt lässt Sie glauben, dass ein Arbeiter, der 20 Jahre lang am Fließband gestanden hat und durch diese monotone Arbeit abgestumpft ist, immer noch weiß, was er wirklich und wahrhaftig tun möchte? Sind Sie hoffnungslos romantisch oder naiv?"

Arbeit, die ein Mensch „wirklich, wirklich will", ist im Sinne Bergmanns durch die in Abbildung 3 dargestellten Merkmale gekennzeichnet. Er wiederholt in seinen Ausführungen tatsächlich das Wort wirklich, um zum Ausdruck zu bringen, dass es tief begründet sein sollte, was der jeweilige Mensch will. Das mag ein wenig ungewöhnlich klingen, bringt sein Anliegen aber auf den Punkt.

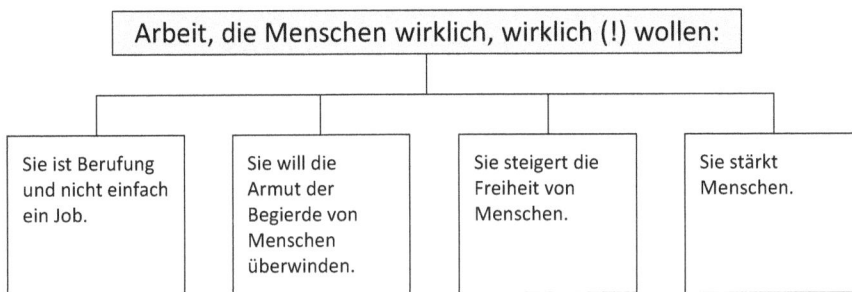

**Abb. 3:** Arbeit, die Menschen „wirklich, wirklich (!)" wollen.
Quelle: Bergmann, Frithjof (2020), S. 103.

## 3 Lösungshinweise

Bergmann war, wie bereits erwähnt, zu der grundlegenden Auffassung gelangt, dass nicht der Mensch der Arbeit dienen sollte, sondern die Arbeit dem Menschen (vgl. Schermuly, Carsten C. (2024), S. 56 f.). Aus dieser Überzeugung leitete er ab, dass jeder Arbeiter, jede Arbeiterin nur sechs Monate im Jahr einer Lohnarbeit nachgehen sollte. In der Zeit der Nicht-Lohnarbeit sollte ein Zentrum für New Work den Menschen dabei helfen herauszufinden, was sie wirklich (wirklich) wollen. Er nannte dies das Finden der jeweiligen Berufung (*calling*).

Der Mittelpunkt der Arbeit ist demnach der für den einzelnen Menschen in ihr verborgene Sinn. Aus der Arbeit als Berufung erwächst dann Glück, Fröhlichkeit, Kreativität und Einfallsreichtum (vgl. Schermuly, Carsten C. (2024), S. 56). Empirische Untersuchungen weisen darauf hin, dass der Sinngehalt der Arbeit durch individuelle Entwicklungs-möglichkeiten und im positiven sozialen Austausch möglich ist (vgl. Weckmüller, Heiko (2018), S. 29). Gerade Letzteres wird durch die Erkenntnisse der neueren Hirnforschung zur Motivation von Menschen unterstützt (vgl. Bauer, Joachim (2015), S. 28 ff.).

Die oben erwähnte Phase der Selbstversorgung im Wald von New Hampshire führte Bergmann möglicherweise zu einer weiteren, vielleicht auf den ersten Blick wieder merkwürdig anmutenden Idee. Er nannte sie die High-Tech-Eigenproduktion:

> *Wenn wir schon in der Lage sind, Technologien zu entwickeln, die es uns ermöglichen, über größere Entfernung mit Hilfe von Fernsehmonitoren chirurgische Eingriffe vorzunehmen, und wenn wir Maschinen Molekül für Molekül aufbauen oder Raketen zum Mars schicken können, dann wäre es lächerlich anzunehmen, dass wir nicht die Geräte zu bauen vermögen, die es der Menschheit erlauben würde, ein attraktives Leben zu führen.* (Bergmann, Frithjof (2020), S. 258)

Seine Vision gipfelt in der Vorstellung, dass jeder in der Lage sein wird (müsste), die meisten Produkte selbst herzustellen, die das Leben attraktiv machen. Dazu sollten nach Bergmanns Vorstellung wenige Stunden in der Woche reichen (vgl. Bergmann, Frithjof (2020), S. 259). Der Unterschied, den er sah, war, dass sein Modell der High-Tech-Eigenproduktion den Grad der Abhängigkeit von der „normalen" Erwerbsarbeit reduziert. Die neben der High-Tech-Eigenproduktion erbrachte Arbeit ist dann ein willkommener Bonus. Er verglich das, was das (Arbeits-)Leben prägte, mit dem Leben von Künstlern, die in den Zentren der Neuen Arbeit zum Beispiel die Werkstätten oder die Computer benutzen.

Die Ideen, die Frithjof Bergmann entwickelte, können Leser dazu bewegen, sie als unrealistische Wunschvorstellungen eines Träumers abzutun. Seine Ansätze sind in Teilbereichen allerdings aufgegriffen und umgesetzt worden. Wie zuvor erwähnt, wurden sie dabei verändert und aus der Sicht von Bergmann zum Teil unzulässig verfremdet. Der schwerste Vorwurf dürfte darin gipfeln, dass sie nicht dazu dienten, Arbeit menschenwürdiger zu gestalten, sondern lediglich eine willkommene Gelegenheit darstellen könnten, Gewinne zu maximieren. Dieses Vorgehen widerspricht den Ansätzen von Frithjof Bergmann zutiefst.

Freiheit war für Frithjof Bergmann ein überaus wichtiges Thema. Er hat es ausführlich in einer Monografie verarbeitet (Bergmann, Frithjof (2005), S. 14 ff.). Ohne es an dieser Stelle weiter ausführen zu können, soll darauf hingewiesen werden, dass das, was wir gemeinhin als Freiheit empfinden, sehr differenziert gesehen werden kann.

## 4 Literaturempfehlungen

Bauer, Joachim (2015): Arbeit: Warum sie uns glücklich oder krank macht, München. S. 28–31.
Bergmann, Frithjof (2005): Die Freiheit leben, Freiburg im Breisgau, S. 6–36.
Bergmann, Frithjof (2020): Neue Arbeit, Neue Kultur, Freiburg im Breisgau, S. 98–107.
Schermuly, Carsten C. (2024): New Work – Gute Arbeit gestalten, 4. Aufl., Freiburg, S. 55–81.
Weckmüller, Heiko (2018): Was ist Sinn dahinter; in: Personalmagazin, 20. Jg., 2018, H. 9, S. 27–29.

## 1.3 New-Work-Ideen im beginnenden 21. Jahrhundert

**Aufgabe 1: Die Entwicklung der New-Work-Ideen im Kontext des 21. Jahrhunderts**

| Wissen, Verstehen | 20 Minuten |
| --- | --- |

### 1 Fragestellung

Wenn wir darüber nachdenken, was Frithjof Bergmann und diejenigen, die seine Ideen aufgegriffen haben, bewirkt haben, liegt es nahe, danach zu fragen, wie sich seine Konzepte in der Praxis etabliert haben. Besonders die zentrale Bedeutung, die Frithjof Bergmann der Sinnhaftigkeit von Arbeit zuschreibt, unterscheidet sich deutlich von traditionellen Ansätzen, die vor allem auf Effizienz und Profit ausgerichtet sind. In der Unternehmensrealität führt dieser Perspektivwechsel zu einer systemischen Veränderung, die den Wert von Arbeit neu definiert. Wie oben beschrieben, geht es um einen gravierenden Perspektivwechsel, wenn man die Ideen von Frithjof Bergmann ernst nimmt. Wie sieht es also mit der Umsetzung der Ideen von New-Work-Ideen in der Praxis aus?

### 2 Lösung

Zunächst ist festzuhalten, dass in der Praxis keine einheitliche Adaption der Ideen von New Work zu beobachten ist (vgl. zum Folgenden Furkel, Daniela (2018), S. 21 ff.). Das wäre auch angesichts der vielfältigen Kontextbedingungen in einzelnen Zweigen der Wirtschaft und der Gesellschaft überraschend.

So wird New Work häufig mit Schlagwörtern belegt, die mit diesem Ansatz in eine sinnvolle Verbindung gebracht werden können. Sie reichen jedoch allein nicht aus, um eine in sich tragfähige Grundlage für nachhaltige Systemveränderungen zu bilden. Buzzwords von Unternehmenskonzepten wie digitale Transformation, mobiles Arbeiten und Coworking sind allein bei Weitem nicht geeignet, um dem Anspruch von New Work gerecht zu werden.

Im Nachgang der Coronapandemie ist deutlich geworden, dass die Ermöglichung flexibler Arbeit tatsächlich eine wirkungsstarke Veränderung war, wenn man das neue Geschehen mit traditionellen Formen der Arbeitsorganisation vergleicht. Das „Mobile Office" und flexible Arbeitszeiten sind mittlerweile vielfach Arbeitsalltag. Gleichzeitig wird in der Beobachtung dieser Entwicklungen auch deutlich, dass neue Formen der Arbeitsgestaltung Risiken enthalten können, die bisher noch nicht vollständig erkannt wurden. Dazu gehören die Vereinsamung im Homeoffice (vgl. dazu Spitzer, Manfred

(2018), S. 92 ff.) und die ständige Erreichbarkeit mit den damit verbundenen Konsequenzen, zum Beispiel nicht vom beruflichen Stress abschalten zu können.

Dazu ist ebenfalls zu rechnen, dass wir in einer Flut von Informationen unterzugehen drohen (vgl. Hüther, Gerald/Burdy, Robert (2022), S. 13 ff.). Die Informationsflut kann und wird einzelne Menschen überfordern und die Gefahr eines Burn-outs steigern, da die persönlichen (!) Kontakte außerhalb virtueller Welten, die bei der Bewältigung von Problemen in vielen Fällen sehr hilfreich sein können, im Homeoffice reduziert wurden (vgl. dazu auch Bauer, Joachim (2023), S. 57 ff.).

Der durchaus verständliche Wunsch nach Autonomie bei der Arbeitszeitgestaltung trifft in der Realität auf betriebswirtschaftliche Notwendigkeiten, die die Wettbewerbsfähigkeit von Unternehmen und die Versorgungslage der Bevölkerung zentral betrifft. So sind die Einhaltung von Lieferzeiten oder Öffnungszeiten Kontextbedingungen, die einer sehr freien Umsetzung von New-Work-Ideen entgegenstehen. New Work ist nicht für alle Bereiche und für alle Tätigkeiten eine Lösung. Die umfangreiche und aufwendige Versorgung einer großen Bevölkerungszahl mit Grundnahrungsmitteln und Produkten des täglichen Bedarfs wird noch lange nicht vollständig automatisiert sein. Der Raum für New Work wird in diesem Bereich sicherlich noch lange eingeschränkt bleiben.

Nicht von der Hand zu weisen ist auch der Gedanke, dass es Menschen mit Präferenzen für feste Arbeitszeiten und Arbeitsbedingungen gibt und für die Flexibilisierung zumindest im ersten Moment eine massive Verunsicherung darstellen kann. Über Veränderungen dieser Haltungen nachzudenken, ist ein Teil einer New-Work-Strategie, die sich auf Frithjof Bergmann berufen kann. Deshalb brauchen insbesondere erwachsene Menschen Zeit für Veränderungen und Zeit, um zunächst in freier Entscheidung über mögliche Veränderungen nachzudenken. Das dürfte in der VUKA-World des beginnenden 21. Jahrhunderts – wie bereits erwähnt – schwer geworden sein.

Unternehmen und Angestellte sind also sehr gut beraten, den Grad der Einführung der Ideen von New Work auf Basis der beobachtbaren Kontextbedingungen der jeweiligen Organisation individuell zu gestalten. Wer neue Büroflächen plant und aktivitäts- oder arbeitskraftzentrierte Prozesse gestalten möchte, sollte dies nicht ohne Zustimmung der Betroffenen tun. Dieser aus der Organisationsentwicklung stammende Gedanke ist sicher auch in der Welt von New Work ein wichtiger und integraler Bestandteil.

New-Work-Prozesse, die auf den Ideen von Frithjof Bergmann aufbauen und Diskussionen über Entlohnung und den Sinn von Arbeit initiieren, haben zweifellos positive Veränderungen in vielen Unternehmen bewirkt. Inwieweit und wie schnell sich seine Gedanken weiter durchsetzen werden, ist jedoch eine offene Frage.

Die Notwendigkeit und der Wunsch nach Wandel in der Arbeitswelt scheinen in weiten Teilen der Wirtschaft erkannt worden zu sein. Die Veränderung der Arbeitswelt von einer fremd- zu einer selbstbestimmten Arbeit und der Wandel von Kontrolle zum gegenseitigen Vertrauen birgt in der Praxis allerdings noch viele Entwicklungsmöglichkeiten mit sorgfältigen und für die einzelnen Organisationen abgestimmten Interventionen.

## 3  Hinweise zur Lösung

Auch bei der Umsetzung der Ideen von New Work handelt es sich um anspruchsvolle Aufgaben, die als Organisationsentwicklungsprozesse aufgefasst werden können. Entsprechend ist die Vorgehensweise, wie von Bergmann betont, vorsichtig und tendenziell langsam. Die zentralen Forderungen einer überlegten Organisationsentwicklung sind zu berücksichtigen, nämlich die Betroffenen auf jeden Fall zu Beteiligten zu machen, um nicht Lösungen zu produzieren, die von denen, die betroffen sind, nicht akzeptiert werden und weitgehend wirkungslos im Sande verlaufen.

Wer möchte, kann selbst darüber nachdenken, was aus dem abgeleitet werden kann, was sich hinter der Idee der New Work befindet. Wer an die Aufgaben von Führungskräften im beginnenden 21. Jahrhundert denkt, wird sich (noch) mehr um Mitarbeiter kümmern. Wer zum Beispiel den Sinn von Arbeit für die einzelne Arbeitskraft als wichtigen Teil der Tätigkeit erkennt, wird in einen dauerhaften Dialog mit seinen Beschäftigten bleiben und gemeinsam über die Frage der Bedeutsamkeit des konkreten Arbeitsplatzes nachdenken.

## 4  Literaturempfehlungen

Bauer, Joachim (2023): Realitätsverlust: Wie KI und virtuelle Welten von uns Besitz ergreifen – und die Menschlichkeit bedrohen, München, S. 57–107.

Furkel, Daniela (2018): Was aus dem Wunsch nach Wandel wurde; in: Personalmagazin, 20. Jg., 2018, H. 9, S. 21–24.

Hüther, Gerald/Burdy, Robert (2022): Wir informieren uns zu Tode: Ein Befreiungsversuch für verwickelte Gehirne, Freiburg i. B., S. 13–36.

Spitzer, Manfred (2018): Einsamkeit die unerkannte Krankheit, München, S. 92–115.

## Aufgabe 2: Grundlagen des psychologischen Empowerment

| Wissen, Erläutern | 20 Minuten |
| --- | --- |

## 1  Fragestellung

Im Zentrum von New Work steht der Mensch. Es liegt also nahe, darüber nachzudenken, wie Menschen in die Lage versetzt werden, ihre Fähigkeiten zu entwickeln und anzuwenden. Eine für New Work wichtige Frage ist, wie Menschen sich zur Arbeit motivieren können. Damit befasst sich das psychologische Empowerment. Es wird im Folgenden ausdifferenziert und erklärt.

## 2 Lösung

Gestaltungsmut und Motivation brauchen eine Grundlage. In der Arbeitssituation werden die beiden Phänomene u. a. durch die Bewertung dessen, was getan wird, ausgelöst (vgl. zum Folgenden Schermuly, Carsten C. (2024), S. 68 ff.). Dieses von Spreitzer (1995, S. 1442) sogenannte psychologisches Empowerment stellt sich in den in Abbildung 4 dargestellten vier Facetten dar.

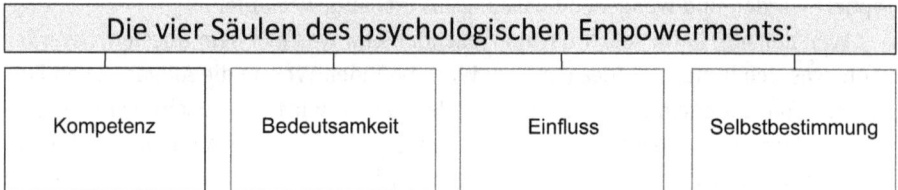

| Die vier Säulen des psychologischen Empowerments: | | | |
|---|---|---|---|
| Kompetenz | Bedeutsamkeit | Einfluss | Selbstbestimmung |

**Abb. 4:** Die vier Säulen des psychologischen Empowerments.
Quelle: Schermuly, Carsten C. (2024), S. 68, in Anlehnung an Spreitzer, Gretchen M. (1995).

Das Zusammenwirken der vier Facetten des psychologischen Empowerments führt dazu, dass eine reflektierte berufliche Orientierung und damit auch ein Sicherheitsgefühl möglich sind. Es liegt nahe, dass eine schwache Ausprägung bereits einer der vier Säulen des Empowerments das Gesamtgeschehen und seine langfristige Stabilität gefährden können.

Wer sich als kompetent einschätzt, geht davon aus, dass er oder sie die Aufgabe, die zu bewältigen ist, auch tatsächlich schaffen wird. Etwas differenzierter wird man die Kompetenzen in vier weitere Unterbegriffe einteilen können. In der Regel unterscheidet man die fachlichen, die sozialen, die methodische und die personalen Kompetenzen. Ein tiefes und für den Arbeitsplatz erfolgversprechendes Kompetenzgefühl umfasst alle Bereiche. Je nach Position erhalten die Kompetenzen aber unterschiedliches Gewicht.

Gelegentlich fällt es Menschen schwer, die eigene Kompetenz wahrzunehmen. Das ist auch ein Grund dafür, dass Führungskräfte ihren Mitarbeitern Rückmeldung geben sollten. Wichtig ist allerdings, dass ein Lob authentisch ist. Andernfalls wird es im Zweifel sogar eher negative Wirkungen hervorrufen.

Menschen, die sich generell um ihre eigene Situation sorgen, werden durch das Erleben der eigenen Bedeutsamkeit gestärkt. Sie zu spüren sorgt normalerweise für Zufriedenheit. Ein wesentlicher Ort, Bedeutsamkeit zu erleben, ist sicher der Arbeitsplatz. Da Menschen viel Lebenszeit am Arbeitsplatz verbringen, ist die Frage nach dem Sinn der Arbeit für jedes Individuum von Bedeutung. Wer den Sinn der eigenen Bemühung nicht kennt, sollte sich mit der Frage befassen, wo er ihn finden kann. Wer einen Beruf ausübt, der ihm keinen Sinn vermittelt, läuft Gefahr, latenten Stress durch die als wenig sinnvolle oder als sinnlos empfundene Tätigkeit zu erleben. Das hat je nach Belastbarkeit früher oder später gesundheitliche Folgen, darunter Auswirkungen auf das Immunsystem, die ihrerseits Wirkungen auf das Herz-Kreislaufsystem haben (vgl. Bauer, Joachim (2015), S. 42).

Es ist hilfreich, sich selbst die Möglichkeiten klarzumachen, die Bedeutsamkeit der eigenen Arbeit zu erkennen. Sie kann auf unterschiedlichen Ebenen wahrgenommen werden, die in Abbildung 5 kurz dargestellt werden.

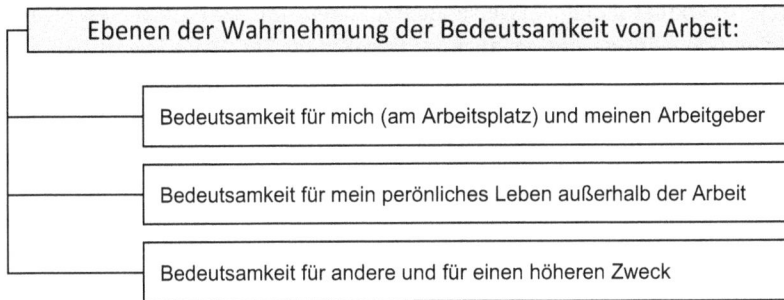

| Ebenen der Wahrnehmung der Bedeutsamkeit von Arbeit: |
| --- |
| Bedeutsamkeit für mich (am Arbeitsplatz) und meinen Arbeitgeber |
| Bedeutsamkeit für mein perönliches Leben außerhalb der Arbeit |
| Bedeutsamkeit für andere und für einen höheren Zweck |

**Abb. 5:** Ebenen der Wahrnehmung der Bedeutsamkeit von Arbeit.
Quelle: Modifiziert nach Schermuly, Carsten C. (2023), S. 72.

Eine ideale Vorstellung des eigenen Arbeitsplatzes dürfte darin bestehen, dass die Arbeit aus sich selbst heraus als Belohnung erlebt wird. Die von Frithjof Bergmann empfohlene Phase des „calling", also der Suche nach der eigenen Berufung, verbirgt sich hier in einer tief empfundenen Bedeutsamkeit am Arbeitsplatz, die langfristig für jeden Menschen überaus wünschenswert ist und in Zeiten der fortschreitenden Segmentierung von Arbeitsprozessen dringend erforderlich erscheint. Sinnstiftende und tief in der eigenen Motivation verankerte Arbeit, die eine Berufung widerspiegelt, ist aus dieser Sicht am Ende ein Beitrag zur Entfaltung der Menschenwürde.

## 3  Hinweise zur Lösung

Neben dem psychologischen Empowerment existiert noch der Begriff des strukturellen Empowerments. Dieser soll kurz zur Abgrenzung der beiden Ansätze erläutert werden. Das strukturelle Empowerment stellt nicht den Menschen in den Vordergrund der Betrachtung, sondern die Organisation und ihre Strukturen (vgl. zum Folgenden Schermuly, Carsten C. (2024), S. 63 ff.).

Der strukturelle Ansatz legt ein starkes Gewicht auf die Realisierung demokratischer Prinzipien. Um die am Arbeitsplatz entstehenden Aufgaben zu bewältigen, müssen die Kompetenzen der Beschäftigten normalerweise zusammengeführt werden. Die dabei entstehenden Verteilungs- und Herrschaftsprobleme sind in Unternehmen zu lösen, wenn nicht dauerhafte Konflikte die Folge sein sollen. Es geht um die Verteilung von Gewinnen und Lasten und um die Frage, wer in Organisationen was entscheiden darf.

Die Förderung des strukturellen Empowerments geschieht zum Beispiel über die Einführung flacher Hierarchien und/oder teilautonomer Arbeitsgruppen, denen mehr Selbstverantwortung übertragen wird. Dies entspricht sicher dem bisher aufgezeigten Verständnis von New Work.

Kleinere und autonome Arbeitsgruppen neigen allerdings dazu, sich zu verselbständigen. Die dabei möglicherweise entstehenden und sehr speziellen eigene Identitäten der Gruppen werden erfahrungsgemäß zum Teil im Widerspruch zur Gesamtorganisation stehen. Wenn sich derartige Subsysteme dauerhaft verselbständigen, lauern Gefahren für die Leistungsfähigkeit der Organisation, weil die im Widerspruch zur Gesamtorganisation stehenden Interessen der autonome Gruppen Vorrang gewinnen und dem Gesamterfolg der Organisation schaden können.

## 4 Literaturempfehlungen

Bauer, Joachim (2015): Arbeit: Warum sie uns glücklich oder krank macht, München, S. 42–45.

Schermuly, Carsten C. (2024): New Work – Gute Arbeit gestalten, 4. Aufl., Freiburg i. B. u. a., S. 68–81.

Spreitzer, Gretchen M. (1995): Psychological empowerment in the Workplace: Dimensions, measurement and validation; in: Academy of Management Journal, 38. Jg., 1996, H. 5, S. 1441–1465.

# Kapitel 2: Prinzipien von New Work

## 2.1 Vertrauen als Basis

### Aufgabe 1: Vertrauen als Grundbedingung

---

Wissen, Verstehen                                                    15 Minuten

---

### 1 Fragestellung

Was ist unter der These „Vertrauen ist eine riskante Vorleistung" zu verstehen?

### 2 Lösung

Vertrauen als riskante Vorleistung beschreibt unter anderem den Umstand, dass Personen, die anderen vertrauen, ein gewisses Risiko eingehen, dass dieses Vertrauen missbraucht wird und ihre eigene Verwundbarkeit steigt. Mit Vertrauen sind bestimmte Verhaltenserwartungen an die zu vertrauende Person verbunden, die nicht vollständig kontrolliert werden können (vgl. Gilbert, Dirk (2006), S. 120; Möllering, Guido (2007); Möller, Heidi (2012); Meckel, Miriam (2011), S. 196). Wer vertraut, gibt gewissermaßen Kontrolle ab und macht sich verwundbar. Der Misstrauende hingegen scheut das Risiko des Vertrauensmissbrauchs und der Verwundbarkeit. Wären bestimmte Verhaltenserwartungen vollständig kontrollierbar, so würde es sich um Berechenbarkeit handeln, nicht aber um Vertrauen.

Deshalb ist Vertrauen eine Art Hypothek, auf die eingezahlt wird, mit der Erwartung, dass es sich in der Zukunft im besten Fall mit Zinsen auszahlt (vgl. Meckel (2011), S. 196). Vertrauen macht in bestimmter Hinsicht abhängig und kann umgekehrt auch eine Form sein, Menschen an sich zu binden. Vertrauen ist eine Grundlage, die den Umgang mit Informationen und Gestaltungsmöglichkeiten effizienter macht und gleichzeitig dazu beiträgt, die Transaktionskosten zu senken. Im organisationalen Kontext lassen sich bestimmte Verhaltenserwartungen nicht vollständig durch formale Verträge absichern, und deshalb bedarf es Vertrauen als Bedingung und Qualität gelingender sozialer Beziehungen.

Es werden in der betriebswirtschaftlichen Forschung folgende Formen des Vertrauens unterschieden: Vertrauen zwischen Personen (interpersonelles/personales Vertrauen), Vertrauen zwischen Personen und Institutionen sowie Vertrauen zwischen Organisationen. Weiterhin wird zwischen situationsbasiertem Vertrauen, eigenschaftsbasiertem Vertrauen und identifikationsbasiertem Vertrauen unterschieden.

https://doi.org/10.1515/9783111388861-002

## 3 Hinweise zur Lösung

Vertrauen zu definieren, ist kein einfaches Unterfangen. Ein tiefergehender Blick in das Konstrukt Vertrauen im Rahmen der Lösungshinweise entzieht sich – aufgrund der Vielzahl an Begriffsdefinitionen der unterschiedlichen Teildisziplinen – der Machbarkeit. Einen didaktisch gut aufbereiteten und theoretisch umfassenden Überblick zu den Formen des Vertrauens wie auch zu in diesem Kontext wichtigen Abgrenzungen zu Hoffnung, Zuversicht und Zutrauen, geben Sebastian Klinke et al. (2011) in ihrer Publikation.

Auch sei auf den Klassiker von Niklas Luhmann (2000) hingewiesen, der Funktion, Bedingungen und Taktiken des Vertrauens sozialwissenschaftlich analysiert hat.

## 4 Literaturempfehlungen

Gilbert, Dirk U. (2006): Systemvertrauen in Unternehmensnetzwerken: Eine Positionsbestimmung aus strukturationstheoretischer Perspektive; in: Götz, Klaus (Hrsg.) Vertrauen in Organisationen, München, S. 113–134.

Klinke, Sebastian/Gundert, Hannah/Nagler, Brigitte (2011): Konzepte von Vertrauen und Kultur in Unternehmen: Theoretische und empirische Konstrukte, artec-paper Nr. 174, Bremen: Universität Bremen, S. 8–17, https://www.uni-bremen.de/fileadmin/user_upload/sites/artec/Publikationen/artec_Paper/174_paper.pdf (09.09.2024).

Luhmann, Niklas (2014): Vertrauen. Ein Mechanismus der Reduktion sozialer Komplexität, 5. Aufl., Stuttgart.

Mayer, Roger C./Davis, James H./Schoorman, F. David (1995): An integrative model of organizational trust; in: Academy of Management Review, Vol. 20, No. 3, S. 709–734.

Mayer, Roger C./Gavin, Mark B. (2005): Trust in management and performance: who minds the shop while the employees watch the boss?; in: Academy of Management Journal, Vol. 48, No. 5, S. 874–888.

Meckel, Miriam (2011): Brief an mein Leben. Erfahrungen mit einem Burnout, 10. Edition, Reinbek, S. 196.

Möller, Heidi (Hrsg.) (2012): Vertrauen in Organisationen: Riskante Vorleistung oder hoffnungsvolle Erwartung? Wiesbaden, S. 1–14.

Möllering, Guido (2007): Grundlagen des Vertrauens: Wissenschaftliche Fundierung eines Alltagsproblems; in: Max-Planck-Institut für Gesellschaftsforschung (Hrsg.): Jahrbuch 2007–2008, Köln: Max-Planck-Institut für Gesellschaftsforschung, S. 73–78.

Nooteboom, Bart (2003): Trust: Forms, Foundations, Functions, Failures and Figures, Cheltenham.

Schweer, Martin K. W. (Hrsg.) (2010): Vertrauensforschung: A State of the Art, Frankfurt am Main.

**Aufgabe 2: Vertrauen zwischen Führungskräften und Mitarbeitern**

| Wissen, Verstehen | 15 Minuten |
| --- | --- |

## 1 Fragestellung

Vertrauen gilt im Kontext von New Work nicht nur als Basis strategischer Unternehmensführung, sondern auch als Grundbedingung für eine erfolgreiche Mitarbeiterführung. Wann gelten Führungskräfte als vertrauenswürdig in Organisationen? Nennen Sie Merkmale der personalen Vertrauenswürdigkeit.

## 2 Lösung

Die personale Vertrauenswürdigkeit ist in der betriebswirtschaftlichen Forschung umfassend untersucht. Führungskräfte gelten nach dem integrativen Vertrauensmodell von Mayer et al. (1995) als vertrauenswürdig, wenn sie sich durch die drei Merkmale Kompetenz, Integrität und Wohlwollen auszeichnen.

Die wahrgenommene **fachliche Kompetenz** spielt in der Beziehung zwischen Mitarbeitern und Führungskräften eine wichtige Rolle. Führungskräfte werden nur als vertrauenswürdig erachtet, wenn sie auch fachlich als kompetent von den Mitarbeitern wahrgenommen werden.

**Integrität** ist das Gegenteil von Opportunismus (vgl. Nooteboom (2002)). Integrität bezieht sich auf:
– konsistentes und stringentes Verhalten anstelle von launischem und wechselndem Verhalten (Kann ich das Verhalten der Führungskraft einschätzen und handelt sie entsprechend den Prinzipien, die sie selbst verkündet? „Walk the talk" anstatt „Wasser predigen und Wein trinken")
– Diskretion (Kann ich meiner Führungskraft etwas anvertrauen?)
– Konsequente Verfolgung von Prinzipien und Werten, die als erstrebenswert gelten und nicht aus opportunistischen Gründen

**Wohlwollen** ist ebenfalls das Gegenteil von Opportunismus (vgl. Nooteboom (2002)) und umfasst Loyalität, Offenheit (Hört meine Führungskraft zu?) und Zugänglichkeit (Ist meine Führungskraft für den persönlichen bzw. digitalen Austausch erreichbar und ansprechbar?). Loyalität hat in Krisenzeiten einen höheren Stellenwert als fachliche Kompetenz.

## 3 Hinweise zur Lösung

Zum Zusammengang von Vertrauen und personaler Vertrauenswürdigkeit sei auf die Publikation von Nitzl et al. (2013) verwiesen. Vertrauen ist die zentrale Grundlage menschlichen Zusammenlebens und ein bedeutsamer ökonomischer Faktor. Die Forschung zeigt eindrücklich, dass Vertrauen in Organisationen eine Reihe von positiven Effekten auf die Gesundheit der Mitarbeiter, die Arbeitsmotivation und die Teilhabe hat. Das Fehlen von Vertrauen kann u. a. zur Beeinträchtigung der Motivation, innerer Kündigung sowie leistungsmindernden Verhaltensweisen führen und die Transaktionskosten in Organisationen erhöhen. Vertrauensvolle Beziehungen am Arbeitsplatz und zu Führungskräften gelten grundsätzlich als wichtig, wünschenswert und erstrebenswert. Vertrauen ist jedoch fragil und kann schneller zerstört als aufgebaut werden. Im Kontext von New Work ist die Gestaltung vertrauensvoller Beziehungen besonders wichtig, da die mit New Work einhergehenden Veränderungen zu Vertrauensverlust und Verunsicherung bei den Mitarbeitern führen können.

Insgesamt ist die Vertrauensforschung ein heterogenes Feld, das von den unterschiedlichen Disziplinen wie der Psychologie, der Philosophie und der Betriebswirtschaftslehre sehr differenziert betrachtet wird. Neben denen zum interpersonellen Vertrauen wächst die Zahl an Forschungsarbeiten zu institutionellem Vertrauen und Vertrauen in Reorganisationsprozessen sowie zum Management von Vertrauen in Organisationen. Für einen Überblick der unterschiedlichen Blickwinkel sei die interessierte Leserschaft an Martin Schweer (2010) verwiesen.

## 4 Literaturempfehlungen

Mayer, Roger C./Davis, James H./Schoorman, F. David (1995): An integrative model of organizational trust; in: Academy of Management Review, Vol. 20, No. 3, S. 709–734.

Mayer, Roger C./Gavin, Mark B. (2005): Trust in management and performance: who minds the shop while the employees watch the boss?; in: Academy of Management Journal, Vol. 48. No. 5, S. 874–888.

Möller, Heidi (Hrsg.) (2012): Vertrauen in Organisationen: Riskante Vorleistung oder hoffnungsvolle Erwartung? Wiesbaden, S. 1–14.

Nitzl, Christian/Hirsch, Bernhard/Marx, Ulrike (2013): Die Entstehung von interpersonellem Vertrauen am Beispiel der Manager-Controller-Interaktion; in: Vollmar, Jens/Becker, Roman/ Hoffend, Isabella (Hrsg.), Macht des Vertrauens; Perspektiven und aktuelle Herausforderungen im unternehmerischen Kontext, Wiesbaden, S. 37–51

Nooteboom, Bart (2003): Trust: Forms, Foundations, Functions, Failures and Figures, Cheltenham.

Schweer, Martin K. W. (Hrsg.) (2010): Vertrauensforschung: A State of the Art, Frankfurt am Main.

**Aufgabe 3: Vertrauenskultur**

| Wissen, Verstehen, Anwenden | 20 Minuten |
| --- | --- |

## 1 Fragestellung

New Work bringt nicht nur neue Arbeitsformen und Technologien hervor, sondern erfordert auch ein Umdenken in der Führungskultur. Mit New Work entstehen mehr Handlungs- und Entscheidungsspielräume, es wird mehr Engagement, Kreativität und Flexibilität der Beschäftigten gefordert und die direkte Kontrolle durch Führungskräfte wird geringer. New Work, so wird propagiert, braucht eine Vertrauenskultur, denn Agilität kann ohne Vertrauen nicht gelingen. Was versteht man unter einer Vertrauenskultur und wie können Führungskräfte diese stärken?

## 2 Lösung

Das Wort Vertrauenskultur wird im Kontext von New-Work-Konzepten insbesondere in der Beratungsliteratur viel benutzt, allerdings kaum definiert.

Eine umfassende theoretische Übersicht zum Thema Vertrauenskultur zu geben, entzieht sich der Machbarkeit aufgrund der heterogenen Begriffskonzeptionen der Konstrukte Vertrauen und Kultur. Und dennoch ist die Thematik sowohl für das theoretische Verständnis als auch die praktischen Implikationen im Kontext von New Work von hoher Bedeutung. Aus diesem Grund wird mit einer pragmatischen Begriffsbestimmung gearbeitet und auf die Auseinandersetzung mit dem Kulturbegriff im Allgemeinen und dem Begriff der Unternehmenskultur im Besonderen verzichtet. Eine überblicksartige Darstellung ist dem Lehrbuch von Schreyögg/Koch zu entnehmen (vgl. Schreyögg, Georg/Koch, Joachim (2024), S. 227 ff.).

Vertrauenskultur ist eine spezifische Ausprägung der Unternehmens- oder Organisationskultur (die Begriffe werden häufig synonym verwendet) und geprägt von bestimmten Werten sowie dem zugrundeliegenden Welt- und Menschenbild. Nach Edgar Schein (1984), der als meistzitierter Autor der betriebswirtschaftlichen Organisationskulturforschung gilt und das Drei-Ebenen-Modell begründet hat, kann eine Organisationskultur auf der Ebene der Artefakte, der Werte und Normen und der grundlegenden unausgesprochenen Annahmen (vgl. Schein, Edgar H. (1995), S. 30) analysiert werden. In Organisationen, in denen eine Vertrauenskultur herrscht, ist die Gesamtheit der Beziehungen zwischen Mitarbeitern und Vorgesetzten geprägt von dem Wert Vertrauen. Das Ausmaß der Vertrauenskultur kann stark unterschiedlich ausgeprägt sein. Vertrauen und damit auch eine Vertrauenskultur kann nicht verordnet werden, sondern entwickelt sich im gegenseitigen Austausch, entsteht durch Handlungs- und Erfahrungsprozesse, die sich über einen gewissen Zeitraum entwickeln müssen, es bedarf einer gegenseitigen Erfahrung und Bestätigung der Beteiligten. Vertrauen ist eine Emotion, die wachsen kann und die auch geschwächt werden kann.

Eine Vertrauenskultur wird durch eine Vielzahl von Einflussfaktoren geprägt, (vgl. Klinke, Sebastian et al. (2011), S. 38). Vertrauen ist riskant, es wird freiwillig geschenkt und selbst unter optimalen Bedingungen lässt es sich nicht erzwingen. Vertrauen lässt sich nicht festlegen, ist aber an Bedingungen wie Reziprozität, Interaktion und Kommunikation sowie Beteiligung der Mitarbeiter geknüpft.

Die Grundlage für eine Vertrauenskultur bildet eine langfristige Reziprozität, also ein auf Gegenseitigkeit basierender und freiwillig eingegangener sozialer Austausch, bei dem die Beiträge und Leistungen als gerecht und fair empfunden werden müssen. Nach Geramanis (vgl. Geramanis, Olaf (2024), S. 151) ist Vertrauen keine individuelle Entscheidung, sondern eine Frage der Beziehungsgestaltung und hat eine moralische Qualität, die an Voraussetzungen geknüpft ist. Ist der Reziprozitätsgedanke nicht vorhanden, so handelt es sich um reine Kooperation von Arbeit, nicht aber um Vertrauen.

Die Interaktion ist ein weiteres wichtiges Element der Vertrauenskultur und tritt vorrangig in der Kommunikation hervor. Haben die Beschäftigten in der Organisation das Gefühl, dass sie offen kommunizieren können und Informationen sowohl erhalten als auch weitergeben können? Darf nach Unterstützung gefragt werden? Darf Kritik geäußert werden, ohne sanktioniert zu werden? Werden Versprechen eingehalten und sind die Menschen authentisch und verhalten sich entsprechend ihren Worten? Aber nicht nur die genannten weichen Faktoren spielen eine Rolle. Nach Meifert (vgl. Meifert, Matthias (2008), S. 30) trägt die Arbeitsplatzsicherheit der Mitarbeiter und der Verzicht auf betriebsbedingte Kündigungen zur Wahrnehmung von Sicherheit bei.

Weitere Merkmale, die von Klinke et al. (vgl. Klinke, Sebastian et al. (2011), S. 40) unter der Kategorie Mitarbeiterbeteiligung subsumiert werden, sind beispielsweise wertschätzende Führung, Gewährung von Handlungsspielräumen, Anerkennung von Kompetenzen, Fairness/Gerechtigkeit und Transparenz sowie materielle Beteiligung in Form einer angemessenen und wertschätzenden Vergütung.

Eine Vertrauenskultur ist gering ausgeprägt, wenn beispielsweise die Beschäftigten nicht offen kommunizieren können, schlecht hinter dem eigenen Rücken geredet wird, von den Führungskräften starke Detailorientierung und Kontrolle (Mikromanagement) praktiziert wird, kein wertschätzender Umgang herrscht, keine Verantwortung für die eigene Arbeit und das Ergebnis übernommen wird und die Angst groß ist, Fehler zu machen.

Eine Vertrauenskultur in Organisationen hat vielfältige positive Auswirkungen und führt unter anderem zu mehr Mitarbeiterbindung, einer höheren Zufriedenheit und einer besseren Zusammenarbeit.

Der Neurowissenschaftler Paul J. Zak (2017) zeigt in einer im „Harvard Business Review" publizierten Studie, dass bestimmte Formen von Managementverhalten, wie etwa der gezielte Bezieungsaufbau, das Fördern von Anerkennung oder die Gewährung von Entscheidungsfreiheiten, die Produktion des Hormons Oxytocin im Gehirn der Beschäftigten steigern. Dies wiederum wirkt sich positiv auf die Zusammenarbeit und Teamarbeit aus. Er kommt zu dem Ergebnis, dass eine Vertrauenskultur in Unternehmen dazu führt, dass die Mitarbeiter glücklicher, loyaler und produktiver sind. In seiner Untersuchung zeigt er, dass Mitarbeiter in Unternehmen mit einer hohen Vertrauenskultur im Vergleich zu solchen mit einer niedrigen Vertrauenskultur 74 % weniger Stress, 106 % mehr Energie bei der Arbeit, 50 % höhere Produktivität, 13 % weniger Krankheitstage, 76 % mehr Engagement, 29 % mehr Zufriedenheit mit ihrem Leben und 40 % weniger Burn-out-Fälle erleben.

## 3 Hinweise zur Lösung

Forschungskonzeptionen, die sich mit Vertrauenskultur in Organisationen beschäftigen, befinden sich oftmals in der Grauzone zwischen Erkenntnisinteresse und beratungsindizierter Vermarktung.

In der populärwissenschaftlichen Managementliteratur wird auf die Bedeutung der Vorbildfunktion der Führungskräfte verwiesen. Führungskräfte sollen zunächst einmal mit Vorbildcharakter handeln, sich vertrauensvoll verhalten und anderen vertrauen. Führungskräfte sollen echtes Interesse am Wohlergehen der Mitarbeiter zeigen, deren Belange ernstnehmen und diesen helfen, sich einzubringen, zu den eigenen Fehler zu stehen und transparent zu sein. Im Gegenzug müssen Führungskräfte ebenfalls zu den eigenen Fehlern stehen und transparent sein. Transparenz in allen Belangen, wie beispielsweise in Entscheidungsprozessen, Gedanken, Werten und Zielen der Organisation, ist wichtig. Mitarbeiter müssen wissen, woran sie sind, was von ihnen erwartet wird, welche Regeln vorherrschen und was die Prinzipien der Zusammenarbeit sind.

Paul J. Zak (2017) schlägt aufbauend auf seinen neurowissenschaftlichen Erkenntnissen einen Acht-Punkte-Plan zur Etablierung einer Vertrauenskultur vor:

1. **Anerkennung von Leistungen:** Anerkennung sofort nach Zielerreichung, besonders durch Kollegen, und auf unerwartete, persönliche und öffentliche Weise.
2. **Herausfordernden Stress induzieren:** Setzen von erreichbaren, aber herausfordernden Aufgaben, um Stress zu nutzen, der die Zusammenarbeit fördert.
3. **Autonomie bei der Arbeit gewähren:** Mitarbeitern die Freiheit geben, Aufgaben auf ihre Weise zu erledigen.
4. **Job-Crafting ermöglichen:** Mitarbeiter ihre Projekte selbst wählen und gestalten lassen.
5. **Informationen breit teilen:** Transparente und umfassende Informationsweitergabe.
6. **Beziehungen bewusst aufbauen**: Soziale Verbindungen am Arbeitsplatz fördern.
7. **Ganzheitliche Entwicklung unterstützen:** Berufliche und persönliche Weiterentwicklung der Mitarbeitern fördern.

8. **Verletzlichkeit zeigen:** Führungskräfte sollen Verletzlichkeit zeigen und um Hilfe bitten, um Vertrauen zu fördern. Wen, wann und wobei Führungskräfte um Hilfe bitten sollen, wird in dem Artikel von Zak (2017) nicht weiter ausgeführt.

## 4 Literaturempfehlungen

Geramanis, Olaf (2024): Vertrauen und Vertrautheit in Organisationen: Beziehung gestalten zwischen Stabilität und Wagnis, Göttingen, S. 151.

Klinke, Sebastian/Gundert, Hannah/Nagler, Brigitte (2011): Konzepte von Vertrauen und Kultur in Unternehmen: Theoretische und empirische Konstrukte, artec-paper Nr. 174, Bremen: Universität Bremen, S. 8–17, https://www.uni-bremen.de/fileadmin/user_upload/sites/artec/Publikationen/artec_Paper/174_paper.pdf (09.09.2024)

Meifert, Matthias (2008): Ist Vertrauenskultur machbar? Vorbedingungen und Überforderungen betrieblicher Personalpolitik; in: Benthin, Rainer/Brinkmann, Ulrich (Hrsg.): Unternehmenskultur und Mitbestimmung: Betriebliche Integration zwischen Konsens und Konflikt, Frankfurt/New York, S. 309–327.

Schein, Edgar H. (1984): Coming to a New Awareness of Organizational Culture; in: Sloan Management Review, Vol. 25, No. 2, S. 3–16.

Schein, Edgar H. (1995): Unternehmenskultur. Ein Handbuch für Führungskräfte, Frankfurt/New York.

Schein, Edgar H. (2003): Organisationskultur. "The Ed Schein Corporate Culture Survival Guide", Köln.

Schreyögg, Georg/Koch, Joachim (2024): Grundlagen des Managements, 4. Auflage, Wiesbaden, S. 227–253.

Schweer, Martin K. (1999): Vertrauen und Misstrauen – zwei Seiten derselben Medaille? Eine Untersuchung zu den impliziten Theorien interpersonalen Vertrauens und Misstrauens; in: Holtappels, Heinz-Günter/Schweer, Martin K./Wigger, Lothar (Hrsg.): Schriften des Instituts für Erziehungswissenschaft, Band 4, Vechta: Universität Vechta, S. 7–24.

Schweer, Martin K. W. (2003): Vertrauen als Organisationsprinzip. Vertrauensförderung im Spannungsfeld personalen und systemischen Vertrauens; in: Erwägen Wissen Ethik, Nr. 14, S. 323–332.

Schweer, Martin K. W. (2004): Vertrauen; in: Auhagen, Ann E. (Hrsg.): Positive Psychologie. Anleitung zum „besseren" Leben, Weinheim/Basel, S. 125–138.

Schweer, Martin K./Vaske, Christian/Vaske, Ann-Kathrin (2009): Zur Funktionalität und Dysfunktionalität von Misstrauen in virtuellen Organisationen; in: Meißner, Klaus/Engelien, Martin (Hrsg.), GeNeMe '09: Gemeinschaften in Neuen Medien, Dresden.

Zak, Paul J. (2017): The Neuroscience of Trust; in: Harvard Business Review, Vol. 95, No. 1, S. 84–90.

## 2.2 Digitalisierung im Kontext von New Work

### Aufgabe 1: Digitalisierung und New Work

| Wissen, Verstehen | 10 Minuten |
|---|---|

### 1 Fragestellung

Es wird von kaum einer Thematik im beruflichen und privaten Alltag weltweit so viel berichtet wie von der Digitalisierung. Sie ist omnipräsent und durchdringt nahezu jeden Lebens- und Arbeitsbereich. Insbesondere im Kontext von New Work wird auf ihre Bedeutung verwiesen. Erläutern Sie, wie Digitalisierung dazu beiträgt, New-Work-Maßnahmen umzusetzen.

### 2 Lösung

Die Digitalisierung ist eine notwendige, aber keine hinreichende Bedingung für die Umsetzung von New-Work-Maßnahmen im Sinne des aktuellen Verständnisses von New Work, welches auf den strukturellen Wandel der Arbeitswelt basiert. Die Digitalisierung ermöglicht und fördert u. a. New-Work-Maßnahmen, indem sie Technologien bereitstellt, die beispielsweise zeitlich und räumlich flexibles Arbeiten erlauben und neue Formen der Arbeitsorganisation sowie der Zusammenarbeit begünstigen. Mobiles Arbeiten, das zeitliche und räumliche Flexibilität bietet, Workation (das Arbeiten an verschiedenen Orten auf dieser Welt), agile Arbeitsmethoden, Coworking-Spaces, Zugriff auf digitalisierte Dokumente u. v. m sind ohne die entsprechende technische und IT-Infrastruktur nicht realisierbar. Ohne Digitalisierung ist kein modernes Arbeiten möglich. Damit ist Digitalisierung notwendig, aber gleichzeitig muss betont werden, dass häufig ihre technische Komponente überschätzt wird und die einer Organisation innewohnenden Logiken unterschätzt werden. Denn die Umsetzung dieser Maßnahmen bedeutet auch, nachhaltige Arbeit zu schaffen, ggf. die Erwerbsarbeit zu verändern, Beschäftigte zu fordern und zu fördern sowie deren Bedürfnisse zu berücksichtigen. Diese Veränderungen bedürfen u. a. einen Kulturwandel in Organisationen sowie ein verändertes Führungsverhalten.

 Die definitorische Grundlage und die historische Verortung von New Work wurden bereits in Kapitel 1 dieses Buches beschrieben. An dieser Stelle soll der Vollständigkeit halber darauf hingewiesen werden, dass sich die Begriffe New Work und Digitalisierung als Schlagwörter oder sogenannte Buzzwords etabliert haben, die zum Teil inflationär benutzt werden (vgl. Frischmuth, Carlos (2021)). Im wissenschaftlichen Sprachgebrauch werden die Begriffe Digitalisierung und New Work auch als Containerbegriffe bezeichnet, d. h. es wird in einen Begriff viel hineingepackt und jeder versteht etwas anderes darunter. Je nachdem, welche Perspektive (volkswirtschaftliche, technische, rechtliche) gewählt wird, kann der Begriff der Digitalisierung unterschiedliche Bedeutungen aufweisen. Stark vereinfacht, beschreibt der Begriff die Umwandlung von analogen Daten in digitale Daten.

## 3 Hinweise zur Lösung

Das Verständnis von New Work, wie es in der gegenwärtigen Managementliteratur zu finden ist, bezieht sich häufig auf den strukturellen Wandel von Arbeit sowie das Erleben von Sinnhaftigkeit, Selbstbestimmung, Einfluss und Kompetenzen am Arbeitsplatz. (vgl. Schermuly, Carsten C./Meiffert, Matthias (2022)).

Mit dem ursprünglichen Verständnis von New Work, wie es der Begründer der New-Work-Bewegung, Frithjof Bergmann (1930 – 2021), formulierte, hat es aber nur noch wenig zu tun (vgl. Bergmann, Frithjof (1990); Bergmann, Frithjof (2017)). Bergmann war überzeugt, dass Arbeit grundlegend verändert und neu gedacht werden muss. Seine Vision sah vor, die Zeit für die Erwerbsarbeit radikal zu kürzen, sodass die Menschen Zeit haben, den Tätigkeiten nachzugehen, die sie wirklich tun wollen. Erwerbsarbeit soll zwar der Existenzsicherung dienen, aber ebenso sollen die Menschen Sinn stiften und damit Geld verdienen. Hintergrund des Vorschlags von Bergmann war die zu Beginn der 1980er-Jahre drohende Massenentlassung an einem der größten Produktionsstandorte bei General Motors in den USA. Bergmann schlug damals vor, die Beschäftigten nicht zu entlassen, sondern sie stattdessen lediglich sechs Monate in dem Werk arbeiten zu lassen. Die restlichen sechs Monate sollten sie damit verbringen, darüber nachzudenken, was sie wirklich tun wollen, und ihren Begierden, wie Bergmann es nannte, auf den Grund zu gehen. Bergman übte mit seinen Ausführungen zu New Work Kritik an der Arbeitsgesellschaft.

## 4 Literaturempfehlungen

Barton, Thomas/Müller, Christian/Seel, Christian (2018): Digitalisierung in Unternehmen: Von den theoretischen Ansätzen zu der praktischen Umsetzung, Wiesbaden.

Bergmann, Frithjof (1990): Neue Arbeit (New Work). Das Konzept und seine Umsetzung in der Praxis; in: Fricke, Werner (Hrsg.): Jahrbuch Arbeit und Technik, Bertelsmann Verlag, S. 71–80.

Bergmann, Frithjof (2017): Neue Arbeit, neue Kultur, Freiamt.

Brommer, Dorothee/Hockling, Sabine/Leopold, Annika (Hrsg.) (2019): Faszination New Work: 50 Impulse für die neue Arbeitswelt, Wiesbaden, S. 79–109.

Frischmuth, Carlos (2021): New Work Bullshit. Was wirklich zählt in der Arbeitswelt: Von Digitalisierung bis Home Office: Was Entscheider wissen müssen und was moderne Unternehmen wirklich brauchen. Eine kritische Analyse, Hamburg.

Hackl, Benedikt/Wagner, Marc/Attmer, Lars/Baumann, Dominik (2017): New Work. Auf dem Weg zur neuen Arbeitswelt: Management-Impulse, Praxisbeispiele, Studien, Wiesbaden, S. 17–34.

Kette, Sven/Muster, Judith (2023): Reform als Zumutung? Warum Verwaltungen sich mit Innovationen oft schwertun; in: Organisationsentwicklung, Zeitschrift für Unternehmensentwicklung und Change Management, Nr. 3, S. 27–31.

Schermuly, Carsten C./Meifert, Matthias (2022): Ergebnisbericht zum New Work-Barometer 2022, https://www.srh-berlin.de/fileadmin/Hochschule_Berlin/New_Work-Barometer_2022_Ergebnisbericht.pdf (26.08.2024).

## Aufgabe 2: Digitalisierung und die Herausforderungen auf der gesamtgesellschaftlichen, individuellen und arbeitsrechtlichen Ebene

| Wissen, Verstehen | 40 Minuten |
|---|---|

### 1  Fragestellung

Zahlreiche Studien beschäftigen sich mit den Auswirkungen der Digitalisierung auf den Arbeitsmarkt. Während die einen die Gefahren und drohenden Arbeitsplatzverlust beklagen, betonen die anderen die Chancen und positiven Effekte. Nennen Sie mögliche Herausforderungen, die auf der gesamtgesellschaftlichen, auf der individuellen und rechtlichen Ebene entstehen.

### 2  Lösung

Mit dem zunehmenden Einsatz digitaler Technologien entstehen zahlreiche Herausforderungen für Unternehmen und Beschäftigte, die in ihrem gesamten Umfang hier nicht skizziert werden können, da Veränderungen immer weniger vorhersagbar werden. Deshalb wird im Rahmen des vorliegenden Lösungsvorschlags aus pragmatischen Gründen auf die wichtigsten und am meisten diskutierten Herausforderungen eingegangen, die im Jahr 2024 diskutiert werden.

**Gesamtgesellschaftliche Ebene**

In den Medien gibt es immer wieder Meldungen, dass der Einsatz von digitalen Technologien – insbesondere der Einsatz von künstlicher Intelligenz – zu Massenarbeitslosigkeit und zu Verwerfungen auf dem Arbeitsmarkt führen könnte (vgl. Hasenbein, Melanie (2023)). Zahlreiche Studien, die sich mit den Auswirkungen von Digitalisierung auf den Arbeitsmarkt und damit mit der gesamtgesellschaftlichen Ebene beschäftigen, zeigen, dass Digitalisierung zwar zu Umwälzungen auf dem Arbeitsmarkt führt, aber nicht Massenarbeitslosigkeit hervorruft. Aussagen zu den Konsequenzen des Einsatzes von künstlicher Intelligenz lassen sich derzeit zumindest empirisch evident nicht treffen. Denn künstliche Intelligenz ist eine Technologie, die bislang noch nicht in der Breite in der deutschen Wirtschaft eingesetzt wird, deshalb lassen sich die makroökonomischen Auswirkungen derzeit nicht abschätzen. In der Vergangenheit haben digitale Technologien Arbeit ersetzt, aber gleichzeitig auch neue Arbeitsplätze geschaffen. Die Automobilindustrie ist ein prominentes Beispiel dafür. Der Einsatz von Robotern in der Fertigung beispielsweise hat manuelle Produktionsarbeitende obsolet gemacht, anderseits wurden neue Arbeitsplätze im Bereich der Wartung und Überwachung geschaffen. Gleichzeitig sind durch Produktivitätsgewinne neue Technologien entstanden, die wiederum zu Beschäftigung geführt haben, da die Arbeitsnachfrage gestiegen ist und das Arbeitsmarktpotenzial ausgeweitet wurde.

### Individuelle Ebene

Auf der individuellen Ebene entstehen für Beschäftigte und Führungskräfte durch den Einsatz digitaler Technologien neue Möglichkeiten der Arbeitszeit- und Arbeitsortgestaltung und für den Umgang mit Technik. Dies setzt voraus, dass digitale Kompetenzen, also der Umgang mit den neuen Technologien, erlernt sowie Teamfähigkeit, Medienkompetenz, Selbstmanagement und Anpassungsfähigkeit entwickelt werden. Digitale Technologien erhöhen den Qualifizierungsbedarf und erfordern, dass sich Beschäftigte weiterbilden. Führungskräfte stehen zunehmend vor der Herausforderung, ihren Leitungsstil an eine agile, virtuelle und generationenübergreifende Arbeitswelt anzupassen. Führungskräfte sollen ihren Mitarbeitern Freiräume zur Entfaltung geben und sie ermutigen, Veränderungen mitzutragen. Hierarchische Führung mit einer Präsenzkultur wird zunehmend obsolet. Eine Kehrseite der Digitalisierung auf der individuellen Ebene stellen die zunehmende Arbeitskomplexität, der Zeit- und der Leistungsdruck sowie die ständige Verfügbarkeit und entgrenzte Arbeitsverhältnisse dar, die zur Selbstausbeutung führen können. Die gesundheitlichen Effekte der digitalisierten Arbeitswelt sind empirisch gut erforscht. Studien verweisen auf einen schlechteren Gesundheitszustand und eine zunehmende Zahl an psychischen Erkrankungen von Individuen (vgl. Gimpel, Henner et al. (2018); Barmer Krankenkasse/Universität St. Gallen (2019)). Digitaler Stress, der durch die Nutzung neuer Technologien entsteht, stellt neue Anforderungen an die Individuen. Laut einer Studie des DGB (Deutscher Gewerkschaftsbund) geht der Einsatz digitaler Arbeitsmittel selten mit einer Entlastung der Beschäftigten einher (vgl. Institut DGB-Index Gute Arbeit (2022)). Von den Befragten geben nur 9 % an, dass sie eine Entlastung durch die Digitalisierung erfahren, während 40 % der Befragten eine stärkere Belastung wahrnehmen. Die Gründe dafür liegen in der höheren Geschwindigkeit der Arbeitsausführung, der geforderten Bewältigung größerer Arbeitsmengen durch die digitalen Technologien sowie der Belastung durch Multitasking und Fremdbestimmung. Somit ist das Versprechen von mehr Autonomie und Selbstbestimmung sowie besseren Möglichkeiten, eine Work-Life-Balance zu erreichen, durch die Digitalisierung für einen erheblichen Teil der Beschäftigten nicht in Erfüllung gegangen. Die Nutzung digitaler Technologien und die Auswirkungen auf den Gesundheitszustand der Beschäftigten zeigen deutlich die Kehrseite der positiven Effekte. Allerdings zeigen sie auch, dass die Auswirkungen sehr individuell und von den jeweiligen Umständen abhängig sind, insbesondere von der Qualifizierung und dem Bildungsgrad der Beschäftigten (vgl. ZEW – Leibniz-Zentrum für Europäische Wirtschaftsforschung (2022)).

### Arbeitsrechtliche Ebene

In der betriebswirtschaftlichen New-Work-Literatur wird oftmals durch die rosarote New-Work-Brille betrachtet argumentiert und arbeitsrechtliche Konsequenzen werden häufig außer Acht gelassen. Die Nutzung digitaler Technologien zieht eine Reihe von Konsequenzen nach sich und erfordert eine Anpassung des Arbeitsrechts. Für einen fundierten Überblick zu arbeitsrechtlichen Aspekten der Digitalisierung sei auf die Publikation von Wolfgang Kleinebrink (2017) verwiesen. Die folgenden arbeitsrechtlichen Herausforderungen zeigen wesentliche exemplarische Aspekte stichpunktartig auf:

– Die flexible Bestimmung des Arbeitsortes und der Arbeitszeit erfordert die Regulierung von Arbeitszeiterfassung, die Einhaltung von Pausenzeiten und die ergonomische Gestaltung des Arbeitsplatzes.
– Das Arbeiten im Ausland, bzw. an Orten, an denen man Urlaub macht, auch Workation genannt, kann einerseits eine Einkommensteuerverpflichtung des Arbeitnehmers und andererseits auch eine Lohnsteuerverpflichtung des Arbeitgebers in dem Gastland mit sich bringen und damit sowohl für Arbeitnehmer als auch Arbeitgeber eine Reihe von Fallstricken darstellen.
– Die Nutzung von sozialen Medien kann arbeitsrechtliche Konsequenzen für Beschäftigte haben, wenn Äußerungen über Vorgesetzte und/oder das Unternehmen gemacht werden.
– Die Nutzung von künstlicher Intelligenz kann insbesondere in Personalauswahlprozessen Auswirkungen auf die Gleichbehandlung haben bzw. zu Diskriminierung führen. Unternehmen müssen sicherstellen, dass der Einsatz von Algorithmen, wie er häufig beispielsweise in der Personalentwicklung und der Personalauswahl erfolgt, fair und vorurteilsfrei gestaltet ist.
– Mit dem Einsatz von digitalen Technologien werden große Mengen an Daten verarbeitet. Unternehmen müssen sicherstellen, dass sie den Datenschutzanforderungen genügen, und entsprechende Maßnahmen gegen Datenschutzverstöße vornehmen.
– Der zunehmende Einsatz digitaler Technologien und technischer Einrichtungen am Arbeitsplatz kann zu einer verstärkten Leistungs- und Verhaltenskontrolle der Mitarbeiter führen, die wiederum einen Eingriff in deren Persönlichkeitsrechte darstellen können. Unternehmen müssen durch entsprechende Richtlinien und ggf. Betriebsvereinbarungen sicherstellen, dass keine unzulässige Überwachung stattfindet.

## 3 Hinweise zur Lösung

Die fortschreitende Digitalisierung führt insgesamt zu einer Vielzahl von Veränderungen im Arbeits- und Lebensbereich der Menschen. Insgesamt stehen der Staat, die Gesellschaft, die Unternehmen und die Beschäftigten vor einer Reihe von Herausforderungen. Es gilt einerseits die Chancen zu nutzen und gleichzeitig Risiken einzudämmen. Diese zahlreichen Chancen und Risiken an dieser Stelle darzustellen, ist nicht möglich. Zur Vertiefung der komplexen Thematik sei die interessierte Leserschaft auf die Publikation des Bayrischen Forschungsinstitut für Digitale Transformation (2023) verweisen. In dieser Studie werden sehr umfassend die Forschungsergebnisse rund um das Thema Arbeit und die Auswirkungen der Digitalisierung aus dem Jahr 2024 zusammengefasst.

## 4 Literaturempfehlungen

Barmer Krankenkasse/Universität St. Gallen (2019): Gesundheitliche Effekte des digitalen Wandels am Arbeitsplatz. Ergebnisse einer repräsentativen Längsschnittanalyse der Universität St. Gallen im Auftrag der BARMER Krankenkasse, Barmer, Berlin, https://www.barmer.de/resource/blob/1024368/831b3890cf152fe66583e15c74668a34/entfallen-barmer-gesundheitliche-effekte-der-digitalisierung-am-arbeitsplatz-data.pdf (26.08.2024).

Bayerisches Forschungsinstitut für Digitale Transformation (2023): Themenmonitor Wirtschaft & Arbeit, https://www.bidt.digital/themenmonitor-wirtschaft-arbeit/ (03.09.2024).

Dengler, Katharina/Matthes, Britta (2015): Folgen der Digitalisierung für die Arbeitswelt: Substituierbarkeitspotenziale von Berufen in Deutschland, IAB-Forschungsbericht, Nr. 11/2015. Institut für Arbeitsmarkt- und Berufsforschung (IAB), Nürnberg, https://www.econstor.eu/bitstream/10419/146097/1/843867167.pdf (26.08.2024).

Dotou, Omer/Schwanitz, Anne-Katrin/Hochgraef, Steffi (2024): Workation: Arbeiten, wo andere Urlaub machen, Freiburg.

Gimpel, Henner/Lanzl, Julia/Manner-Romberg, Tobias/Nüske, Niclas (2018): Digitaler Stress in Deutschland. Eine Befragung von Erwerbstätigen zu Belastung und Beanspruchung durch Arbeit mit Technologien, Diskussionspaper Nummer 101, Hans-Böckler-Stiftung, Düsseldorf, https://www.fim-rc.de/Paperbibliothek/Veroeffentlicht/834/wi-834.pdf (26.08.2024).

Hasenbein, Melanie (2023): Mensch und KI in Organisationen: Einfluss und Umsetzung Künstlicher Intelligenz in wirtschaftspsychologischen Anwendungsfeldern, Wiesbaden S. 35–55.

Institut DGB-Index Gute Arbeit (2022): Digitalisierung und Arbeitsbelastung: Ergebnisse der Befragung 2022, Deutscher Gewerkschaftsbund, Verfügbar unter: https://index-gute-arbeit.dgb.de/++co++e9c777a4-507f-11ed-9da8-001a4a160123 (26.08.2024).

Jacob, Michael (2023): Digitalisierung der Arbeitswelt: Gegenwart und Zukunft, Wiesbaden.

Kleinebrink, Wolfgang (2017): Arbeitsrechtliche Herausforderungen der Digitalisierung im Arbeitsvertragsrecht; in: Der Betrieb, H. 30, Köln, S. 1713–1718.

Knappertsbusch, Inka/Wisskirchen, Gerlind (Hrsg.) (2023): Die Zukunft der Arbeit: New Work mit Flexibilität und Rechtssicherheit gestalten, Wiesbaden.

ZEW – Leibniz-Zentrum für Europäische Wirtschaftsforschung (2022): Digitalisierung schadet Arbeitern und sorgt für Ungleichheit, https://www.zew.de/presse/pressearchiv/digitalisierung-schadet-arbeitern-und-sorgt-fuer-ungleichheit (26.08.2024).

## 2.3 Soziokratie und Holokratie

### Aufgabe 1: Soziokratie als Organisationsmodell

| Wissen, Verstehen | 30 Minuten |
|---|---|

### 1 Fragestellung

Als agiles Arbeitsmodell im Sinne von New Work gilt die Soziokratie. Erläutern Sie ausführlich den Grundgedanken der Soziokratie.

### 2 Lösung

Unter Soziokratie ist ein agiles Organisationsmodell zu verstehen, bei dem die Menschen im Unternehmen im Mittelpunkt stehen, wobei Kooperation, Mitverantwortung sowie individuelle und organisationale Selbstorganisation gefördert werden sollen. Es ist ein Gegenmodell zu hierarchischen Organisationsformen, da es darauf basiert, dass die Beteiligten gleichwertig sind, gemeinsam Entscheidungen treffen, die nicht „von oben" kommt. Der Soziokratie liegt ein positives Menschenbild zugrunde, welches von der Annahme ausgeht, dass Menschen in der Lage sind, selbst Entscheidungen zu treffen, und dadurch engagierter und motivierter sind. Weiterhin ist die Prämisse für effektivere Arbeit, dass alle am Erfolg interessiert sind. „Geheime" Treffen oder die Vorenthaltung von Informationen existieren in soziokratischen Organisationen nicht. Gleichwertigkeit, Wirksamkeit und Transparenz sind die Werte einer soziokratischen Organisationsform. Soziokratie ist zwar nicht neu, findet aber im Kontext von New Work erneut Aufmerksamkeit bzw. Aufwind.

Soziokratische Organisationen unterscheiden sich von klassischen Organisationsformen sowohl in Bezug auf ihre Struktur als auch auf ihr Wertesystem und damit die Organisationskultur, sie basieren auf vier Prinzipien: Entscheidungsfindung durch Konsent, Prinzip Kreisorganisation der Aufgabenbereiche, doppelte Verlinkung und offene Wahl. Typischerweise sind Unternehmen hierarchisch organisiert, auf Steuerbarkeit und Kontrolle ausgerichtet und einzelne Führungskräfte sind in der Regel die Entscheider.

Im Folgenden werden die vier Basisprinzipien soziokratischer Organisationen erläutert:

### Prinzip 1 – Konsent

In klassischen, hierarchisch organisierten Unternehmen werden Entscheidungen von einzelnen Führungskräften top-down getroffen. In soziokratischen Organisationen hingegen werden Entscheidungen im Konsent getroffen. Das ist ein wesentliches Merkmal soziokratischer Organisationen. Im Konsent bedeutet, dass keiner der Beteiligten einen schwerwiegenden und sachlich begründeten Einwand äußert. Erst dann gilt eine Entscheidung als gültig. Diese Form der Entscheidungsfindung ist nicht zu verwechseln mit Konsensentscheidungen oder Mehrheitsentscheidungen. Auch wenn der Begriff Konsententscheidung sprachlich sehr nahe an dem Begriff der Konsensentscheidung liegt, so ist er dennoch zu differenzieren: Konsensentscheidungen sind einstimmige Entscheidungen. Einstimmig bedeutet, dass alle Beteiligten sich einig sind, dass eine bestimmte Entscheidung die beste ist. In gruppendynamischen Prozessen erfolgt dies häufig, um andere zu überzeugen, dass es die beste Lösung ist, und führt oft dazu, dass endlos diskutiert wird, bis alle erschöpft sind und am Ende alle zustimmen, um eine Entscheidung zu erzielen. Im Konsent hingegen wird nicht gefragt, ob alle einem Vorschlag/Beschluss zustimmen, sondern ob es gegen einen Vorschlag/Beschluss von den Beteiligten einen schwerwiegenden Einwand gibt, der das Ziel gefährden würde. Es wird also nicht nach der Präferenz gefragt, sondern nach dem Toleranzbereich. Wenn Einwände genannt werden, sind diese als Ressource zu betrachten, denn diese deuten darauf hin, dass eine Person Dinge wahrgenommen hat, die von anderen noch nicht wahrgenommen wurden. Einwände werden integriert und die Lösung wird verbessert. In der Soziokratie müssen allerdings nicht alle Entscheidungen im Konsent getroffen werden, sondern lediglich die Grundsatzentscheidungen, d. h. man muss sich im Vorfeld bewusst darüber einigen, welche Entscheidungen im Konsent getroffen werden sollten.

### Prinzip 2 – Kreisorganisation

Während klassische Organisationen, wie etwa die funktionale oder die divisionale Organisationsform, hinsichtlich ihrer Formalstruktur in Abteilungen organisiert sind, sind soziokratische Organisationen in Kreisen organisiert. Einen Kreis bilden die Beteiligten, also eine Gruppe von Beteiligten, die für die Zielerreichung verantwortlich sind. Die Autorität liegt in der Gemeinschaft und damit bei denen, die sich zusammentun, und eben nicht – wie in klassischen Organisationen – bei den Führungskräften. In den Kreisen werden von den Beteiligten Grundsatzentscheidungen getroffen. Jeder Kreis hat einen Bereich, in welchem er eigenständig agieren kann. Handelt es sich um übergeordnete Entscheidungen, müssen diese in Abstimmung mit den anderen Kreisen getroffen werden. Jeder Kreis ist über eine leitende und eine delegierte Person an den nächsthöheren Kreis angebunden bzw. verlinkt. So werden die Interessen der einzelnen Kreise eingebracht, ebenso funktioniert der Informationsfluss.

### Prinzip 3 – Doppelte Verknüpfung

Jeder Kreis ist mit einem übergeordneten Kreis durch sogenannte Double Links verknüpft. Aus den Kreisen des jeweilen Themen- bzw. Aufgabenbereichs wird jeweils eine Person in den übergeordneten Koordinationskreis entsendet, um dort die Interessen des Kreises einzubringen. Die Kreise stehen alle in Verbindung zueinander.

### Prinzip 4 – Offene Wahl

Ein weiteres Prinzip der Soziokratie ist die offene Wahl. Die Mitglieder der zuvor erläuterten Kreise werden offen und transparent gewählt. Dazu werden zunächst einmal die Rollen in den Kreisen definiert und die dazu notwendigen Kompetenzen bzw. Qualifikationen ermittelt. Nachdem das Anforderungsprofil erstellt ist und die Liste konsentiert ist, wird die Frage gestellt, wer die jeweilige Rolle übernehmen möchte bzw. wer wen dafür als geeignet betrachtet. Dazu schlägt jedes Mitglied aus dem Kreis eine Person vor und begründet, weshalb sie als geeignet erscheint. Der Vorschlag der eigenen Person ist auch möglich. Der Grundgedanke ist auch hier wieder, dass durch Transparenz und Feedback Lernprozesse angeregt werden, die wiederum der Zielerreichung der Organisation dienen. Wenn es Einwände gegen eine vorgeschlagene Person gibt, werden so lange die Runden gemacht, bis es keinen schwerwiegenden Einwand mehr gibt. Die Wahl kann mehrere Runden in Anspruch nehmen.

## 3 Hinweise zur Lösung

Das Wort Soziokratie setzt sich aus den Wörtern „socius", das aus dem Lateinischen kommt und für Gefährte steht, und dem Begriff „kratein", der aus dem Griechischen entstammt und für Macht, Regierung bzw. regieren steht. Der Begriff der Soziokratie wurde von Auguste Comte im 19. Jahrhundert geprägt. Gerard Endenburg, ein niederländischer Unternehmer, hat die soziokratische Organisationsform erstmalig Ende der 1960er-Jahre in dem Elektrobetrieb seines Unternehmens umgesetzt. Die von Endenburg formulierten Prinzipien der soziokratischen Organisation basieren auf den Handlungsweisen des niederländischen Erziehungsreformers Kees Boeke. Soziokratie bedarf nicht nur einer anderen Formalstruktur, sondern auch eines positiven Menschenbildes.

## 4 Literaturempfehlungen

Rau, Ted J. (2024): Soziokratie – kurz erklärt. Sociocracy For All.

Rüther, Christian (2018): Soziokratie, S3, Holakratie, Frederic Laloux' „Reinventing Organizations" und „New Work": Ein Überblick über die gängigsten Ansätze zur Selbstorganisation und Partizipation, 2. Aufl., Norderstedt, S. 18–25.

Strauch, Barbara/Ornetzeder, Daniel (2022): Soziokratie: Organisationsstrukturen zur Stärkung von Beteiligung und Mitverantwortung des Einzelnen in Unternehmen, Politik und Gesellschaft, 2. Aufl., München.

Strauch, Barbara/Reijmer, Annewiek (2018): Soziokratie: Kreisstrukturen als Organisationsprinzip zur Stärkung der Mitverantwortung des Einzelnen, München.

## Aufgabe 2: Single-Choice-Fragen zu Soziokratie

**Wissen, Verstehen**                                                                 **10 Minuten**

### 1 Fragestellung

Bitte tragen Sie bei den folgenden Aussagen ein, ob diese richtig („R") oder falsch („F") sind.

a) ☐ In der Soziokratie erfolgt die Wahl geheim.

b) ☐ Ein wesentlicher Wert in der Soziokratie ist Transparenz.

c) ☐ Entscheidungsfindung im Konsens ist eines der vier Basisprinzipien der Soziokratie.

d) ☐ Entscheidungsfindung im Konsent ist eines der vier Basisprinzipien der Soziokratie.

e) ☐ Die dreifache Verlinkung der Kreise ist ein Basisprinzip der Soziokratie.

### 2 Lösung

a) F In der Soziokratie erfolgt die Wahl geheim.

b) R Ein wesentlicher Wert in der Soziokratie ist Transparenz.

c) F Entscheidungsfindung im Konsens ist eines der vier Basisprinzipien der Soziokratie.

d) R Entscheidungsfindung im Konsent ist eines der vier Basisprinzipien der Soziokratie.

e) F Die dreifache Verlinkung der Kreise ist ein Basisprinzip der Soziokratie.

## 3 Hinweise zur Lösung

a)   In der Soziokratie erfolgt die Wahl nicht geheim, sondern offen.
b)   Transparenz ist ein Wert, der im Prinzip der offenen Wahl besonders deutlich wird.
c)   Es handelt sich nicht um Konsens, sondern um Konsent.
d)   Konsent ist von Konsens zu unterscheiden.
e)   Es handelt sich um die doppelte und nicht dreifache Verlinkung der Kreise.

Weitere Erläuterungen zum Verständnis, warum die Antworten richtig oder falsch sind, finden sich in den Lösungen und Lösungshinweisen der vorherigen Aufgabe.

## 4 Literaturempfehlungen

Gates, Herbert T. (2024): Agile Unternehmensführung im 21. Jahrhundert: Erfolgsmodelle des Great Game of Business, der Soziokratie und Holakratie im Vergleich, Hamburg.
Hackl, Benedikt/Wagner, Marc/Attmer, Lars/Baumann, Dominik (2017): New Work. Auf dem Weg zur neuen Arbeitswelt: Management-Impulse, Praxisbeispiele, Studien, Wiesbaden, S. 109–180.
Rau, Ted J. (2024): Soziokratie – kurz erklärt. Sociocracy For All, ohne Ort.
Rüther, Christian (2018): Soziokratie, S3, Holakratie, Frederic Laloux' „Reinventing Organizations" und „New Work": Ein Überblick über die gängigsten Ansätze zur Selbstorganisation und Partizipation, 2. Aufl., Norderstedt, S. 18–25.
Strauch, Barbara/Ornetzeder, Daniel (2022): Soziokratie: Organisationsstrukturen zur Stärkung von Beteiligung und Mitverantwortung des Einzelnen in Unternehmen, Politik und Gesellschaft, 2. Aufl., München.
Strauch, Barbara/Reijmer, Annewiek (2018): Soziokratie: Kreisstrukturen als Organisationsprinzip zur Stärkung der Mitverantwortung des Einzelnen, München.

## Aufgabe 3: Holokratie als Organisationsmodell

| Wissen, Verstehen, Anwenden | 40 Minuten |
| --- | --- |

## 1 Fragestellung

Zu den bekannten Konzepten der Selbstorganisation im Rahmen von New Work gehört die Holokratie.
a)   Beschreiben Sie, was unter dem Konzept der Holokratie zu verstehen ist.
b)   Erstellen Sie eine Tabelle mit Stichpunkten zu möglichen Chancen und Risiken von Holokratie aus Mitarbeiter- und aus Unternehmenssicht.

## 2 Lösung

a) Holokratie bezeichnet eine Organisationsform, die als revolutionäres Gegenmodell der klassischen hierarchischen Organisationsform charakterisiert werden kann. Sie wurde von dem Unternehmer Brian J. Robertson aus den USA entwickelt. Sie propagiert eine Abkehr von Hierarchien, Machtverhältnissen, Intransparenz und Rigidität. Holokratie soll die Selbstständigkeit und Verantwortung aller Organisationsmitglieder stärken, ohne die Führungspositionen obsolet zu machen. In einer sich immer schneller verändernden Welt braucht es Organisationsmodelle bzw. Organisationsstrukturen und Führungsmodelle, die den Anforderungen an Flexibilität und Volatilität gerecht werden, statt traditionelle hierarchische Managementsysteme. Weiterhin soll mit dem neuartigen Ansatz die Effizienz der Organisation gesteigert werden und bei den Mitarbeitern zu mehr Motivation, Zufriedenheit und Kreativität führen.

In holokratischen Organisationen werden Befugnisse und die Entscheidungsfindung sich selbstorganisierenden Teams überlassen. Die Verantwortung wird je nach Fähigkeiten der Mitarbeitern auf allen Schultern verteilt und liegt nicht nur bei den Führungskräften. Der Onlinehändler Zappos aus den USA, damals mit CEO Tony Hsieh an der Spitze, führte im Jahr 2013 dieses Modell ein. Zappos gilt bis heute als prominentes und viel zitiertes Beispiel für ein Unternehmen, das nach dem Holokratiemodell arbeitet. In holokratischen Organisationen gestalten sich die Aufbau- und Ablauforganisation, die Kultur und Führung fundamental anders als in klassischen hierarchischen Organisationen. Holokratische Organisationen sind durch die folgenden drei wesentlichen Differenzierungsmerkmale gekennzeichnet: Kreise, Rollen und die Holokratieverfassung. In klassischen Organisationen erfolgt die Abteilungsbildung nach Funktionen oder Divisionen und es existieren Stellenbeschreibungen bzw. Positionen. In holokratischen Organisationen hingegen gibt es die klassischen Abteilungen nicht mehr, stattdessen wird das Unternehmen in Form von Kreisen organisiert. Innerhalb der Kreise gibt es verschiedene Rollen.

Auf den ersten Blick mag diese Organisationsform den Anschein machen, dass Chaos und Anarchie vorherrschen. Holokratie ist allerdings nicht mit Anarchie gleichzusetzen, denn sie folgt einem strengen Regelwerk, das in der sogenannten Holokratieverfassung festgehalten ist.

Im Jahr 2010 erstmals öffentlich vorgestellt, bot Robertsons Holacracy Constitution, die die Grundlage für den Aufbau neuer Unternehmenskulturen.

Holokratische sind nicht wie klassische Organisationen, in Funktionen, Abteilungen oder Divisionen unterteilt und Personen sind hier auch nicht mit Autoritäten qua Stellenbeschreibung ausgestattet, sondern es stehen sogenannte Kreise und Rollen im Mittelpunkt.

Holokratie bezeichnet ein System der Selbstorganisation, das frei von Hierarchien ist und bei der Führung durch alle praktiziert wird. Ein weiteres Charakteristikum ist, dass Entscheidungen gemeinschaftlich getroffen werden und eine klassische Führungsspitze nicht existiert. Die Kreise sind eigenständig, stehen aber in Beziehung

und Abhängigkeit zueinander. Innerhalb der Kreise werden Rollen rotierend vergeben. Die traditionellen Hierarchien werden durch Rollen und Kreise substituiert. Innerhalb der Kreise hat jedes Organisationsmitglied bestimmte Rollen und damit Verantwortlichkeiten. Holos wird mit ganzheitlicher Führung übersetzt. Rollen sind die
Funktionen, die eine Person übernimmt.

b) Eine tabellarische Lösung kann nachfolgender Tabelle 1 entnommen werden.

**Tab. 1:** Chancen und Risiken von Holokratie aus Mitarbeiter- und Unternehmenssicht.

| | | Unternehmenssicht | Mitarbeitersicht |
|---|---|---|---|
| **Chancen** | – | Schnellere und bessere Entscheidungsfindung | – Gleichberechtigte Einbindung in die Ideen- und Entscheidungsfindung |
| | – | Flexibilität und Agilität bezüglich veränderte Marktbedingungen | – Erhöhung der Zufriedenheit mit dem Arbeitgeber |
| | – | Transparenz der Prozesse in der Organisation | – Wertschätzung und Vertrauenssignale seitens des Arbeitgebers |
| | – | Höhere Innovationsfähigkeit | |
| | – | Höhere Effizienz der Organisationsmitglieder | |
| **Risiken** | – | Chaos und Unsicherheit, wenn das Regelwerk nicht strikt eingehalten wird | – Kompetenzerleben kann zu Beginn gemindert sein |
| | – | Umdenken weg vom traditionellen Führungs- und Organisationsverständnis | – Hohe Selbstorganisation |
| | – | Verlust der Macht der Führungsspitze | – Verwirrung und Rollenunklarheit |

Quelle: Eigene Darstellung.

## 3 Hinweise zur Lösung

Zur Vertiefung und Verdeutlichung der Unterschiede bzw. Gemeinsamkeiten von Soziokratie und Holokratie dient die nachfolgende Tabelle 2.

**Tab. 2:** Vergleich von Soziokratie und Holokratie.

| Aspekt | Soziokratie | Holokratie |
|---|---|---|
| **Definition, Ausrichtung einer Organisation** | Entität/Einheit von Menschen, die eine gemeinsame Vision haben und diese verwirklichen wollen. | Entität ausgerichtet auf ihren Seinszweck. |

**Tab. 2** (fortgesetzt)

| Aspekt | Soziokratie | Holokratie |
|---|---|---|
| **Grundlegende Prinzipien** | – Konsentprinzip – Konsent, d. h. ich habe keinen schwerwiegenden und argumentierbaren Einwand<br>– Kreisstruktur und Hierarchie<br>– Doppelte Verknüpfung der Kreise<br>– Funktionsträger werden durch offene Wahl im Konsent bestimmt<br>– Prinzip der dynamischen Steuerung | – Integrative Entscheidungsfindung – valider/invalider Einwand<br>– Kreisstruktur und Holarchie<br>– Doppelte Verknüpfung der Kreise<br>– Integrativer Wahl-Prozess, nur Lead-Link wird vom Lead-Link des oberen Kreises bestimmt<br>– Prinzip der dynamischen Steuerung<br>– Selbstorganisation durch Rollen |
| **Hierarchie der Kreise** | – Top-Kreis<br>– Allgemeiner Kreis<br>– Bereichskreise + Abteilungskreise | – Board Circle<br>– General Company Circle (GCC)<br>– Sub-Circles |
| **Schwerpunkt u. Output Governance Meeting** | Kollektiv: Gemeinsame Konsent-EntscheidungenGrundsatz- und Rahmen-Entscheidungen | Rolle: Schaffung/Anpassung/Verantwortlichkeiten, eher wenige Policy-Entscheidungen/Definitionen |
| **Moderation** | Kümmert sich um den Prozess, die Menschen und das höhere Ziel (Vision), Führungskraft darf nicht Moderator sein | Kümmert sich nur um den Prozess, Lead-Link darf nicht Moderatorin sein |
| **Wer entscheidet?** | Jede Person als Mensch/Kreismitglied: „Im Hinblick auf das gemeinsame Ziel/Vision kann ich mitgehen, habe ich keinen schwerwiegenden Einwand." | Jede Person aus ihrer Rolle heraus (idealerweise ohne Ego): „Gemäß unseres Seinszweckes habe ich als Rollenverantwortlicher keinen validen Einwand." |
| **Offene Wahl** | Vorschlag zur Wahl nach Güte der Argumente. | Vorschlag zur Wahl nach Anzahl der Nominationen. |
| **Meeting-Struktur** | Es wird nur unterschieden zwischen Kreismeetings für Grundsatz- und Rahmen-entscheidungen und Arbeitsbesprechungen für Ausführungsentscheidungen. | In der Verfassung sind folgende Meetings vorgeschrieben: monatlich: Governance Meetings, wöchentliche taktische Meetings. |
| **Ablauf von Meetings** | i. d. R. zwei Meinungsrunden zu Grundsatzthemen, dann Erarbeitung eines Vorschlages, dann Konsentrunde. | i. d. R. liegt ein Vorschlag vor, eine Runde und dann Einwandrunde (weniger Austausch auf Kreisebene). |

**Tab. 2** (fortgesetzt)

| Aspekt | Soziokratie | Holokratie |
|---|---|---|
| **Wer entscheidet, ob ein Einwand gültig ist?** | Die Person, die den Einwand einbringt, entscheidet, ob der Einwand schwerwiegend ist oder nicht. Niemand kann sie überstimmen. | Beim Einwand wird die Validität anhand bestimmter Kriterien/Fragen getestet. Moderation überprüft, ob jede Testfrage mit einem Argument beantwortet wurde, unabhängig von der Güte des Arguments. Der Einwandgeber entscheidet, ob der Test bestanden wurde. |
| **Einwandbehebung** | Aufgabe des gesamten Kreises, Moderation unterstützt. | Aufgabe des Einwandgebers und Vorschlageinbringers, eher bilateral, der Kreis kann unterstützen. |
| **Was passiert, wenn der Kreis zu keiner Entscheidung kommt?** | Verschiedene Formen, wie mit einem „schwerwiegenden" Einwand umgegangen werden kann: nach 48 h nächstes Meeting, etc. Wenn es nicht gelingt, entscheidet der nächsthöhere Kreis. | Es gibt ein extra Meeting – Restorative-Process (Wiedergutmachung). Der Moderator des nächsthöheren Kreises übernimmt die Moderation. |
| **Führungskraft: Legitimierung** | Führungskraft eines Kreises wird im nächsthöheren Kreis mit Konsent des Delegierten gewählt. | Es gibt keine Führungskraft. Die Rolle „Lead-Link" wird vom „Lead-Link" des nächsthöheren Kreises bestimmt. |
| **Führungskraft: Philosophie, Verantwortung** | Nicht konkret spezifiziert, eher „dienende" Funktion, d. h. sorgt dafür, dass gemeinsam getroffene Entscheidungen auch im Tagesgeschäft umgesetzt werden. | Verteilung der Macht auf viele. Eigenverantwortung jedes Einzelnen – „Rollenfürsten". Als Lead-Link bei der Gründung des Kreises für alles verantwortlich; nachher nur noch „Lückenfüller", entscheidet über die Ressourcenverteilung im Kreis. |
| **Wer stellt ein und entlässt?** | Grundsatzentscheidung im Kreis, ggf. Delegation an eine Gruppe/Person. | Nicht bestimmt – letztendlich eine Governance-Entscheidung. Lead-Link darf Rollen anbieten (zuweisen)/ entheben, aber nicht Personen. |
| **Konkrete Arbeitsorganisation** | Nicht spezifiziert, Empfehlung des 9-Schritte-Plans als Organisationshilfe für den Geschäftsprozess. | Hoher Grad der Selbstorganisation u. Eigenverantwortung: Rollen mit klaren Verantwortlichkeiten; operatives Geschäft v. a. in Projekten. |
| **Umgang mit Eigentum** | Ziel ist die Neutralisierung oder Gleichwertigkeit des Eigentums in der Beschlussfassung (keine Übermacht). | Nicht spezifiziert. |

**Tab. 2** (fortgesetzt)

| Aspekt | Soziokratie | Holokratie |
|---|---|---|
| **Für wen ist das Modell geeignet?** | Alle Gruppen, die ein gemeinsames Ziel/Vision haben; prinzipiell jede Organisation. | Alle Gruppen, die einen gemeinsamen Zweck/Purpose haben; prinzipiell jede Organisation. |
| **Referenz-Werk, „Bibel"** | Soziokratische Normen. | Holokratische Verfassung. |
| **Copyright und Lizenzgebühren** | Kein Copyright. Als interne oder externe Beraterin ohne rechtliche Konsequenz möglich. Ausbildung bezahlbar, keine Lizenzgebühren, aber Gebühren für u. Erneuerung | Copyright auf Holacracy. Als interner Berater Implementierung ohne rechtliche Konsequenz möglich. Als externer Berater nur nach Zertifizierung. Recht kostspielige Ausbildung u. Lizenzgebühren |

Quelle: In Anlehnung an Rüther, Christian (2017).

## 4  Literaturempfehlungen

Kühl, Stefan/Sua-Ngam-Iam, Phanmika (Hrsg.) (2023): Holacracy: Funktionen und Folgen eines Managementmodells, Wiesbaden.

Rüther, Christian (2017): Vergleich Holakratie – Soziokratie. Verfügbar unter: https://www.soziokratie.org/wp-content/uploads/2017/09/vergleich-holakratie-soziokratie1.1.pdf (09.09.2024).

Rüther, Christian (2018): Soziokratie, S3, Holakratie, Frederic Laloux' „Reinventing Organizations" und „New Work": Ein Überblick über die gängigsten Ansätze zur Selbstorganisation und Partizipation, 2. Aufl., Norderstedt, S. 165–189.

## Aufgabe 4: Single-Choice-Fragen zu Holokratie

**Wissen, Verstehen**                                         **5 Minuten**

## 1  Fragestellung

Bitte tragen Sie bei den folgenden Aussagen in Bezug auf Holokratie ein, ob diese richtig („R") oder falsch („F") sind.

a) ☐ Holokratie bedeutet Führung durch alle Organisationsmitglieder und ist somit mit Anarchie gleichzusetzen.

b) ☐ In der holokratischen Organisationsform wird das Unternehmen nach Kreisen organisiert, die wiederum aus Rollen bestehen.

c) ☐ In holokratischen Organisationen bleibt die Entscheidungsgewalt bei der Führungskraft, die einer Abteilung vorsteht.

d) ☐ Regelmäßige Meetings sind in holokratischen Organisationen ein wichtiges Instrument zur Synchronisierung der Arbeit in der Organisation.

e) ☐ Holokratie als Organisationsprinzip eignet sich für jedes Unternehmen unabhängig von Größe und Branche.

f) ☐ Holokratie und Soziokratie bezeichnen das Gleiche und werden synonym verwendet.

g) ☐ Im Gegensatz zu Holokratie orientiert sich Soziokratie am klassischen Pyramidenmodell der hierarchischen Organisation.

h) ☐ In der Holokratie wird Führung durch das gemeinsame Ziel vorgegeben.

## 2 Lösung

a) ☐ F Holokratie bedeutet Führung durch alle Organisationsmitglieder und ist somit mit Anarchie gleichzusetzen.

b) ☐ R In der holokratischen Organisationsform wird das Unternehmen nach Kreisen organisiert, die wiederum aus Rollen bestehen.

c) ☐ F In holokratischen Organisationen bleibt die Entscheidungsgewalt bei der Führungskraft, die einer Abteilung vorsteht.

d) ☐ R Regelmäßige Meetings sind in holokratischen Organisationen ein wichtiges Instrument zur Synchronisierung der Arbeit in der Organisation.

e) ☐ F Holokratie als Organisationsprinzip eignet sich für jedes Unternehmen unabhängig von Größe und Branche.

f) ☐ F Holokratie und Soziokratie bezeichnen das Gleiche und werden synonym verwendet.

g) ☐ F Im Gegensatz zu Holokratie orientiert sich Soziokratie am klassischen Pyramidenmodell der hierarchischen Organisation.

h) ☐ R In der Holokratie wird Führung durch das gemeinsame Ziel vorgegeben.

## 3 Hinweise zur Lösung

a) Holokratie ist nicht mit Anarchie gleichzusetzen, denn Holokratie ist ein strukturiertes Organisationsmodell mit klaren Regeln und Rollen, im Gegensatz zur Anarchie.

b) Das Kreisprinzip ist ein Basisprinzip holokratischer Organisationen.

c) In holokratischen Organisationen entscheidet jede Person aus ihrer Rolle heraus.

d) In der Holokratieverfassung ist festgelegt, welche Meetings (Governance Meetings bzw. taktische Meetings) in welcher Häufigkeit (wöchentlich bzw. monatlich) abzuhalten sind.

e) Unternehmen, die Holokratie eingeführt haben, sind eher kleine bzw. mittelständische Unternehmen, die vorrangig Wissensarbeiter beschäftigen.

f) Holokratie ist gewissermaßen ein Spin-off der Soziokratie.

g) Holokratie orientiert sich am Prinzip der Gleichwertigkeit und nicht Hierarchie.

h) Der gemeinsame Zweck bzw. Purpose ist ein wichtiges Element in holokratischen Organisationen.

## 4 Literaturempfehlungen

Hackl, Benedikt/Wagner, Marc/Attmer, Lars/Baumann, Dominik (2017): New Work. Auf dem Weg zur neuen Arbeitswelt: Management-Impulse, Praxisbeispiele, Studien, Wiesbaden.

Rüther, Christian (2018): Soziokratie, S3, Holakratie, Frederic Laloux' „Reinventing Organizations" und „New Work": Ein Überblick über die gängigsten Ansätze zur Selbstorganisation und Partizipation, 2. Aufl., Norderstedt, S. 165–199.

Schermuly, Carsten C. (2024): New Work – Gute Arbeit gestalten: Psychologisches Empowerment von Mitarbeitenden, 4. Aufl., Freiburg.

# Kapitel 3: Agile Organisations- und Arbeitsprinzipien

## 3.1 Agile Werte in Organisationen

### Aufgabe 1: Das agile Manifest

| Wissen, Verstehen | 10 Minuten |
| --- | --- |

### 1 Fragestellung

Erläutern Sie, was unter dem „Agilen Manifest" zu verstehen ist. Gehen Sie dabei auf seine Entstehung und die Kerninhalte ein. Beschreiben Sie ebenfalls, was heutzutage allgemein unter „Agilität" verstanden werden kann.

### 2 Lösung

Das „Agile Manifest" wurde 2001 von 17 Softwareentwicklern verfasst, u. a. Ken Schwaber und Jeff Sutherland. Es bildet bekannterweise vor allem das Fundament des agilen Projektmanagements, insbesondere in Bezug auf IT-Projekte. Gleichzeitig kann das Agile Manifest als Wertegrundlage für sämtliche agile Organisations- und Arbeitsprinzipien angesehen werden. Das Agile Manifest besteht im Kern aus vier Werten. Agile Zusammenarbeit soll dabei

- den Menschen und die Interaktion zwischen Menschen gegenüber festgelegten Prozessen und Arbeitsmitteln betonen
- funktionierenden Arbeitsergebnissen eine Priorität gegenüber ausführlicher Dokumentation geben
- eine enge Zusammenarbeit mit dem Kunden über die Vertragsverhandlung mit ihm stellen
- ein flexibles Anpassen an Veränderungsnotwendigkeiten gegenüber der Einhaltung eines (Projekt-)Plans den Vorzug geben

Diese vier Werte basieren auf zwölf Prinzipien, die das Agile Manifest ebenfalls ausführt.

Agilität stellt eine Arbeitsweise dar, in der Mitarbeiter selbstorganisiert und eigenverantwortlich in enger Zusammenarbeit mit dem Kunden arbeiten und dabei durch Anpassungsfähigkeit auf interne und externe Veränderungen reagieren. Die Arbeitsweise ist durch schrittweise, iterative Bearbeitungszyklen charakterisiert. Im Vordergrund steht die Erreichung „wertvoller" Leistungen für den Kunden.

https://doi.org/10.1515/9783111388861-003

### 3 Hinweise zur Lösung

Das Agile Manifest im Wortlaut (Beck et al. (2001)):

*We are uncovering better ways of developing software by doing it and helping others do it.
Through this work we have come to value:*
- *Individuals and interactions over processes and tools*
- *Working software over comprehensive documentation*
- *Customer collaboration over contract negotiation*
- *Responding to change over following a plan*

*That is, while there is value in the items on the right, we value the items on the left more.*

Die zwölf Prinzipien des Agilen Manifests im Wortlaut (Beck et al. (2001)):

*We follow these principles:*
- *Our highest priority is to satisfy the customer through early and continuous delivery of valuable software.*
- *Welcome changing requirements, even late in development. Agile processes harness change for the customer's competitive advantage.*
- *Deliver working software frequently, from a couple of weeks to a couple of months, with a preference to the shorter timescale.*
- *Business people and developers must work together daily throughout the project.*
- *Build projects around motivated individuals. Give them the environment and support they need, and trust them to get the job done.*
- *The most efficient and effective method of conveying information to and within a development team is face-to-face conversation.*
- *Working software is the primary measure of progress.*
- *Agile processes promote sustainable development. The sponsors, developers, and users should be able to maintain a constant pace indefinitely.*
- *Continuous attention to technical excellence and good design enhances agility.*
- *Simplicity – the art of maximizing the amount of work not done – is essential.*
- *The best architectures, requirements, and designs emerge from self-organizing teams.*
- *At regular intervals, the team reflects on how to become more effective, then tunes and adjusts its behavior accordingly.*

Feichtinger (2023, S. 20) definiert Agilität wie folgt: *„Agilität ist eine dynamische Organisationsform mit der Fähigkeit, auf interne und externe Veränderungen durch anpassungsfähige Prozesse, selbstverantwortete Mitarbeiter und unter Zuhilfenahme von Kooperationen (Kunden und Lieferanten) sowie durch Instrumente, Methoden und Technologien mit dem Ziel der Befriedigung der Kundenbedürfnisse zur Erreichung der Wertschöpfung zu reagieren".* Stoi/Dillerup (2022, S. 90) schreiben: *„Agilität bedeutet, flexibel und proaktiv, antizipativ und initiativ zu agieren, um in komplexen Kontexten eine hohe Anpassungsfähigkeit zu gewährleisten."*

Ebenfalls liefert Feichtinger eine Übersicht verschiedener Definitionsansätze von Agilität:

**Tab. 3:** Definitionsansätze von Agilität.

| Autor(en)<br>(die jew. Quellenangaben in dieser Spalte finden sich direkt bei Feichtinger, 2023) | Definition |
|---|---|
| Goldman/Nagel/Preiss (1995) | „Agility means delivering value to customers, being ready for change, valuing human knowledge and skills, and forming virtual partnership." |
| Fliedner/Vokurka (1997) | „Agility is an ability to produce a broad range of low cost, high quality products with short lead times in varying lot sizes, built to individual customer specification." |
| Katayama/Bennett (1999) | „Agility relates to the interface between the company and the market. Agility acts as a pillar to improve competitiveness and the business prospects." |
| Christopher (2000) | „Agility is defined as the ability of an organization to respond rapidly to changes in demand, both in terms of volume and variety." |
| Mason-Jones/Naylor/Towill (2000) | „Agility means using market knowledge and virtual corporation to exploit profitable opportunities in a volatile market place." |
| Tolone (2000) | „Agility implies effectively integrating supply chain and forging close and long term relationship with customers and suppliers." |
| Aitken/Christopher/ Towill (2002) | „Agility is an ability to have visibility of demand, flexible and quick response and synchronized operations." |
| Highsmith (2004) | „It is the ability to both create and respond to change in order to profit in a turbulent business environment." |
| Narasimhan/Swink/ Kim (2006) | „Ability to efficiently change operating states in response to uncertain and changing demands placed upon it." |
| Worley/Lawler (2010) | „Agility is a dynamic organization design capability that can sense the need for change from both internal and external sources, carry out those changes routinely, and sustain above-average performance." |

**Tab. 3** (fortgesetzt)

| Autor(en) (die jew. Quellenangaben in dieser Spalte finden sich direkt bei Feichtinger, 2023) | Definition |
| --- | --- |
| Tseng/Lin (2011) | „Agile enterprises are concerned with change, uncertainty and unpredictability within their business environment and with making an appropriate response." |
| **Definitionen weiterer Autoren:** | |
| Gren/Lenberg (2020) | „Agile, however, relates to effectiveness – doing the right things. We, therefore, argue that agile is all about responsiveness to change." |
| Ozkan/Gok (2022) | „The ability of software development entities including processes, people, technology, tools and approaches to sense and embrace predicted, unpredicted, certain, uncertain external and internal changes, and responding to them reactively or proactively in a timely and inherently manner." |
| REFA AG (2024) | „Agilität ist die Fähigkeit einer Organisation, sowohl flexibel zu reagieren als auch proaktiv zu handeln. Agilität beruht dabei auf der Wahrnehmung von Trends und sich immer schneller ändernden Rahmenbedingungen im unternehmerischen Umfeld. Deren Antizipation ist der Auslöser, um ihitiativ zu werden, notwendige Veränderungen einzuführen und sich wandelnden Märkten anzupassen." |

Quelle: In Anlehnung an Feichtinger, Christoph (2023), S. 17.

Zu beobachten ist ebenfalls, dass „Agilität" in Praxis und Literatur teilweise auch den Charakter eines „Modeworts" erhalten hat und oftmals – fälschlicherweise und zu stark simplifizierend – als Synonym für „Modernität", „Schnelligkeit" oder schlicht „besser" verwendet wird. Von einem derartigen Begriffsverständnis wird abgeraten (vgl. Häusling, André/Römer, Esther/Zeppenfeld, Nina (2019), S. 13).


## 4 Literaturempfehlungen

Beck et al. (2001): Manifesto for Agile Software Development, https://agilemanifesto.org (29.03.2024).
Feichtinger, Christoph (2023): Agiles Controlling: Anforderungen und Umsetzungsempfehlungen, Wiesbaden, S. 13–20.
Gren, Lucas/Lenberg, Per (2020): Agility is responsiveness to change: An essential definition; Proceedings of Evaluation and Assessment in Software Engineering, Trondheim, Norway, April 15–17, 2020 (EASE 2020).

Häusling, André/Römer, Esther/Zeppenfeld, Nina (2019): Praxisbuch Agilität: Tools für Personal- und Organisationsentwicklung, 2. Aufl., Freiburg u. a. S. 13–15.

Lippold, Dirk (2023): Modernes Personalmanagement: Personalmarketing im digitalen Wandel, 4. Aufl., Berlin/Boston, S. 384–390.

Ozkan, Necmettin/Gok, Mehmet S. (2022): Definition Synthesis of Agility in Software Development: Comprehensive Review of Theory to Practice; in: International Journal of Modern Education and Computer Science, 2022, Nr. 3, S. 26–44.

REFA AG (2024): Agilität, https://refa.de/service/refa-lexikon/agilitaet (30.06.2024).

Scheller, Torsten (2017): Auf dem Weg zur agilen Organisation: Wie Sie Ihr Unternehmen dynamischer, flexibler und leistungsfähiger gestalten, München, S. 211–215.

Stoi, Roman/Dillerup, Ralf (2022): Unternehmensführung: Erfolgreich durch modernes Management & Leadership, 6. Aufl., München, S. 476.

Weibler, Jürgen (2023): Personalführung: Personen – Beziehungen – Kontexte – Wirkungen, 4. Aufl., München, S. 665–666.

## Aufgabe 2: Single-Choice-Fragen zu agilen Werten

| Wissen, Verstehen | 5 Minuten |
|---|---|

## 1 Fragestellung

Bitte tragen Sie bei den folgenden Aussagen in Bezug auf agile Werte ein, ob diese richtig („R") oder falsch („F") sind.

a) ☐ Das agile Manifest ist ursprünglich in Bezug auf Softwareentwicklung entstanden. Demnach kann es auch nur dafür in Anwendung gebracht werden.

b) ☐ Agilität kennzeichnet eine Arbeitsweise, die iterativ und inkrementell ist.

c) ☐ Agilität bedeutet, innerhalb eines vorab festgelegten Plans flexibel die Aufgaben zu verteilen, aber dennoch zum im Plan definierten Ergebnis zu gelangen.

d) ☐ Agilität bedeutet, dass die Qualität der Zusammenarbeit mit einem Kunden wichtiger ist als die Verhandlung eines wasserdichten Vertrags mit ihm.

e) ☐ Agilität bedeutet, dass aufgrund der Bedeutung einer guten Zusammenarbeit mit dem Kunden und dem Anspruch, flexibel auf Änderungen zu reagieren, ein Vertrag mit dem Kunden nicht erforderlich ist.

f) ☐ „Agile Arbeit" kann gleichgesetzt werden mit „besserer Arbeit".

g) ☐ Agile Arbeit setzt auf die Selbstorganisation von Teams.

## 2 Lösung

a) ☐ F   Das agile Manifest ist ursprünglich in Bezug auf Softwareentwicklung entstanden. Demnach kann es auch nur dafür in Anwendung gebracht werden.

b) ☐ R   Agilität kennzeichnet eine Arbeitsweise, die iterativ und inkrementell ist.

c) ☐ F   Agilität bedeutet, innerhalb eines vorab festgelegten Plans flexibel die Aufgaben zu verteilen, aber dennoch zum im Plan definierten Ergebnis zu gelangen.

d) ☐ R   Agilität bedeutet, dass die Qualität der Zusammenarbeit mit einem Kunden wichtiger ist als die Verhandlung eines wasserdichten Vertrags mit ihm.

e) ☐ F   Agilität bedeutet, dass aufgrund der Bedeutung einer guten Zusammenarbeit mit dem Kunden und dem Anspruch, flexibel auf Änderungen zu reagieren, ein Vertrag mit dem Kunden nicht erforderlich ist.

f) ☐ F   „Agile Arbeit" kann gleichgesetzt werden mit „besserer Arbeit".

g) ☐ R   Agile Arbeit setzt auf die Selbstorganisation von Teams.

## 3 Hinweise zur Lösung

Weitere Erläuterungen zum Verständnis, warum die Antworten richtig oder falsch sind, finden sich in den Lösungen und Lösungshinweisen der Aufgabe 1 dieses Abschnitts.

## 4 Literaturempfehlungen

Beck et al. (2001): Manifesto for Agile Software Development, https://agilemanifesto.org (29.03.2024).

Feichtinger, Christoph (2023): Agiles Controlling: Anforderungen und Umsetzungsempfehlungen, Wiesbaden, S. 13–20.

Häusling, André/Römer, Esther/Zeppenfeld, Nina (2019): Praxisbuch Agilität: Tools für Personal- und Organisationsentwicklung, 2. Aufl., Freiburg u. a. S. 13–15.

Lippold, Dirk (2023): Modernes Personalmanagement: Personalmarketing im digitalen Wandel, 4. Aufl., Berlin/Boston, S. 384–390.

Scheller, Torsten (2017): Auf dem Weg zur agilen Organisation: Wie Sie Ihr Unternehmen dynamischer, flexibler und leistungsfähiger gestalten, München, S. 211–215.

Weibler, Jürgen (2023): Personalführung: Personen – Beziehungen – Kontexte – Wirkungen, 4. Aufl., München, S. 665–666.

## Aufgabe 3: Herausforderungen bei der Einführung agiler Werte in Unternehmen

**Wissen, Verstehen, Anwenden, Transfer**                    **15 Minuten**

## 1 Fragestellung

Erläutern Sie ausführlich, worauf bei der Etablierung agiler Werte in einem Unternehmen geachtet werden sollte und wo die Herausforderungen für Unternehmen liegen, eine agile Organisation zu werden. Nutzen Sie in Ihrer Argumentation auch das Ebenenmodell der Unternehmenskultur von Edgar Schein.

## 2 Lösung

Die Einführung agiler Werte in einem Unternehmen nimmt viel Zeit in Anspruch und bedarf einer zielgerichteten Begleitung durch ein fundiertes Changemanagement. Agilität bedeutet, flexibel und iterativ zu agieren, um in komplexen Kontexten eine hohe Anpassungsfähigkeit zu gewährleisten. Um agile Werte erfolgreich zu etablieren, müssen verschiedene Aspekte berücksichtigt werden.

Zunächst ist es entscheidend, dass Führungskräfte der oberen Hierarchieebenen und insbesondere die Unternehmensleitung das Konzept der Agilität verstehen und unterstützen. Ein kultureller Wandel in Richtung Agilität erfordert ein starkes Engagement „von oben" sowie ein partizipatives Vorgehen, um eine breite Akzeptanz im gesamten Unternehmen zu gewährleisten. Dies bedeutet, dass Führungskräfte nicht nur die Vorteile agiler Methoden erkennen sollten, sondern auch bereit sein müssen, ihre eigenen Führungspraktiken – insbesondere mit Blick auf die Gewährung eines hohen Maßes an Autonomie für Teams (Selbstorganisation) – anzupassen und allgemein eine offene Kommunikation zu fördern.

Die Einführung agiler Werte erfordert eine Veränderung von Arbeitsweisen und zieht damit auch eine Änderung der Unternehmenskultur nach sich. Mitarbeiter müssen die Grundprinzipien agiler Ansätze verstehen und in der Lage sein, in crossfunktionalen Teams effektiv zu arbeiten. Schulungen und Workshops als partizipatives Instrument des Changemanagements können dazu beitragen, Mitarbeiter und Teams die notwendigen Fähigkeiten zu vermitteln und ein gemeinsames Verständnis für die Ziele der Agilität zu schaffen. Die Implementierung von agilen Prozessen und Methoden ist ein weiterer Schwerpunkt. Hierzu zählt z. B. die Einführung von agilen Frameworks wie Design-Thinking, Scrum oder Kanban.

Die Einführung agiler Werte kann als herausfordernd angesehen werden, da es sich um einen kulturellen Wandel handelt. Die Veränderung einer Unternehmenskultur, auch im Kontext der Einführung agiler Werte, kann durch das Ebenenmodell von Edgar Schein näher beleuchtet werden. Schein identifiziert drei Ebenen von Unternehmenskultur: Artefakte, bekundete Werte und Grundannahmen. Die sichtbaren Artefakte, wie Prozesse und Strukturen, können leicht verändert werden. Bei der Einführung agiler Werte ist es jedoch entscheidend, die tieferliegenden Ebenen von bekundeten Werten und Grundannahmen zu berücksichtigen. Eine erfolgreiche agile Transformation erfordert nicht nur oberflächliche Veränderungen, sondern auch eine Auseinandersetzung mit den zugrundeliegenden Werten und Annahmen, die das Verhalten der Mitarbeiter prägen.

Unternehmen sollten berücksichtigen, dass Agilität nicht idealisiert als Methode zur „Modernisierung" oder Ergebnisverbesserung betrachtet wird.

## 3 Hinweise zur Lösung

In Bezug auf die Einführung von agilen Werten ist wichtig, dass Unternehmen diese genauso sorgfältig und ganzheitlich handhaben, wie sie „traditionell" bei jeglicher Kulturveränderung oder -transformation vorgehen. Die Einführung kann vor allem dann fehlschlagen, wenn diese Erkenntnisse unberücksichtigt bleiben und eine Einführung halbherzig, zu schnell („Wir machen das jetzt mal schnell – eben agil") und ohne Begleitung durch ein Changemanagement erfolgt. Die Beharrungstendenzen tradierter unternehmenskultureller Werte dürfen nicht unterschätzt werden. Insbesondere die Rollenveränderungen stellen eine wesentliche Herausforderung dar, sollen Führungskräfte nun agile Arbeitsweisen über alle Hierarchieebenen akzeptieren. Ebenfalls sind bereichs- und professionsspezifische Unterschiede zu berücksichtigen. So sind Teams in der Unternehmens-IT oftmals ihren Kollegen aus anderen Bereichen „voraus", was das Arbeiten nach agilen Werten angeht, da sie schon frühzeitiger durch den Einsatz entsprechender Methoden (oftmals Scrum) Erfahrungen in agiler Zusammenarbeit gewinnen konnten. Die Nutzung etablierter Modelle – wie etwa das Modell von Edgar Schein – kann auch bei der Transformation der Unternehmenskultur in Richtung agiler Werte hilfreich sein.

## 4 Literaturempfehlungen

Beck et al. (2001): Manifesto for Agile Software Development, https://agilemanifesto.org (29.03.2024).

Feichtinger, Christoph (2023): Agiles Controlling: Anforderungen und Umsetzungsempfehlungen, Wiesbaden, S. 13–20.

Häusling, André/Römer, Esther/Zeppenfeld, Nina (2019): Praxisbuch Agilität: Tools für Personal- und Organisationsentwicklung, 2. Aufl., Freiburg u. a. S. 13–15.

Landes, Miriam/Steiner, Eberhard (2023): Integration von New Work in die Unternehmenskultur; in: Helmold, Marc et al. (Hrsg.): New Work, Neues Arbeiten virtuell in Präsenz: Konzepte und Werkzeuge zu innovativer, agiler und moderner Führung, Wiesbaden, S. 19–34.

Lippold, Dirk (2023): Modernes Personalmanagement: Personalmarketing im digitalen Wandel, 4. Aufl., Berlin/Boston, S. 384–390.

Schein, Edgar/Schein, Peter (2018): Organisationskultur und Leadership, 5. Aufl., München, S. 14–20.

Scheller, Torsten (2017): Auf dem Weg zur agilen Organisation: Wie Sie Ihr Unternehmen dynamischer, flexibler und leistungsfähiger gestalten, München, S. 211–215.

Stoi, Roman/Dillerup, Ralf (2022): Unternehmensführung: Erfolgreich durch modernes Management & Leadership, 6. Aufl., München, S. 135–142.

## 3.2 Arbeiten in agilen Teams

**Aufgabe 1: Das Spotify-Modell als Ansatz einer agilen Organisationsstruktur**

---

Wissen, Verstehen                                                    15–20 Minuten

---

### 1 Fragestellung

Erläutern Sie die Funktionsweise und wesentlichen Bestandteile des sogenannten Spotify-Modells als Ansatz einer agilen Organisationsstruktur. Nutzen Sie dabei eine Skizze, in der Sie die Zusammenhänge visualisieren.

### 2 Lösung

Das Organisationsmodell besteht im Kern aus vier verschiedenen Einheiten:

1. **Truppen („Squads"):** Die Basiseinheiten der Organisation sind die Squads, die als selbstorganisierende, cross-funktionale Teams ohne Führungskraft zu verstehen sind. Ein Squad besteht aus bis zu acht Teammitgliedern. Ein Teammitglied übernimmt die Rolle des „Product-Owner", des Produktverantwortlichen, welcher für die Priorisierung von Kundenwünschen verantwortlich ist. Das Team entscheidet eigenverantwortlich, wie die Kundenwünsche umgesetzt werden und hat die Gesamtprozessverantwortung („Ende-zu-Ende-Verantwortung") für einen Teil am Gesamtprodukt. Diese Verantwortung orientiert sich an einer langfristigen Mission. Ein Squad ähnelt damit einem Scrum-Team. Die Mitglieder eines Squads sind häufig in einer selbst gestalteten Arbeitsumgebung, bestehend aus verschiedenen Elementen wie z. B. Schreibtischbereichen, einer Lounge-Ecke und einem Kollaborationsraum tätig (Co-Location-Prinzip). Ziele sind oftmals quartalsbezogen.

2. **Stämme („Tribes"):** Alle Squads, die in einem verwandten Gebiet arbeiten, werden zu einem Tribe zusammengefasst. Ein Tribe sollte nicht mehr als ca. 100 Personen umfassen, um eine gute Kommunikation untereinander sicherzustellen und den Koordinationsaufwand zu begrenzen. Ein Tribe ähnelt damit einem Geschäftsbereich einer traditionellen Organisation. Der Tribe koordiniert die Ziele der einzelnen Squads. Innerhalb der Organisation sollten Abhängigkeiten zwischen Tribes reduziert bzw. bestenfalls eliminiert werden.

3. **Verbände („Chapter"):** Innerhalb eines Tribes können sich Personen, die gleiche Rollen, Zuständigkeiten oder Fähigkeiten haben, zu einer inhaltlich-fachlichen Austauschgruppe zusammenschließen, dem „Chapter". Dies ähnelt dem etablierten Kon-

zept der sogenannten Communities of Practice und führt im Ansatz zu einer Matrix-Organisation. Chapter treffen sich regelmäßig, um Themen in ihrem Fachgebiet zu besprechen und voneinander zu lernen. Ein „Chapter Lead" übernimmt die Rolle einer Führungskraft mit disziplinarischer Verantwortung (z. B. Gehaltsfragen, Beurteilung, Mitarbeiterentwicklung). Somit bleibt bei einem Wechsel eines Mitarbeiters zu einem neuen Squad die Führungskraft als Ansprechpartner bestehen.

4. **Zünfte („Guilds"):** Der informelle, offene Zusammenschluss von Personen im gesamten Unternehmen mit gleichen Interessen wird als Guild bezeichnet. Eine Zunft verfügt über einen Koordinator.

Eine Übersicht der Zusammenhänge liefert die Darstellung aus der Originalveröffentlichung von Kniberg/Ivarsson (siehe Abbildung 6):

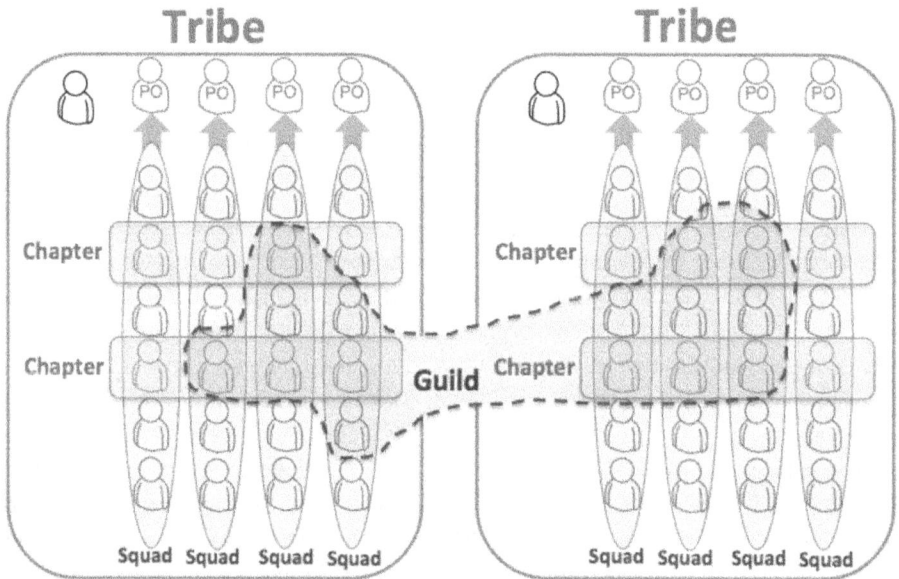

**Abb. 6:** Einheiten einer agilen Organisation im Spotify-Modell.
Quelle: Kniberg, Henrik/Ivarsson, Anders (2012), S. 1.

Darüber hinaus existiert noch die Rolle des „Systeminhabers" („System Owner"), der die verantwortliche Instanz für alle Belange bezüglich Technik und Systemarchitektur darstellt. Über alle Systeme hinweg existiert zudem die Rolle des „Chefarchitekten" („Chief Architect"). Der Chefarchitekt ist verantwortlich für die Entwicklung und Kommunikation einer Architekturvision, die Festlegung übergreifender Designprinzipien, die Sicherstellung der Konsistenz in der technischen Infrastruktur, die Unterstützung der Teams bei architektonischen Entscheidungen sowie die Planung einer langfristigen technischen Strategie.

## 3 Hinweise zur Lösung

Das Modell wurde von Kniberg und Ivarsson entwickelt. Die beiden Autoren stellten in Form von Vorträgen auf Konferenzen vor, wie die Organisationsstruktur im Unternehmen Spotify, einem Anbieter von Musikstreaming, ausgestaltet ist. Das daraufhin als „Spotifiy-Modell" bekannt gewordene Modell bezieht sich dabei vor allem auf Arbeitsumgebungen der Produktentwicklung. Mittlerweile findet es Verbreitung in vielen IT-Unternehmen. Interessant ist vor allem, dass Führung in einer Art Matrix aufgeteilt wird: Die Rolle der Product-Owners ist verantwortlich für das „Was", die Rolle der Chapter Leads ist verantwortlich für das „Wie" von Entscheidungen.

## 4 Literaturempfehlungen

Kniberg, Henrik/Ivarsson, Anders (2012): Scaling Agile @ Spotify with Tribes, Squads, Chapters & Guilds; https://blog.crisp.se/wp-content/uploads/2012/11/SpotifyScaling.pdf (29.03.2024).

Lippold, Dirk (2023): Modernes Personalmanagement: Personalmarketing im digitalen Wandel, 4. Aufl., Berlin/Boston, S. 438–439.

Scheller, Torsten (2017): Auf dem Weg zur agilen Organisation: Wie Sie Ihr Unternehmen dynamischer, flexibler und leistungsfähiger gestalten, München, S. 84–106.

Stoi, Roman/Dillerup, Ralf (2022): Unternehmensführung: Erfolgreich durch modernes Management & Leadership, 6. Aufl., München, S. 498–500.

## Aufgabe 2: Objectives and Key Results

| Wissen, Verstehen, Anwenden, Transfer | 15–20 Minuten |
| --- | --- |

## 1 Fragestellung

Erläutern Sie die Grundlagen des Ansatzes „Objectives and Key Results", auch anhand einer Zeichnung. Ordnen Sie ein, inwiefern dieser für agile Organisationen besser geeignet ist als traditionelle, jahresbezogene Zielvereinbarungskonzepte.

## 2 Lösung

„Objectives and Key Results" (OKR) ist eine Methode des Performance-Managements, welches in der Praxis zunehmend populärer wird. Der Ansatz ist teilweise vergleichbar mit der Balanced Scorecard, da auch bei OKR eine Operationalisierung von Vision und Strategie der Ausgangspunkt ist. OKRs werden – ähnlich traditioneller Zielvereinbarungskonzepte wie Management by Objectives (MbO) – in einem Zielsystem über Hierarchieebenen bzw. Organisationsbereiche hinweg kaskadiert und für jede Führungskraft und jeden Mitarbeiter spezifiziert. Allerdings sind die Zielvereinbarungszyklen (quartalsweise anstatt jährlich) sowie die Feedback- und Lernzyklen (wöchentlich) deutlich kürzer (vgl. Abbildung 7). OKRs zeichnen sich damit durch ihre Flexibilität und Anpassungsfähigkeit aus, wodurch sie besonders für agile Organisationen geeignet sind. Im Vergleich zu traditionellen, jahresbezogenen Zielvereinbarungskonzepten ermöglichen OKRs eine kontinuierliche Überprüfung und Anpassung der Ziele, was besser zur dynamischen Umgebung agiler Organisationen passt. Die Fokussierung auf messbare Ergebnisse fördert die Transparenz, Teamarbeit und Ausrichtung auf strategische Prioritäten.

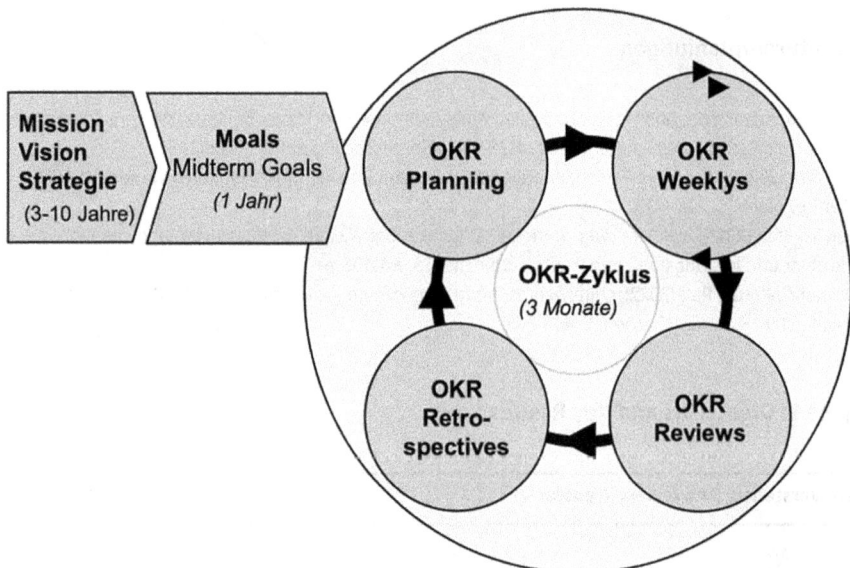

**Abb. 7:** Überblick über den OKR-Zyklus.
Quelle: Feichtinger, Christoph. (2023), S. 37.

OKRs werden nach dem folgenden Schema formuliert:

> Wir wollen <Objective> erreichen, und das messen wir mit <Key Result 1> und <Key Result 2> und <Key Result 3>.

Dabei bedeutet:
– Objective (Ziel): *Was* soll erreicht werden?
– Key Result (messbares und bewertbares Ergebnis): *Wie* stellen wir fest, dass wir das Ziel erreicht haben?

Das Prinzip der Bewertung folgt einem festgelegten Schema: Die anteilige Zielerreichung wird von 0 bis 1,0 beurteilt. Der Idealbereich liegt bei ca. 0,7 (= „gut"). Der

Durchschnitt aller Key Results by Objectives wird gebildet, anschließend der Durchschnitt aller Objectives. Eine datenbasierte Bewertung ist anzustreben.

## 3  Hinweise zur Lösung

Im Folgenden wird die Entstehungsgeschichte des OKR-Ansatzes skizziert. Der Ursprung des Führens durch Ziele liegt in zwei Konzepten:
-   Der Ansatz des „Management by Objectives" (MbO) von Peter Drucker (1954): MbO kann als Basis fast aller heutzutage im Einsatz befindlichen Ziel(-kaskadierungs-)systeme in Unternehmen angesehen werden.
-   Die „S.M.A.R.T-Methode" zur Formulierung von Zielen von George Doran (1981).

Intel-CEO Andy Grove entwickelte den MbO-Ansatz weiter zu „Objectives and Key Results" (1983). John Doerr, früher Mitarbeiter bei Intel, wurde später Partner einer Venture-Capital-Gesellschaft im Silicon Valley. Er stellte OKRs 1999 den Google-Gründern Larry Page und Sergey Brin vor, die OKRs daraufhin einführten. 2013 berichtete Rick Klau, ein Partner bei Google Ventures, in einem auf YouTube hochgeladenen Vortrag davon, wie Google OKRs nutzt und verhalf dem Ansatz dadurch zu breiter Öffentlichkeit. OKRs werden vor allem in agil arbeitenden Organisationen oder Organisationsbereichen auch derzeit weiter eingeführt, da der OKR-Zyklus besser zu agilen Arbeitsrhythmen passt als das klassische Mitarbeiterjahresgespräch.

## 4  Literaturempfehlungen

Doerr, John (2018): OKR: Objectives & Key Results: Wie Sie Ziele, auf die es wirklich ankommt, entwickeln, messen und umsetzen, München, S. 19–54 sowie S. 161–176.

Doran, George T. (1981): There's a S.M.A.R.T. way to write management goals and objectives; in: Management Review, 70. Jg., 1981, H. 11, S. 35–36.

Feichtinger, Christoph (2023): Agiles Controlling, Wiesbaden, S. 34–38.

Grove, Andrew S. (1983): High Output Management, New York 1983.

Klau, Rick (2013): How Google sets goals: OKRs / Startup Lab Workshop, https://www.youtube.com/watch?v=mJB83EZtAjc (29.03.2024).

Stoi, Roman/Dillerup, Ralf (2022): Unternehmensführung: Erfolgreich durch modernes Management & Leadership, 6. Aufl., München, S. 767–770.

Teipel, Philipp/Alberti, Marco (2023): Vision und Strategie verwirklichen mit OKR; in: Controlling & Management Review, H. 5, 2023, S. 34–39.

**Aufgabe 3: Single-Choice-Fragen zu Zielen und Strukturen agiler Teams**

Bitte tragen Sie bei den folgenden Aussagen in Bezug auf Ziele und Strukturen agiler Teams ein, ob diese richtig („R") oder falsch („F") sind.

---

**Wissen, Verstehen**                                                      **5 Minuten**

---

### 1 Fragestellung

a) ☐ Agile Arbeit kommt immer ohne Führungskräfte aus, sie funktioniert ausschließlich über Selbstorganisation.

b) ☐ OKRs werden quartalsweise gemessen.

c) ☐ OKRs werden jährlich gemessen.

d) ☐ Tribes, Squads, Wizards und Guilds sind Bestandteile des Spotify-Modells.

e) ☐ Squads sind organisatorische Zusammenfassungen mehrerer Tribes.

f) ☐ Ein Chapter verfügt über eine disziplinarische Führungskraft.

g) ☐ Der Product-Owner ist die disziplinarische Führungskraft eines Squads.

### 2 Lösung

a) F Agile Arbeit kommt immer ohne Führungskräfte aus, sie funktioniert ausschließlich über Selbstorganisation.

b) R OKRs werden quartalsweise gemessen.

c) F OKRs werden jährlich gemessen.

d) F Tribes, Squads, Wizards und Guilds sind Bestandteile des Spotify-Modells.

e) F Squads sind organisatorische Zusammenfassungen mehrerer Tribes.

f) R Ein Chapter verfügt über eine disziplinarische Führungskraft.

g) F Der Product-Owner ist die disziplinarische Führungskraft eines Squads.

## 3  Hinweise zur Lösung

Weitere Erläuterungen zum Verständnis, warum die Antworten richtig oder falsch sind, finden sich in den Lösungen und Lösungshinweisen der vorherigen Aufgaben dieses Abschnitts.

## 4  Literaturempfehlungen

Doerr, John (2018): OKR: Objectives & Key Results: Wie Sie Ziele, auf die es wirklich ankommt, entwickeln, messen und umsetzen, München, S. 19–54 sowie S. 161–176.

Feichtinger, Christoph (2023): Agiles Controlling, Wiesbaden, S. 34–38.

Kniberg, Henrik/Ivarsson, Anders (2012): Scaling Agile @ Spotify with Tribes, Squads, Chapters & Guilds; https://blog.crisp.se/wp-content/uploads/2012/11/SpotifyScaling.pdf (29.03.2024).

Scheller, Torsten (2017): Auf dem Weg zur agilen Organisation: Wie Sie Ihr Unternehmen dynamischer, flexibler und leistungsfähiger gestalten, München, S. 84–106.

Stoi, Roman/Dillerup, Ralf (2022): Unternehmensführung: Erfolgreich durch modernes Management & Leadership, 6. Aufl., München, S. 498–500 sowie S. 767–770.

## 3.3  Agile Ideen- und Prototypenentwicklung mit Design-Thinking

### Aufgabe 1: Grundlagen und Prozess von Design-Thinking

| | |
|---|---|
| **Wissen, Verstehen** | **30 Minuten** |

### 1  Fragestellung

Erläutern Sie die Grundlagen von Design-Thinking:
a)  Für welche Zielsetzung eignet sich die Methode?
b)  Beschreiben Sie die beiden Denkzustände, die die Basis des Design-Thinking bilden.
c)  Beschreiben Sie den Zusammenhang zwischen Problemraum und Lösungsraum.
d)  Aus welchen Schritten besteht ein Design-Thinking-Prozess im Mikrozyklus typischerweise?

### 2  Lösung

a) Design-Thinking kann als kreative Methode betrachtet werden, mit der durch eine strukturierte Herangehensweise und einen Fokus auf Nutzerbedürfnisse bessere Produkte oder Dienstleistungen entwickelt werden können. Design-Thinking bevorzugt den Begriff des „Nutzers". „Nutzer" können dabei Kunden sein, aber auch andere Stakeholder der zugrundeliegenden Problem-/Fragestellung. Design-Thinking eignet sich dabei vor allem für die Phase der Ideenentwicklung und die Entwicklung früher Prototypen.

b) Im Design-Thinking existieren zwei Denkzustände: Das Entwickeln vieler neuer Ideen (Denkzustand: „Divergieren") oder das Fokussieren auf einzelne Bedürfnisse oder Lösungsansätze (Denkzustand: „Konvergieren"). Typischerweise findet im Design-Thinking zuerst eine Phase des Divergierens statt, im Anschluss daran erfolgt eine Phase des Konvergierens. Divergierende und konvergierende Denkprozesse finden kontinuierlich wiederholend statt. Entscheidend ist es, die divergierende Phase zum richtigen Zeitpunkt zu verlassen – nicht zu früh, um möglichst viele Ideen zu generieren, aber auch nicht spät, da die Anzahl an Ideen potenziell unendlich und eine Konzentration auf das Wesentliche notwendig ist.

c) Im Rahmen von Design-Thinking geht es zunächst darum, ein sehr tiefgehendes Problemverständnis zu entwickeln. Hierzu erfolgt – ausgehend von einer Ausgangsfrage („Design Challenge") – eine Abfolge divergierenden und konvergierenden Denkens im sogenannten „Problemraum". Zum Abschluss der konvergierenden Phase steht eine klare Erkenntnis über ein Nutzerbedürfnis. Anschließend erfolgt eine weitere Abfolge divergierenden und konvergierenden Denkens im sogenannten „Lösungsraum". Ausgehend vom zuvor erarbeiteten Nutzerbedürfnis wird eine konkrete Lösungsidee oder aber ein (weiterentwickelter) Prototyp entwickelt.

d) Je nach Autoren unterschciden sich die Prozessschritte marginal, auch können die konkreten Bezeichnungen differieren. Gemeinsamkeiten bestehen darin, dass es zu Beginn stets eine Problemstellung gibt, die über einen iterativen Prozess unter Einsatz verschiedener Methoden zu einer Lösung gebracht wird. Dabei steht der Nutzer der Lösung und dessen Interessen/Bedürfnisse im Vordergrund. Ein exemplarischer Prozess besteht aus folgenden Schritten:

1. **Verstehen:** Herstellen eines Verständnisses der Ausgangsfragestellung/Problemstellung sowie ihres Kontextes. Die Ausgangsfragestellung sollte dabei frei von Lösungsrichtungen oder -ansätzen formuliert werden.
2. **Beobachten:** Kennenlernen der Nutzer und ihrer Bedürfnisse, möglichst mittels empirisch gewonnener Daten, z. B. durch Beobachtung und Interviews. Dieser Schritt ist von Bedeutung, um ggf. bereits bei der Ausgangsfragestellung vorhandene Annahmen über die Nutzerbedürfnisse auszublenden und sich unvoreingenommen darauf einzulassen sie zu ergründen.
3. **Sichtweise definieren:** Auswertung und Interpretation der erhobenen Daten und Erkenntnisse sowie Konsolidierung zu einheitlichen, idealtypischen Nutzern mit ihren Bedürfnissen.

4. **Ideen finden:** kreative Entwicklung einer Vielzahl von Lösungsideen sowie Auswahl derjenigen Idee(n), die die Basis für einen Lösungsansatz sein können.
5. **Prototyp entwickeln:** Entwicklung eines prototypischen Lösungsansatzes.
6. **Testen:** Vorstellen des Prototyps oder sein Praxiseinsatz des Prototyps und Erheben von Nutzerfeedback. Das Nutzerfeedback fließt in die Erarbeitung des nächsten Prototyps mit ein.

Die ersten drei Schritte sind dabei dem Problemraum zuzuordnen, die Schritte 4–6 dem Lösungsraum. Grundsätzlich handelt sich zwar um einen sechsstufigen Prozess mit der oben dargestellten Reihenfolge, allerdings ist eine streng lineare Abfolge keinesfalls zwingend – Schritte zurück sind nicht nur zulässig, sondern expliziter Bestandteil. Für jeden Schritt existieren eine Vielzahl an Tools und Methoden, um die jeweiligen Ergebnisse zu erreichen.

## 3 Hinweise zur Lösung

Der Zusammenhang zwischen den Ausgangsfragestellung (Blitz in der Abbildung), den Denkzuständen sowie dem Problemraum/Lösungsraum-Ansatz wird durch folgende Abbildung 8 visualisiert:

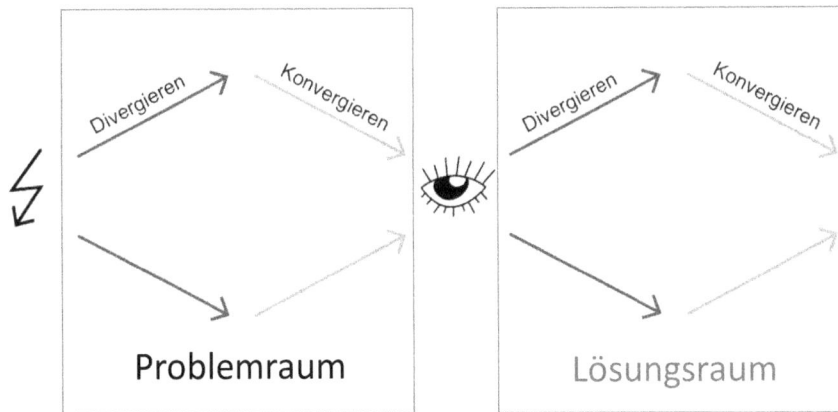

**Abb. 8:** Zwei Denkzustände als Basis des Design-Thinking-Prozesses.
Quelle: Lewrik, Michael/Link, Patrick/Leifer, Larry (2017, S. 28).

Der iterative Mikrozyklus des Design Thinking wird durch folgende Abbildung 9 visualisiert:

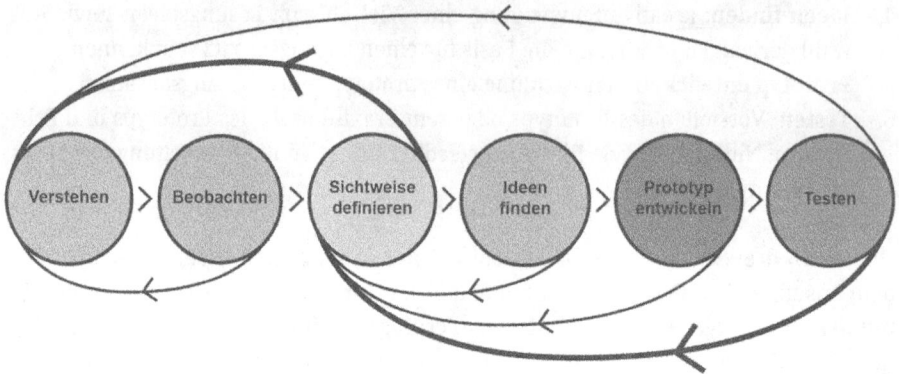

**Abb. 9:** Der Design-Thinking-Prozess (Mikrozyklus).
Quelle: Lewrik, Michael/Link, Patrick/Leifer, Larry (2017), S. 30.

## 4 Literaturempfehlungen

Gürtler, Jochen/Meyer, Johannes (2017): Design Thinking, Offenbach, S. 9–68.
Lewrik, Michael/Link, Patrick/Leifer, Larry (2017): Das Design Thinking Playbook, München, S. 28–36.
Meinel, Christoph/Weinberg, Ulrich/Krohn, Timm (2017): Design Thinking Live – Eine Einführung; in: Meinel, Christoph/Weinberg, Ulrich/Krohn, Timm (Hrsg.), Design Thinking Live, 2. Aufl., Hamburg, S. 11–23.
Uebernickel, Falk et al. (2015): Design Thinking: Das Handbuch, Frankfurt am Main, S. 15–35.

## Aufgabe 2: Personas als Tool im Design-Thinking

| | |
|---|---:|
| **Wissen, Verstehen, Anwenden** | **15 Minuten** |

## 1 Fragestellung

Erläutern Sie, was unter einer Persona zu verstehen ist und welche Rolle diese im Design-Thinking spielt. Erläutern Sie ebenfalls, inwiefern Personas auch außerhalb von Design-Thinking eingesetzt werden können.

## 2 Lösung

Das Konzept einer Persona stammt ursprünglich aus dem Bereich der Mensch-Computer-Interaktion und wurde zum Design von benutzerzentrierten Schnittstellen zwischen Menschen und Computern verwendet. In der ursprünglichen Verwendung des Konzepts wurden von Unternehmen typische Benutzerprofile generiert und im Design berücksichtigt. Personas können genutzt werden, um anhand von auf vorhandenen Daten basierenden, realistischen Benutzercharakteren designrelevante Annahmen für Produkt oder Dienstleistung zu treffen. Ziel ist, die über die Persona repräsentierten idealtypischen Nutzerbedürfnisse zu analysieren. Eine Persona beschreibt zusammenfassend eine fiktive, aber realistische Figur, die auf idealtypische Art und Weise die Kerneigenschaften eines oder mehrerer typischer Nutzer aufweist.

Die Persona beschreibt den Nutzer mit seinen Merkmalen und Bedürfnissen detailliert. Ziel ist es, diese fiktive „Person" zum „Leben zu erwecken", um sich besser in sie hineinzuversetzen und auf dieser Basis Lösungen zu entwickeln, die ihre Bedürfnisse bestmöglich aufgreifen. Das Entwickeln der Persona erfolgt vorwiegend im Prozessschritt „Standpunkt definieren".

Außerhalb von Design-Thinking kommen Personas ebenfalls in allen Bereichen zum Einsatz, in denen ein tiefgehendes Nutzerverständnis zielführend ist, wie beispielsweise in den Bereichen (Personal-)Marketing, Personalmanagement, Eventmanagement, Change Management und vielen mehr.

## 3  Hinweise zur Lösung

Personas können als eines der zentralen Tools im Design-Thinking-Prozess angesehen werden, da Personas einerseits das Ergebnis der Arbeit im „Problemraum" und gleichzeitig den Ausgangspunkt der anschließenden Aktivitäten im „Lösungsraum" darstellen (siehe hierzu Aufgabe 1 dieses Abschnitts). Durch die Persona-Methode wird das Einfühlungsvermögen des an der Lösung arbeitenden Teams gestärkt und die Nutzerperspektive eingenommen (Nutzerzentrierung als Kernanspruch von Design-Thinking). Ebenfalls positiv zu bewerten ist, dass eine Persona auf Basis empirisch gewonnener Daten entsteht und damit von einer erhöhten Validität des Nutzerverständnisses ausgegangen werden kann. Einzelne (ggf. auch markante) Nutzererkenntnisse können berücksichtigt werden, ohne sich auf die Wünsche eines einzelnen Benutzers konzentrieren zu müssen. Die Bedürfnisse verschiedener Nutzer werden aggregiert. Als Nachteile werden oftmals genannt, dass keine exakte Beschreibung eines Nutzers vorliegt und die Gefahr der Stereotypisierung besteht.

## 4  Literaturempfehlungen

Gerstbach, Ingrid (2017): 77 Tools für Design Thinker: Insider-Tipps aus der Design-Thinking-Praxis, Offenbach, S. 114–117.
Gürtler, Jochen/Meyer, Johannes (2017): Design Thinking, Offenbach, S. 9–68.
Lewrik, Michael/Link, Patrick/Leifer, Larry (2017): Das Design Thinking Playbook, München, S. 10–36.

Meinel, Christoph/Weinberg, Ulrich/Krohn, Timm (2017): Design Thinking Live – Eine Einführung; in: Meinel, Christoph/Weinberg, Ulrich/Krohn, Timm (Hrsg.), Design Thinking Live, 2. Aufl., Hamburg, S. 11–23.

Nielsen, Lene (2019). Personas – User focused design. Wiesbaden, S. 1–25 sowie S. 83–115.

Uebernickel, Falk et al. (2015): Design Thinking: Das Handbuch, Frankfurt am Main, S. 15–35 sowie S. 125–126.

**Aufgabe 3: Single-Choice-Fragen zu Design-Thinking**

---

Wissen, Verstehen                                                    5 Minuten

---

## 1 Fragestellung

Bitte tragen Sie bei den folgenden Aussagen in Bezug auf Design-Thinking ein, ob diese richtig („R") oder falsch („F") sind.

a) ☐ Die richtige Reihenfolge der beiden Denkzustände ist „Divergieren", gefolgt von „Konvergieren".

b) ☐ Die grundsätzliche Schrittfolge im Design-Thinking-Prozess ist: Verstehen, Standpunkt definieren, Beobachten, Ideen finden, Prototyp entwickeln, Testen.

c) ☐ Die grundsätzliche Schrittfolge im Design-Thinking-Prozess ist: Verstehen, Beobachten, Standpunkt definieren, Ideen finden, Prototyp entwickeln, Testen.

d) ☐ Die lineare Schrittfolge im Design-Thinking-Prozess muss strikt eingehalten werden.

e) ☐ Eine Persona ist eine Person, die nicht im Design-Thinking-Prozess direkt eingebunden ist, aber dennoch wichtige Informationen zu den Nutzerbedürfnissen bereitstellt.

f) ☐ Das Erstellen einer Persona erfolgt vor Beginn eines Design-Thinking-Prozesses zusammen mit der Ausgangsfrage/der Problemstellung. Es handelt sich um die Problemstellung eben dieser Person.

g) ☐ Eine Persona ermöglicht es, ein tiefergehendes Nutzerverständnis und mehr Empathie für die Bedürfnisse des Nutzers zu entwickeln.

## 2 Lösung

a) ☐ R ☐ Die richtige Reihenfolge der beiden Denkzustände ist „Divergieren", gefolgt von „Konvergieren".

b) ☐ F ☐ Die grundsätzliche Schrittfolge im Design-Thinking-Prozess ist: Verstehen, Standpunkt definieren, Beobachten, Ideen finden, Prototyp entwickeln, Testen.

c) ☐R  Die grundsätzliche Schrittfolge im Design-Thinking-Prozess ist: Verstehen, Beobachten, Standpunkt definieren, Ideen finden, Prototyp entwickeln, Testen.

d) ☐F  Die lineare Schrittfolge im Design-Thinking-Prozess muss strikt eingehalten werden.

e) ☐F  Eine Persona ist eine Person, die nicht im Design-Thinking-Prozess direkt eingebunden ist, aber dennoch wichtige Informationen zu den Nutzerbedürfnissen bereitstellt.

f) ☐F  Das Erstellen einer Persona erfolgt vor Beginn eines Design-Thinking-Prozesses zusammen mit der Ausgangsfrage/der Problemstellung. Es handelt sich um die Problemstellung eben dieser Person.

g) ☐R  Eine Persona ermöglicht es, ein tiefergehendes Nutzerverständnis zu und mehr Empathie für die Bedürfnisse des Nutzers zu entwickeln.

## 3  Hinweise zur Lösung

Weitere Erläuterungen zum Verständnis, warum die Antworten richtig oder falsch sind, finden sich in den Lösungen und Lösungshinweisen der vorherigen beiden Aufgaben dieses Abschnitts.

## 4  Literaturempfehlungen

Gerstbach, Ingrid (2017): 77 Tools für Design Thinker: Insider-Tipps aus der Design-Thinking-Praxis, Offenbach, S. 114–117.

Lewrik, Michael/Link, Patrick/Leifer, Larry (2017): Das Design Thinking Playbook, München, S. 10–20.

Nielsen, Lene (2019): Personas – User focused design. Wiesbaden, S. 1–25 sowie S. 83–115.

Uebernickel, Falk et al. (2015): Design Thinking: Das Handbuch, Frankfurt am Main, S. 125–126.

# 3.4  Agiles Arbeiten mit Scrum und Kanban

## Aufgabe 1: Grundlagen agilen Projektmanagements mit Scrum

| Wissen, Verstehen | 30 Minuten |
|---|---|

## 1 Fragestellung

a) Was wird unter „empirischer Prozesssteuerung" im Rahmen von Scrum verstanden?

b) Welches sind die beiden zentralen Merkmale von Scrum?

c) Welche drei Säulen tragen die empirische Prozesssteuerung in Scrum?

d) Aus welchen Werten besteht die Wertebasis bei Scrum?

e) Beschreiben Sie die Rollen Product-Owner, Entwickler (Developer) und Scrum-Master in tabellarischer Form indem Sie die jeweilige Verantwortung, Befugnisse und Eigenschaften abgrenzen.

f) Wie viele Personen sollte die jeweilige Rolle umfassen?

g) Welche der Rollen übernimmt die Projektleitung?

## 2 Lösung

a) Scrum nutzt die empirische Prozesssteuerung als theoretisches Fundament, wonach Wissen aus Erfahrungen gewonnen wird und Entscheidungen auf der Basis bekannten Wissens getroffen werden.

b) Der Scrum-Ansatz zeichnet sich durch zwei zentrale Merkmale aus:
- iterativ (= wiederholend)
- inkrementell (= schrittweise, aufeinander aufbauend)

c) Drei Säulen tragen jede empirische Prozesssteuerung und damit Scrum:
- Transparenz: Wesentliche Aspekte müssen für diejenigen sichtbar sein, die für das Ergebnis verantwortlich sind. Aspekte müssen gemeinsam definiert werden, sodass es ein gemeinsames Verständnis gibt (Beispiel: technische Begriffe oder „Definition of Done").
- Überprüfung: Zwischenergebnisse müssen regelmäßig geprüft werden, um Abweichungen zu erkennen.
- Anpassung: Wenn Abweichungen vorliegen, müssen der Prozess oder das Material so schnell wie möglich angepasst werden.

d) Die fünf Werte lauten: Commitment, Fokus, Offenheit, Respekt und Mut.

e) Nachfolgende Tabelle 4 unterscheidet die Rollen im Scrum-Team:

**Tab. 4:** Charakterisierung der Rollen im Scrum-Team-Lösung.

| | Product-Owner | Entwickler (Developer) | Scrum-Master |
|---|---|---|---|
| **Verantwortungs-umfang** | – Produktziel entwickeln und explizit kommunizieren<br>– Wertmaximierung des Produkts<br>– Sicherstellen, dass das Product-Backlog transparent ist, sichtbar ist und verstanden wird | – Exklusive Erstellung des Produkt-inkrements<br>– Qualitäts-verantwortlich in Bezug auf das Produktinkrement durch die Einhaltung der „Definition of Done" | – Verständnis aller Beteiligten für Scrum herstellen<br>– Ordnungs-gemäße Durch-führung von Scrum<br>– Beseitigung von Hindernissen für das Team |
| **Befugnisse** | – Erstellen des Product-Backlogs<br>– Priorisieren der Einträge des Product-Backlogs | – Selbstorganisierend (original: „self-managing")<br>– Festlegung, wie der jeweilige Sprint umzusetzen ist | – Leiten von Veränderungen bei der Einführung und Weiter-entwicklung von Scrum |
| **Merkmale** | – Sehr gutes Produkt-verständnis<br>– Sehr gutes Kunden-verständnis | – Zusammenstellung interdisziplinärer Experten<br>– Sehr gute fachliche Kompetenzen der einzelnen Experten | – Sehr gute Scrum-Kompetenzen<br>– Sehr gute Coaching-Kompetenzen |

Quelle: Eigene Darstellung in Anlehnung an Timinger, Holger (2024), S. 189.

f) Laut Scrum-Guide sind die Rollen idealerweise wie folgt besetzt:
– Product-Owner: 1 Person
– Entwickler (Developer): idealerweise zwischen 3 und 8 Personen
– Scrum-Master: 1 Person

Dabei können Product-Owner und Scrum-Master für mehrere Scrum-Teams tätig sein.

g) In Scrum gibt es keinen Projektleiter. Weder der Product-Owner noch der Scrum-Master sind mit dieser im „klassischen" Projektmanagement wesentlichen Rolle gleich-zusetzen.

## 3 Hinweise zur Lösung

Die Theoriebasis von Scrum erscheint zunächst wenig praxisrelevant, da sie im Alltag eines Scrum-Teams kein „Gesprächsthema" ist. Nichtsdestotrotz hat die Theoriebasis eine hohe Relevanz, um die Wirkprinzipien von Scrum zu durchdringen. Erst durch das Begreifen der beiden zentralen Merkmale und der drei Säulen der empirischen Prozesssteuerung offenbart sich dem Scrum-Anwender, wieso Scrum so viel Wert auf regelmäßige Teambesprechungen in Form von Daily Scrums, Sprint-Planning-Meetings, Sprint-Review-Meetings und Sprint-Retrospective-Meetings legt und wie die „ordnungsgemäße", disziplinierte Durchführung dieser Besprechungen zur Qualität des Produkt(inkrement)s und der Qualität der Zusammenarbeit im Team beitragen. Der Scrum-Guide beschreibt diese grundlegenden Gedanken auf den ersten Seiten ausführlich.

Der Scrum-Guide definiert die Rollen sehr klar und grenzt diese trennscharf ab. In Scrum soll es nur die definierten Rollen und keine weiteren geben. Innerhalb der Gruppe der Entwickler sollen keine weiteren Jobtitel oder ähnliche „feste Aufgabenzordnungen", wie z. B. Tester, Entwickler, Qualitätssicherer usw., vorgenommen werden. Auch wenn der Scrum-Master im englischsprachigen Original des Scrum-Guides als „true leader" umschrieben wird, ist dies nicht einer klassischen Leadership-Rolle mit Führungs- bzw. Leitungsverantwortung gleichzusetzen. Vielmehr soll die Rolle des Scrum-Masters als „servant leader", der dem Projekt und seinen Beteiligten „dient", verstanden werden.

### 4 Literaturempfehlungen

Pichler, Roman (2009): Scrum – Agiles Projektmanagement erfolgreich einsetzen, Heidelberg, S. 1–24.
Project Management Institute (2017): Agile Practice Guide, Newtown Square, S. 41.
Schwaber, Ken/Sutherland, Jeff (2020): Der Scrum Guide – Der gültige Leitfaden für Scrum: Die Spielregeln, https://scrumguides.org/docs/scrumguide/v2020/2020-Scrum-Guide-German.pdf (29.03.2024 oder in der jeweils aktuellen Fassung unter www.scrum.org).
Timinger, Holger (2024): Modernes Projektmanagement: mit traditionellem, agilen und hybriden Projektmanagement zum Erfolg, 2. Aufl., Weinheim, S. 188–191.
West, Dave (2016): Updates to the Scrum Guide: The 5 Scrum values take center stage, https://www.scrum.org/resources/blog/5-scrum-values-take-center-stage (29.03.2024).

### Aufgabe 2: Retrospective Meetings

| Wissen, Verstehen, Anwenden, Transfer | 20 Minuten |
|---|---|

### 1 Fragestellung

a) Erläutern Sie die Grundlagen des Scrum-Ereignisses „Sprint Retrospective" in einem Scrum-Team.
b) Diskutieren Sie, inwiefern die Anwendung von Retrospective-Meetings auch außerhalb von Scrum-Teams einen Nutzen stiften können.

## 2 Lösung

a) Ein Sprint-Retrospective-Meeting bietet dem Scrum-Team die Gelegenheit, seine Arbeitsweise und die Schnittstellen zu anderen Bereichen des Unternehmens zu prüfen und zu verbessern. Das Sprint-Review ist eine Möglichkeit zur Überprüfung und dient der Anregung von Feedback zur Arbeitsweise (dies beinhaltet Zusammenarbeit aber auch die Anwendung von Scrum, weiteren Instrumenten, IT-Tools etc.). Die Sprint-Retrospective hat eine Timebox von maximal drei Stunden (bei einem Sprint von vier Wochen, sonst ggf. kürzer). Teilnehmer der Besprechung sind: Developer, Product-Owner sowie Scrum-Master, der als gleichberechtigtes Mitglied teilnimmt. Ziele und Inhalte des Sprint-Retrospective-Meetings sind:
   - Annahmen, die das Team in die Irre geführt haben, werden identifiziert und ihre Ursprünge erforscht.
   - Das Scrum-Team bespricht, was während des Sprints gut gelaufen ist, auf welche Probleme es gestoßen ist und wie diese Probleme gelöst wurden (oder auch nicht).
   - Das Scrum-Team identifiziert die hilfreichsten Änderungen, um seine Effektivität zu verbessern. Die wirkungsvollsten Verbesserungen werden so schnell wie möglich in die Umsetzung gebracht.

b) In einem Retrospective-Meeting reflektiert ein Team in einem regelmäßigen Zyklus seine Arbeitsweise. Gemeinsam wertet es die Erfahrungen der bisherigen Zusammenarbeit aus und legt fest, welche Arbeitsweisen sich bewährt haben und demnach beibehalten werden sollen, welche Arbeitsweisen als kontraproduktiv empfunden und daher eingestellt oder verändert werden sollten und welche neuen Arbeitsweisen ausprobiert werden könnten. Das Retrospective-Meeting ist somit ein Instrument, das das Prinzip der Selbstorganisation aufgreift und zur Anwendung im Arbeitsalltag bringt, da eine regelmäßige gemeinsame Selbstbeobachtung und Selbstentwicklung im Zuge der getroffenen Entscheidungen zur Verbesserung der Zusammenarbeit stattfindet. Ein Retrospective-Meeting kann als Instrument bzw. Besprechungsformat grundsätzlich von jedem Team durchgeführt werden; der Einsatz ist nicht auf Scrum-Teams beschränkt. Retrospectives eignen sich somit für jegliche agile Organisation.

## 3 Hinweise zur Lösung

Der Ablauf von Scrum greift einen Double-Loop-Learning-Ansatz auf: Im Sprint-Review-Meeting wird vom Kunden oder von weiteren Stakeholdern ein Feedback zur Zielsetzung und Zielerreichung eingeholt. Im Ergebnis erfolgt eine Anpassung der Zielsetzung eines Projektes. Im Sprint-Retrospective-Meeting werden die Handlungen innerhalb des Teams reflektiert und im Anschluss angepasst. Retrospectives spiegeln

darüber hinaus den Ansatz der „systemischen Schleife" oder den PDCA-Zyklus von De-
ming auf einer Verhaltens-/Handlungsebene wider.

## 4 Literaturempfehlungen

Oestereich, Bernd/Schröder, Claudia (2017): Das kollegial geführte Unternehmen: Ideen und Praktiken für
die agile Organisation von morgen, München, S. 204–205.
Scheller, Torsten (2017): Auf dem Weg zur agilen Organisation: Wie Sie Ihr Unternehmen dynamischer,
flexibler und leistungsfähiger gestalten, München, S. 254–256 sowie S. 326–328.
Schwaber, Ken/Sutherland, Jeff (2020): Der Scrum Guide – Der gültige Leitfaden für Scrum: Die
Spielregeln, https://scrumguides.org/docs/scrumguide/v2020/2020-Scrum-Guide-German.pdf
(29.03.2024 oder in der jeweils aktuellen Fassung unter www.scrum.org).
Timinger, Holger (2024): Modernes Projektmanagement: mit traditionellem, agilen und hybriden
Projektmanagement zum Erfolg, 2. Aufl., Weinheim, S. 212–214.

## Aufgabe 3: Kontinuierliche Anpassung und Verbesserung des Arbeitsprozesses mit Kanban

| Wissen, Verstehen | 15–20 Minuten |
|---|---|

### 1 Fragestellung

a) Erläutern Sie die den Kanban-Ansatz in seinen Grundzügen.
b) Benennen Sie Grundprinzipien von Kanban.
c) Benennen Sie die sogenannten Praktiken von Kanban.

### 2 Lösung

a) Kanban ist eine Methode der Arbeitsorganisation und hat seinen Ursprung in der
Serienfertigung von Automobilen, genauer im Toyota-Produktions-System. Kanban ist ein Mix aus dem Pull-Prinzip und weiteren Methoden, um einen Arbeits-
fluss zu steuern und funktioniert anhand eines Regelkreises. Der Auslöser ist stets
ein Auftrag eines Kunden. Ziel von Kanban ist es, die Produktion zu flexibilisieren
und gleichzeitig ihre Effizienz zu steigern. Es gibt anders als bei Scrum keine konkreten, festgelegtem Rollen oder Besprechungen. Kern von Kanban ist die Visuali-
sierung anhand einer Tafel, dem sogenannten Kanban-Board, das physisch oder
digital gestaltet sein kann. Ein Kernprinzip von Kanban ist, dass nicht alle Aufgaben gleichzeitig gestartet werden, sondern nur dann, wenn es die Nachfrage und

die Kapazitäten erlauben. Somit werden Engpässe vermieden und es erfolgt eine kontinuierliche Anpassung und Verbesserung des Arbeitsprozesses.

b) Die vier Grundprinzipien lauten:
   – Starte mit dem, was du gerade machst.
   – Strebe inkrementelle, evolutionäre Veränderungen an.
   – Respektiere aktuelle Prozesse, Rollen, Verantwortlichkeiten und Titel.
   – Fördere Führung und Verantwortung auf allen Ebenen der Organisation.

c) Die sechs Praktiken sind:
   – Mache die Arbeit sichtbar (→ Kanban-Board).
   – Limitiere die Menge angefangener Arbeiten (→ Work-in-Progress-Limits).
   – Messe und manage den Fluss (zentrale Metrik: Durchlaufzeit eines Arbeitspakets bis zu seiner Fertigstellung).
   – Mache Prozessregeln explizit (jeder im Team muss die Spielregeln kennen).
   – Entwickle Rückmeldemechanismen (z. B. durch eine tägliche Kurzbesprechung vor dem Kanban-Board).
   – Führe gemeinschaftlich Verbesserungen durch.

## 3  Hinweise zur Lösung

Zentrales Element von Kanban ist das sogenannte Kanban-Board. Es kann einerseits physisch, z. B. auf Basis eines Whiteboards oder auch digital in Form eines Online-Tools abgebildet werden. Entscheidend ist, dass die erste Praktik „Mache die Arbeit sichtbar" durch eine für alle Teammitglieder einsehbare Statusübersicht umgesetzt wird. Jedes Arbeitspaket wird als Karte (bei einem physischen Board z. B. ein Post-it oder eine Magnetkarte) auf dem Board platziert und nach dem Pull-Prinzip und unter Berücksichtigung der „Work-in-Progress-Limits" (WIP-Limits) weiter „gezogen". Ein typisches Kanban-Board kann nachfolgender Abbildung 10 entnommen werden:

| | | WIP-Limit: 5 | | WIP-Limit: 4 | | WIP-Limit: 3 | | WIP-Limit: 3 | |
|---|---|---|---|---|---|---|---|---|---|
| Backlog | Bereit | Entwickeln | | Testen | | Release | Fertig |
| | | In Arbeit | Fertig | In Arbeit | Fertig | | |

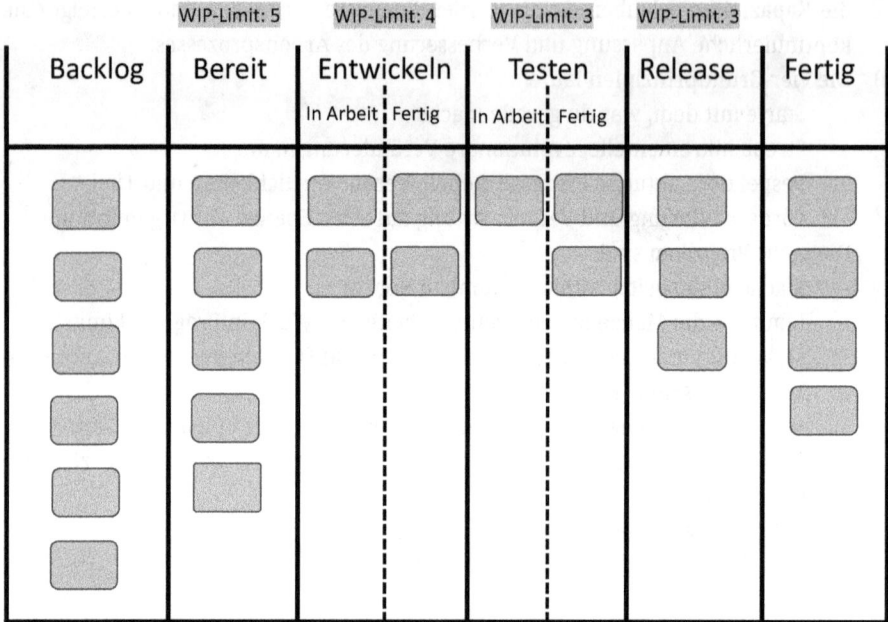

**Abb. 10:** Kanban-Board.
Quelle: Jordan, Frederic (2018), S. 62.

## 4 Literaturempfehlungen

Jordan, Frederic (2018): Kanban: Ursprung, Gemeinsamkeiten, Unterschiede, Wirkungsweise; in: Bartonitz, Martin et al. (Hrsg.), Agile Verwaltung: Wie der Öffentliche Dienst aus der Gegenwart die Zukunft entwickeln kann; Wiesbaden, S. 5–64.

Project Management Institute (2017): Agile Practice Guide, Newtown Square, S. 65.

Steffen, Andreas (2019): Menschen und Organisationen im Wandel: Ein interdisziplinärer Werkzeugkasten für Veränderungsprozesse, Wiesbaden, S. 127–135.

Timinger, Holger (2024): Modernes Projektmanagement: mit traditionellem, agilen und hybriden Projektmanagement zum Erfolg, 2. Aufl, Weinheim, S. 224–237.

# Kapitel 4: Gestaltung der Arbeitsbedingungen im Rahmen von New Work

## 4.1 Gestaltung von Arbeitsräumen für New Work

### Aufgabe 1: Einflussfaktoren und Merkmale von Arbeitsräumen für New Work

| Wissen, Verstehen | 20–25 Minuten |
|---|---|

### 1 Fragestellung

a) Beschreiben Sie Einflüsse aktueller New-Work-Trends auf die Anforderungen an die räumliche Arbeitsplatzgestaltung anhand einer Tabelle.
b) Beschreiben Sie kurz, was jeweils unter „Creative Spaces" und „Design-Thinking-Räumen" zu verstehen ist.
c) Unterscheiden Sie die Merkmale stichpunktartig von „Creative Spaces" und „Design-Thinking-Räumen" anhand einer Tabelle.

### 2 Lösung

a) Eine tabellarische Lösung kann Tabelle 5 entnommen werden.

**Tab. 5:** Einflussfaktoren aktueller New Work Trends auf die Arbeitsplatzgestaltung.

| New-Work-Trends | Anforderungen des Trends an die räumliche Gestaltung von Arbeitsplätzen |
|---|---|
| Kollaboration | Hohe Interaktion zwischen den Mitarbeitern, Raum für Kreativität und Innovation (z. B. Innovation-Hubs, Open Space, Work-Café) |
| Work-Life-Blending | Raum für die Verbindung von Privat- und Berufsleben (z. B. Eltern-Kind-Zimmer, Rückzugsorte für private Telefonate) |
| Hybrides Arbeiten | Räume und technische Ausstattung für ortsübergreifende, digitale Zusammenarbeit (z. B. Ausstattung mit innovativen Konferenzsystemen, Räume für Videokonferenzen und digitale Workshops) |
| Agilität | Unterstützung von flexiblen und interaktiven Unternehmenskulturen (z. B. Nutzung eines Raums für verschiedene Aktivitäten, Räume und Ausstattung für agile Meetingformate) |

https://doi.org/10.1515/9783111388861-004

**Tab. 5** (fortgesetzt)

| New-Work-Trends | Anforderungen des Trends an die räumliche Gestaltung von Arbeitsplätzen |
|---|---|
| Resilienz | Raum für Entspannung und Ruhearbeit (z. B. Ruheräume, Lounges, Ruhearbeitsplätze, Pausenräume zur Erholung) |

Quelle: In Anlehnung an Stankewitz, Leonie Kristina (2023), S. 274.

b) Unter einem „Creative Space" lässt sich jede Räumlichkeit verstehen, die als Ort der Begegnung einen spontanen Austausch oder eine kreative Zusammenarbeit ermöglicht. Ein Creative Space kann dabei ein einzelner Raum sein oder aber auch weitere Flächen, d. h. mehrere Räume, ganze Etagen oder ganze Gebäude umfassen. Creative Spaces ersetzen dabei keine klassische Büroumgebung mit Schreibtischen, sondern ergänzen diese.

Ein „Design-Thinking-Raum" kann als spezielle Variante von Creative Spaces betrachtet werden, die speziell auf die Anforderungen des Design-Thinking ausgerichtet sind und somit Teamarbeitsflächen und Fokus-Arbeitsplätze kombinieren. Besondere Ausstattungsmerkmale liegen vor allem darin, dass eine Vielzahl beschreibbarer Flächen (z. B. Whiteboards) vorhanden sind und das Mobiliar flexibel verschiebbar ist („alles hat Rollen"). Ebenfalls sollte es ausreichend Platz zur Arbeit an Prototypen geben und es sollten entsprechende Materialien für deren Bau vorhanden sein.

c) Eine tabellarische Lösung kann Tabelle 6 entnommen werden:

**Tab. 6:** Merkmale von Creative Spaces und Design-Thinking-Räumen.

| Creative Spaces | Design-Thinking-Räume |
|---|---|
| – Ermunterung zur Interaktion<br>– Stimulation der Kreativität<br>– Freie Wahl des Arbeitsplatzes<br>– Arbeitsplätze für Co-Creation<br>– Große Tische und Arbeitsflächen<br>– Bibliotheken als Inspirationsquelle<br>– Natürliches und direktes Licht | – Möbel sind flexibel durch Rollen<br>– Oberflächen von Tischen und Wänden sind beschreibbar<br>– Große Bereiche für Kollaboration<br>– Arbeitsbereiche für störungsfreies Arbeiten<br>– Werkzeuge und Prototyping-Materialien müssen schnell greifbar sein<br>– Arbeitsbereiche stehen Teams für einen längeren Zeitraum zur Verfügung |

Quelle: Uebernickel, Falk et al. (2015), S. 223.

## 3 Hinweise zur Lösung

Die Gestaltung attraktiver Arbeitsplatzumgebungen gehört seit jeher zum Aufgabenbereich von Unternehmen. Da sie durch einen steigenden Wettbewerbsdruck gezielter und effektiver an Innovationen arbeiten müssen und eine Vielzahl von Innovationen vor allem durch die Zusammenarbeit in interdisziplinären Teams entsteht, hat sich in den letzten Jahren ein neuer Trend etabliert: die Gestaltung von speziellen Arbeitsräumen, die allgemein als Kreativarbeitsräume bezeichnet werden können. Die zunehmende Popularität von New Work Methoden wie etwa Design-Thinking hat diesen Trend weiter unterstützt. Die äußere Umgebung im Sinne der Arbeitsplatzgestaltung hat auch einen Einfluss auf das „Innere" der Mitarbeiter in Unternehmen: Kreativität und das Entwickeln neuer Ideen können nicht nur durch bestimmte Methoden, sondern auch attraktive Räumlichkeiten mit einer zielführenden Ausstattung gefördert werden.

## 4 Literaturempfehlungen

Dark Horse Innovation (2023): New Workspace Playbook: Das unverzichtbare Praxisbuch für neues Arbeiten in neuen Räumen, 3. Aufl., Hamburg, S. 150–281.

Stankewitz, Leonie Kristina (2023): Anforderungen an den Arbeitsplatz der Zukunft – Wirksame Zusammenarbeit und Innovationsfähigkeit durch Activity Based Working; in: Knappertsbusch, Inka/ Wisskirchen, Gerlind (Hrsg.), Die Zukunft der Arbeit: New Work mit Flexibilität und Rechtssicherheit gestalten, Wiesbaden, S. 273–280.

Uebernickel, Falk et al. (2015): Design Thinking: Das Handbuch, Frankfurt am Main, S. 216–223.

Weibler, Jürgen (2023): Personalführung: Personen – Beziehungen – Kontexte – Wirkungen, 4. Aufl., München, S. 666–667.

## Aufgabe 2: Gestaltungsaspekte von Arbeitsräumen für New Work

| | |
|---|---|
| **Wissen, Verstehen, Anwenden, Transfer** | **30–40 Minuten** |

## 1 Fragestellung

a) Nennen Sie unterschiedliche Arten von Arbeitsräumen für New Work.

b) Verorten Sie diese Arbeitsräume anschließend in vier Quadranten eines zweidimensionalen Rasters bestehend aus den beiden Dimensionen „Einzelarbeit vs. Teamarbeit" und „fest zugeteilt vs. offen zugänglich".

c) Welche Aspekte sollten Unternehmen bei der Neugestaltung von Arbeitsumgebungen berücksichtigen, um „hybride Arbeit", d. h. einen Wechsel zwischen physischer Anwesenheit im Unternehmen und der Arbeit von zu Hause für Mitarbeiter attraktiv zu gestalten?

d) Diskutieren Sie in einer Lerngruppe, welche dieser Räumlichkeiten Sie gerne selbst zu welchem Zweck nutzen würden – und welche nicht.

## 2 Lösung

a) Mögliche Arbeitsplatzarten sind
   - Geschlossene Büros
   - Arbeitsstationen
   - Open Office
   - Geschlossener Teamraum
   - Offener Teambereich
   - Prototyping-Bereich
   - Hot Desk
   - Präsentationsbereich
   - Work-Lounge
   - Touchdown
   - Meeting-Bereich/Raum
   - Meeting-Point
   - Brainstorming-Raum
   - Café
   - Pausenbereich
   - Spielraum
   - Sportraum
   - Relaxraum
   - Study-Booth
   - Bibliothek

b) Eine grafische Lösung kann Abbildung 11 entnommen werden:

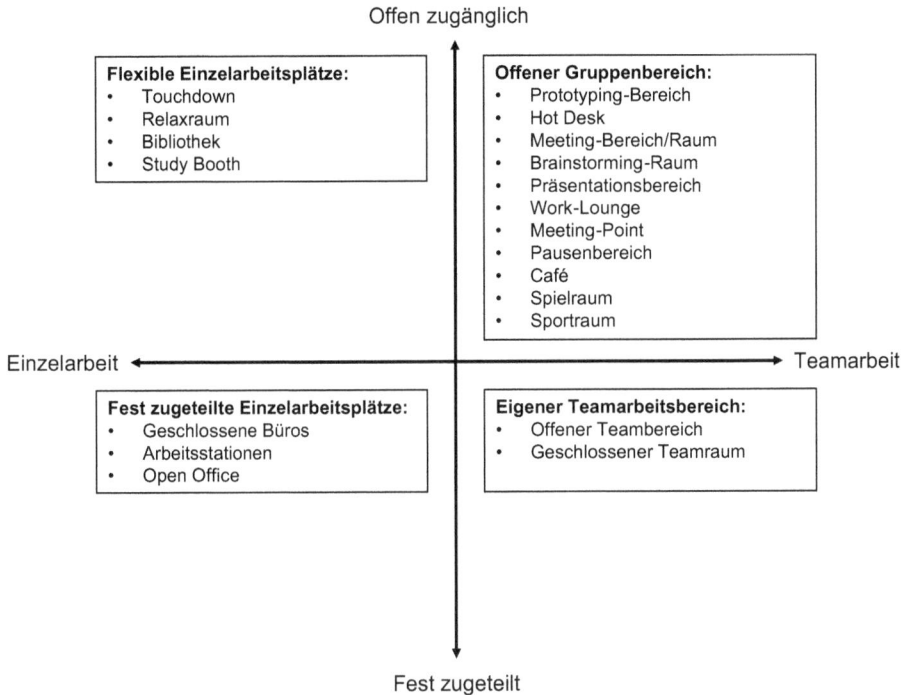

**Offen zugänglich**

| | |
|---|---|
| **Flexible Einzelarbeitsplätze:**<br>• Touchdown<br>• Relaxraum<br>• Bibliothek<br>• Study Booth | **Offener Gruppenbereich:**<br>• Prototyping-Bereich<br>• Hot Desk<br>• Meeting-Bereich/Raum<br>• Brainstorming-Raum<br>• Präsentationsbereich<br>• Work-Lounge<br>• Meeting-Point<br>• Pausenbereich<br>• Café<br>• Spielraum<br>• Sportraum |

**Einzelarbeit** ← → **Teamarbeit**

| | |
|---|---|
| **Fest zugeteilte Einzelarbeitsplätze:**<br>• Geschlossene Büros<br>• Arbeitsstationen<br>• Open Office | **Eigener Teamarbeitsbereich:**<br>• Offener Teambereich<br>• Geschlossener Teamraum |

**Fest zugeteilt**

**Abb. 11:** Arbeitsräume in New Work.
Quelle: In Anlehnung an Uebernickel, Falk et al. (2015), S. 232 f.

c) Unternehmen sollten folgende Aspekte berücksichtigen:
  – Es sollten sowohl Räume für unabhängiges konzentriertes Arbeiten als auch für kommunikative Teamarbeit geschaffen werden.
  – Akustische und visuelle Ablenkungen sollten durch die Art und Anordnung der Möbel begrenzt werden.
  – Es sollte ruhige Bereiche und private Räume für konzentriertes Arbeiten geben, ohne die Mitarbeiter zu isolieren.
  – Private Gesprächsbereiche und Bereiche mit reichlich persönlichem Freiraum sollten vorhanden sein.
  – Besprechungsräume für die Zusammenarbeit in kleinen und großen Gruppen sollten existieren, die das gesellige Beisammensein fördern.
  – Die Ausstattung der Räume sollte Technologien und Tools leicht zugänglich machen, um die Kluft zwischen Kommunikation und Zusammenarbeit zwischen Mitarbeitern an entfernten Standorten und im Büro zu überbrücken.
  – Integration von Technologien, die Zeitpläne, Belegung und Verfügbarkeit von Büroräumen anzeigen.

–   Bereitstellung bequemer, ergonomischer, verstellbarer und flexibler Möbel.
–   Großzügige Verkehrsflächen.
–   Vermeidung von Überbelegung.
–   Persönlicher Raum für Komfort, Sicherheit und Privatsphäre.
–   Ermöglichung eines Zugangs zu Außenbereichen.
–   Ausstattung der Räume mit natürlichem Tageslicht.
–   Pflanzen als Einrichtungsgegenstände, um ein Gefühl des Wohlbefindens zu fördern.

d)  Für diese Aufgabe gibt es keine Musterlösung. Als Kriterien zur Einordnung Ihrer Diskussion sollten Sie u. a. berücksichtigen:
    –   Art der Aufgabe(n) in Ihrer aktuellen Position
    –   Abwägung von Einzel- vs. Teamaufgaben
    –   persönliche Präferenzen, die der eigenen Produktivität und dem Wohlbefinden dienen
    –   Rahmenbedingungen im Unternehmen.

## 3 Hinweise zur Lösung

Über lange Zeit wurde Arbeiten gleichgesetzt mit dem Verlassen des eigenen Zuhauses und der anschließenden Anwesenheit in den Räumlichkeiten des Unternehmens. Der „eigene Arbeitsplatz" wurde durch Mitarbeiter als festgelegter Ort in den Räumlichkeiten des Unternehmens empfunden. Durch technologischen Fortschritt (u. a. Verfügbarkeit von Videokonferenzsystem und Kollaborationssoftware), die Erkenntnisse aus der COVID-19-Pandemie sowie den gesellschaftlichen Wertewandel (u. a. zunehmende Bedeutung von Work-Life-Balance und der Vereinbarkeit Beruf und Familie sowie dem Wunsch, überflüssige Fahrtwege aus Nachhaltigkeitsgesichtspunkten zu vermeiden) hat sich diese Vorstellung verändert bzw. ist für diverse Berufsgruppen nicht mehr relevant. Der Arbeitsplatz kann für viele Berufsgruppen ortsflexibel immer dort entstehen, wo der Laptop in Betrieb genommen werden kann (Stichworte: mobiles Arbeiten, Remote Work, Homeoffice). Gleichzeitig zeigt sich in der Unternehmenspraxis, dass es Kommunikationsanlässe gibt, die unter „Remote-Bedingungen" deutlich an Interaktionsqualität verlieren. Hierzu zählt auch die kreative Zusammenarbeit. Die Aufteilung der Arbeit auf verschiedene Arbeitsorte – remote (zu Hause) und im Unternehmen wird unter dem Begriff „hybride Arbeit" diskutiert. Es stellt sich die Frage, für welche Art von Tätigkeiten welcher Arbeitsort ideal ist und wie im Zuge dessen die Räumlichkeiten in Unternehmen neugestaltet werden können, um sie gezielt für die Zusammenarbeit in Präsenz zu nutzen.

## 4 Literaturempfehlungen

Aksamija, Ajla/Milosevic, Suncica (2023): Post-pandemic Office Spaces: Considerations and Design Strategies for Hybrid Work Environments; in: Enquiry The ARCC Journal for Architectural Research, Vol. 20, No. 1, 2023, S. 41–64.

Breuer, S./Kienbaum, L. (2023): Arbeiten ist kein Ort zum Hingehen mehr. Wie durch die Ablösung vom Büro als Arbeitsort Chancen für die Entwicklung unserer Gesellschaft und Städte entstehen; in: Knappertsbusch, Inka/Wisskirchen, Gerlind (Hrsg.), Die Zukunft der Arbeit: New Work mit Flexibilität und Rechtssicherheit gestalten, Wiesbaden, S. 57–64.

Dark Horse Innovation (2023): New Workspace Playbook: Das unverzichtbare Praxisbuch für neues Arbeiten in neuen Räumen, 3. Aufl., Hamburg, S. 150–281.

Uebernickel, Falk et al. (2015): Design Thinking: Das Handbuch, Frankfurt am Main, S. 224–233.

Weibler, Jürgen (2023): Personalführung: Personen – Beziehungen – Kontexte – Wirkungen, 4. Aufl., München, S. 666–667.

## Aufgabe 3: Coworking-Spaces als möglicher dritter Arbeitsort

| Wissen, Verstehen, Anwenden | 20 Minuten |
|---|---|

## 1 Fragestellung

a) Erläutern Sie, was unter einem Coworking-Space zu verstehen ist.
b) Erläutern Sie Vorteile der Nutzung von Coworking-Spaces für Arbeitnehmer.
c) Erläutern Sie Vorteile der Nutzung von Coworking-Spaces für Arbeitgeber.
d) Erläutern Sie Herausforderungen bei der Nutzung von Coworking-Spaces.

## 2 Lösung

a) Coworking-Spaces sind Arbeitsorte, in denen Büroarbeit gemeinschaftlich erledigt werden kann. Unter Coworking kann dabei neben der klassischen Zusammenarbeit auch nebeneinander arbeiten verstanden werden. Die Mitglieder der „Bürogemeinschaft" können also inhaltlich vollkommen unabhängig voneinander tätig sein, sie nutzen jedoch gemeinsam eine Arbeitsinfrastruktur.

b) Vorteile der Nutzung von Coworking-Spaces für Arbeitnehmer sind u. a.:
   – Wohnortnaher, flexibel nutzbarer Arbeitsplatz
   – Zeitgewinn für Work-Life-Balance durch geringere Pendlerzeiten
   – Soziale Interaktionsmöglichkeiten

- Ggf. bessere Arbeitsplatzausstattung als im Homeoffice inkl. Büroinfrastruktur (Getränke, Reinigung, Technik)
- Communitykultur und Förderung von Synergien zwischen Nutzern unterschiedlicher Branchen und Professionen

c) Vorteile der Nutzung von Coworking-Spaces für Arbeitgeber sind u. a.:
  - Kürzere Vertragslaufzeiten als bei der Anmietung eigener Büroflächen
  - Flexible Erweiterbarkeit bzw. Anpassbarkeit an die Geschäftstätigkeit
  - Potenzial zur Reduktion von Büroflächen und entsprechender Kostenreduktionen bei langfristiger Nutzung
  - Wettbewerbsvorteil auf dem Arbeitsmarkt, da sich der Kreis potenzieller Mitarbeiter bzw. das geografische Einzugsgebiet vergrößern
  - Mitarbeitergewinnung und -bindung durch Förderung der Vereinbarkeit von Beruf und Familie
  - Reduktion potenzieller Ablenkungen gegenüber der Arbeit von Mitarbeitern im Homeoffice (z. B. durch häusliche Arbeiten).

d) Herausforderung der Nutzung von Coworking-Spaces liegen u. a. in:
  - Einhaltung rechtlicher Vorgaben zum Arbeits- und Gesundheitsschutz, da der Arbeitgeber weiterhin hierfür verantwortlich ist
  - Kulturelle Veränderungen durch die Arbeit an einem „dritten Ort"
  - Klärung der „Spielregeln" bezüglich der Intensität der Nutzung oder der Nutzungsanlässe
  - Risiken im Bereich Datenschutz und IT-Sicherheit
  - Höherer Geräuschpegel als im Homeoffice
  - Ablenkungspotenzial durch die Community.

## 3 Hinweise zur Lösung

Coworking-Spaces werden oftmals als „dritter Ort" bezeichnet, da sie eine weitere, professionelle Arbeitsmöglichkeit neben dem klassischen Arbeitsplatz im Unternehmen und der Arbeit von zu Hause (Homeoffice) anbieten. Coworking-Spaces können zudem als Netzwerkkatalysatoren und Instrument der Regionalentwicklung dienen. Unternehmen bieten ihren Mitarbeitern zunehmend Möglichkeiten an, in Coworking-Spaces ortsflexibel arbeiten zu können („dritter Ort"). Soziale Elemente traditioneller Organisationen finden sich auch im Coworking-Space wieder und können damit einen Gegenpol der sozialen Isolation im Homeoffice bilden. Den genannten Herausforderungen können Unternehmen sowie Coworking-Space-Betreiber durch geeignete Maßnahmen begegnen.

# 4  Literaturempfehlungen

Amler, Ann-Sophie (2023): Coworking Space als dritter Arbeitsort; in: Knappertsbusch, Inka/Wisskirchen, Gerlind (Hrsg.), Die Zukunft der Arbeit: New Work mit Flexibilität und Rechtssicherheit gestalten, Wiesbaden, S. 73–79.

Bundesverband Coworking Spaces e.V. (2024): Was ist Coworking – Definition; https://www.bundesver band-coworking.de/was-ist-coworking/ (29.03.2024).

Reh, Sebastian (2023): Veränderungen und Trends hinsichtlich des Arbeitsorts: Coworking und Coopetition als Entwicklungstrends im Rahmen der Digitalisierung; in: Eichenberg, T./von Zobeltitz, A. (Hrsg.): Trends im Management von Nachhaltigkeit und Digitalisierung 2023: Gestaltung der Unternehmensentwicklung im Kontext der digitalen Transformation und der 17 Sustainable Development Goals, Band 4 der Schriftenreihe Hochschule Weserbergland 2023, S. 209–223.

# 4.2  Gestaltung der Arbeit durch Selbstorganisation

## Aufgabe 1: Grundlagen der Selbstorganisation

| Wissen, Verstehen, Anwenden, Transfer | 30 Minuten |
| --- | --- |

## 1  Fragestellung

a)  Erklären Sie den Begriff der „Selbstorganisation" und gehen Sie auf ihre Merkmale in der Praxis ein.

b)  Unterscheiden Sie die „autogene Selbstorganisation" von der „autonomen Selbstorganisation".

c)  Diskutieren Sie die Möglichkeiten und Grenzen der Selbstorganisation in Unternehmen.

## 2  Lösung

Selbstorganisation bezeichnet eine Organisationsform, in der keine äußere, zentrale Instanz (z. B. ein Vorgesetzter) eine Vorgabe hinsichtlich der zu organisierenden Elemente vornimmt (z. B. Festlegung von Aufgaben oder deren Verteilung auf die Mitglieder eines Teams). Vielmehr organisiert sich das System (z. B. das Team) aus sich selbst heraus. Selbstorganisation führt zu eignen stabilen Strukturen.

Merkmale der Selbstorganisation in der Praxis sind nach Meissner/Heike/Sigrist (2023):

–  Netzwerkförmiges Organigramm mit Zellen oder Kreisen ohne Chefs

–  Keine „flachen" Hierarchien, sondern neue Formen der Hierarchie

- Autorität ist verteilt auf verschiedene Rollen
- Schnelle Arbeit mit Prototypen statt langes Suchen nach perfekten Lösungen
- Andere Arten von Entscheidungsprämissen (Konsent statt Konsens)
- Anpassung in kleinen Schritten (Iterationen) durch viele Beteiligte statt große Reorganisationen durch wenige
- Ein explizites Regelwerk klärt Rechte und Pflichten.

a) Die Unterscheidung zwischen autogener und autonomer Selbstorganisation rekurriert auf den Rahmen der Selbstorganisation. Liegt der Möglichkeit eines Systems, sich selbst zu organisieren, kein bewusster Gestaltungsakt zugrunde, d. h. die Selbstorganisation entsteht aus sich selbst heraus, handelt es sich um autogene Selbstorganisation. Entsteht Selbstorganisation hingegen aufgrund eines Impulses, d. h. einer absichtlich geplanten Gestaltungshandlung im Sinne eines gewährten Handlungsspielraums, handelt es sich um autonome Selbstorganisation.

b) Für die Diskussion wird bewusst keine Musterlösung im Sinne festgelegter Antwortmöglichkeiten angeboten. In Ihrer Diskussion sollten Sie jedoch auf folgende Fragestellungen und Aspekte eingehen: Durch welche Ereignisse und durch wen können kann in einem Unternehmen Selbstorganisation in Gang gesetzt werden? Kann ein Unternehmen vollständig selbstorganisierend arbeiten oder bezieht sich diese Möglichkeit immer nur auf einzelne Bereiche, die jedoch übergeordnet hierarchisch koordiniert werden im Sinne einer gelenkten Selbstorganisation? Welche Rolle spielt die Unternehmenskultur bei der Realisierung von selbstorganisierenden Arbeitsprinzipien?

### 3 Hinweise zur Lösung

Während agile Methoden (siehe Kapitel 3) eher die Perspektive der Ablauforganisation aufgreifen, behandeln Fragestellung der Selbstorganisation eher die aufbauorganisatorische Perspektive der klassischen Organisationslehre. Die Umsetzung von selbstorganisatorischen Arbeitsweisen in Unternehmen stellen nicht einfach die Einführung einer neuen Arbeitsmethode (Tool) dar, vielmehr handelt es sich um eine kulturelle Transformation, für die klassische Grundsätze des Change-Managements Anwendung finden sollten. Die Transformation zu Selbstorganisation sollte somit als Unternehmenskulturentwicklung betrachtet und behandelt werden.

## 4 Literaturempfehlungen

Meissner, Jens O./Heike, Michael/Sigrist, Daniel (2023): Organisationsdesign in einer komplexen und instabilen Welt: Einführung in Modelle und Konzepte sowie deren Anwendung, Wiesbaden, S. 91–95.

Scheller, Torsten (2017): Auf dem Weg zur agilen Organisation: Wie Sie Ihr Unternehmen dynamischer, flexibler und leistungsfähiger gestalten, München, S. 165–170.

Stoi, Roman/Dillerup, Ralf (2022): Unternehmensführung: Erfolgreich durch modernes Management & Leadership, 6. Aufl., München, S. 478–480.

Weibler, Jürgen (2023): Personalführung: Personen – Beziehungen – Kontexte – Wirkungen, 4. Aufl., München, S. 669–671.

## Aufgabe 2: Selbstorganisation in Teams

| Wissen, Verstehen, Anwenden, Transfer | 30–40 Minuten |
|---|---|

## 1 Fragestellung

a) Beschreiben Sie die vier Stufen der Selbstorganisation eines Teams nach Hackman.
b) Erläutern Sie das Modell der Teamentwicklung nach Tuckman.
c) Diskutieren Sie, welche Erkenntnisse eine Kombination beider Modelle hinsichtlich der Umsetzung von Selbstorganisation in einem Team ergibt.

## 2 Lösung

a) Hackman (2002) unterscheidet vier Stufen der Autorität von Teams und leitet daraus vier Stufen der Selbstorganisation von Teams ab:

1. *Managergeführte Teams:* Das Team verfügt nur über die Autonomie, die Aufgaben auszuführen. Die Führungskraft ist für alles andere verantwortlich.
2. *Selbstmanagendes Team:* Das Team führt die Aufgaben aus und es überwacht und steuert seinen Arbeitsprozess und -fortschritt. Die Führungskraft ist weiterhin verantwortlich für die Zusammenstellung des Teams und die Teamorganisation sowie die übergeordnete Zielsetzung.
3. *Selbstdesignendes Team:* Das Team führt die Aufgaben aus, überwacht und steuert den eigenen Arbeitsprozess und -fortschritt und ist für die eigene Zusammensetzung und Organisation innerhalb des Teams verantwortlich. Die Führungskraft ist lediglich für die übergeordnete Zielsetzung zuständig.
4. *Selbstverwaltendes Team:* Das Team macht und entscheidet alles selbst.

b) Das Modell der Teamentwicklung nach Tuckman (1965) besteht aus fünf Phasen. Jede Phase beschreibt, wodurch sich die Zusammenarbeit im Team kennzeichnet und wie sich dies auf dessen Leistungsfähigkeit auswirkt:

1.  *Forming*: Die Forming-Phase ist gekennzeichnet durch höfliches und zurückhaltendes Verhalten der Teammitglieder. Beim Eintritt in ein Team hegen Mitglieder unterschiedliche Erwartungen, was in der Gruppe geschehen wird. Sie fragen sich bewusst oder unbewusst, inwieweit sie Kontakt und Akzeptanz finden werden, welchen Stellenwert sie im Team erreichen und was genau von ihnen erwartet wird. Erste soziale Normen bilden sich heraus.

2.  *Storming*: Die Storming-Phase ist gekennzeichnet durch die Rollen- und Statusverteilung der Teammitglieder, dabei wird auch Aggression zugelassen. Die Mitglieder geben sich offener und zeigen zunehmend ihr „normales" Verhalten. Viele von ihnen möchten nun mehr Einfluss ausüben und ihre Interessen durchzusetzen. Sie reagieren kritisch aufeinander, persönliche und fachliche Kompetenzen können zum Thema werden. Der Führungsstil der Führungskraft wird häufiger kritisiert und ihre Versäumnisse diskutiert. Die Mitglieder suchen ihren Platz in der sozialen Struktur des Teams und ihre spezifische Rolle bei der Aufgabenbewältigung. Das Vertrauen zwischen den Teammitgliedern steigt, weil sie sich gegenseitig klarer sehen bzw. mehr von sich zeigen.

3.  *Norming:* Die Norming-Phase ist gekennzeichnet durch das Etablieren von Gruppennormen. Die Teammitglieder sind jetzt in der Lage, Wertschätzung und Akzeptanz füreinander auszudrücken. Die Zugehörigkeit zum Team beginnt Freude zu machen und die Kommunikation wird offener. Kooperation und Konsens dominieren. Ein „Wir-Gefühl" und eine teamspezifische Kultur der Zusammenarbeit entstehen.

4.  *Performing:* In der Performing-Phase stellen die Teammitglieder ihre Aktivität schwerpunktmäßig in den Dienst der Teamaufgabe. Die Energie des Teams kommt fast ausschließlich der Arbeit zugute, individuelle Bedürfnisse werden in den Hintergrund gestellt. Das Team liefert somit eine hohe Ergebnisqualität. Es besteht aber auch die Gefahr, dass das Team in die Storming-Phase zurückfällt!

5.  *Adjourning:* Die Adjourning-Phase bedeutet die Auflösung des Teams (insbesondere z. B. bei Projekten). In dieser Phase sollte ein Resümee der Zusammenarbeit gezogen und gemeinsame Erfolge gewürdigt werden.

c) Das Tuckman-Modell kann verschiedene Hinweise auf die Etablierung von Selbstführung in Teams geben. Die klassische Anwendung in der Managementlehre geht vom Vorhandensein einer Führungskraft aus. Eine Führungskraft ist auch in den ersten drei Stufen des Hackman-Modells vorhanden, nicht jedoch in der vierten Stufe. Beide Modelle können kombiniert werden, um etwa folgende Themen zu ergründen:

–   *Einführung von Selbstführung in einem Team, zunächst initiiert durch die Führungskraft:* Mit jeder weiteren Autonomiestufe im Hackman-Modell wird das Team den fünfstufigen Zyklus im Tuckman-Modell erneut durchlaufen, da es sich jeweils als Team neu finden muss. Zunehmende Selbstorganisation verlagert mehr Verantwortung auf das Team als Ganzes sowie auf einzelne Teammitglieder. Insofern ist vor allem in den Phasen Forming, Storming, Norming davon auszugehen, dass diese mit der Gewährung der nächsten Autonomie-Stufe durch die Führungskraft zu erneuten Aushandlungsprozessen führen.

- *Die Rolle der Führungskraft bei der schrittweisen Einführung von Selbstführung*: Die Führungskraft sollte realisieren, dass Sie trotz zunehmender Selbstverantwortung der Teammitglieder weiterhin in einer Führungsrolle bleibt und sich nicht aus dieser aufgrund des zunehmend selbstständiger arbeitenden Teams vollständig zurückziehen kann. Das Wahrnehmen von Signalen aus dem Team wird bei abnehmender Interaktion zwischen Führungskraft und Team in Folge zunehmender Selbstorganisation erschwert.
- *Die Verantwortung des Teams:* Spätestens in Stufe vier des Hackman-Modells (selbstverwaltende Teams) obliegt es dem Team vollständig selbst, sich des Ablaufs des Tuckman-Modells bewusst zu werden und eigenverantwortlich entsprechende Maßnahmen zu ergreifen, um die Performing-Phase zu erreichen und möglichst lange in dieser zu agieren. Dies stellt erhöhte Anforderungen an Selbstreflektion, Verhaltenswahrnehmung und Diskursfähigkeit an sämtliche Teammitglieder.

## 3 Hinweise zur Lösung

Das Modell von Hackman kann anhand von Abbildung 12 visualisiert werden. Es verdeutlicht, wie ab der Stufe „Selbstmanagendes Team" eine Zunahme der Selbstorganisation des Teams erfolgt und gleichzeitig der Verantwortungsbereich der Führungskraft schrittweise reduziert wird.

Das Modell von Tuckman kann anhand von Abbildung 13 visualisiert werden. Es verdeutlicht, wie sich die Leistungsfähigkeit von Teams idealtypisch entwickelt. Die Dauer der einzelnen Phasen ist dabei unterschiedlich. Ebenfalls kann nicht von einem streng linearen Ablauf ausgegangen werden.

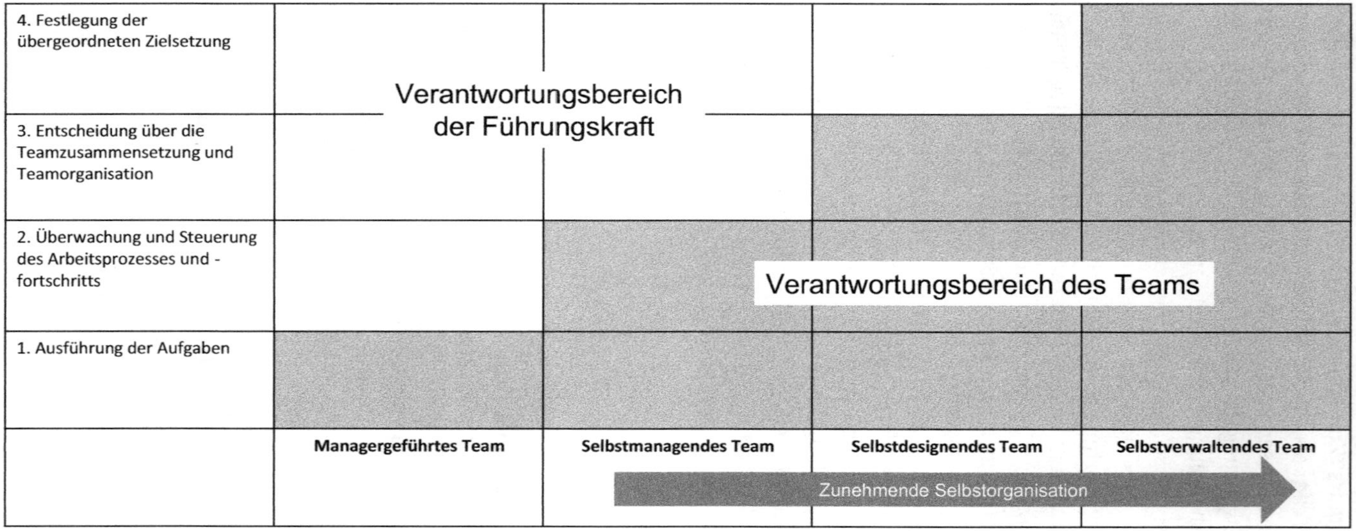

**Verantwortungsbereich der Führungskraft**

**Verantwortungsbereich des Teams**

| | Managergeführtes Team | Selbstmanagendes Team | Selbstdesignendes Team | Selbstverwaltendes Team |
|---|---|---|---|---|
| 4. Festlegung der übergeordneten Zielsetzung | | | | |
| 3. Entscheidung über die Teamzusammensetzung und Teamorganisation | | | | |
| 2. Überwachung und Steuerung des Arbeitsprozesses und -fortschritts | | | | |
| 1. Ausführung der Aufgaben | | | | |

Zunehmende Selbstorganisation →

**Abb. 12:** Die Autoritätsmatrix: Vier Stufen der Selbstorganisation von Teams.
Quelle: In Anlehnung an Hackman, J. Richard (2002), S. 52.

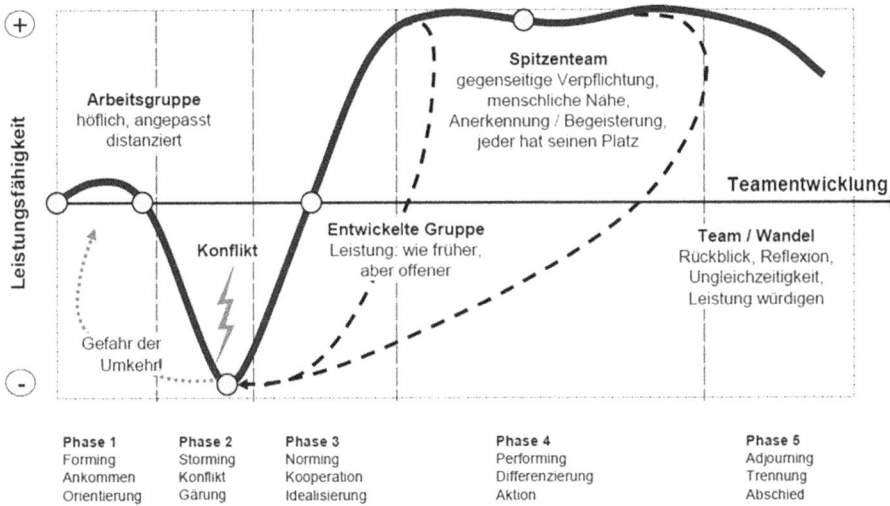

**Abb. 13:** Die fünf Entwicklungsphasen von Teams.
Quelle: Kuster, Jörg et al. (2022), S. 386.

# 4 Literaturempfehlungen

Hackman, J. Richard (2002): Leading Teams – Setting the Stage for Great Performance, Boston, S. 50–54.

Kuster, Jörg et al. (2022): Handbuch Projektmanagement: Agil – Klassisch – Hybrid, Berlin/Heidelberg, S. 386–392.

Laloux, Frederic (2015): Reinventing Organizations: Ein Leitfaden zur Gestaltung sinnstiftender Formen der Zusammenarbeit, München, S. 63–99.

Scheller, Torsten (2017): Auf dem Weg zur agilen Organisation: Wie Sie Ihr Unternehmen dynamischer, flexibler und leistungsfähiger gestalten, München, S. 174–177.

Tuckman, Bruce W. (1965): Developmental sequence in small groups; in: Psychological Bulletin, Vol. 63, No. 6, S. 384–399.

Weibler, Jürgen (2023): Personalführung: Personen – Beziehungen – Kontexte – Wirkungen, 4. Aufl., München, S. 82–89.

**Aufgabe 3: Single-Choice-Fragen zu Selbstorganisation**

| Wissen, Verstehen | 5 Minuten |
|---|---|

### 1 Fragestellung

Bitte tragen Sie bei den folgenden Aussagen in Bezug auf Selbstorganisation ein, ob diese richtig („R") oder falsch („F") sind.

a) ☐ Selbstorganisation bedeutet, dass sich ein sich ein System aus sich selbst heraus organisiert.

b) ☐ Bei autonomer Selbstorganisation liegt kein bewusster Gestaltungsakt zugrunde.

c) ☐ Bei autogener Selbstorganisation wird ein Handlungsspielraum gewährt.

d) ☐ Selbstdesignende Teams verfügen über keine Führungskraft mehr.

e) ☐ Die richtige Reihenfolge der Phasen im Tuckman-Modell lautet: Forming, Norming, Storming, Performing, Adjourning.

f) ☐ In der Norming-Phase des Tuckman-Modells dominieren Konsens und Kooperation.

g) ☐ Die Performing-Phase im Tuckman-Modell ist gekennzeichnet durch die Sicherheit, dass das Team dauerhaft leistungsorientiert arbeitet.

### 2 Lösung

a) ☐R Selbstorganisation bedeutet, dass sich ein sich ein System aus sich selbst heraus organisiert.

b) ☐F Bei autonomer Selbstorganisation liegt kein bewusster Gestaltungsakt zugrunde.

c) ☐F Bei autogener Selbstorganisation wird ein Handlungsspielraum gewährt.

d) ☐F Selbstdesignende Teams verfügen über keine Führungskraft mehr.

e) ☐F Die richtige Reihenfolge der Phasen im Tuckman-Modell lautet: Forming, Norming, Storming, Performing, Adjourning.

f) ☐R In der Norming-Phase des Tuckman-Modells dominieren Konsens und Kooperation.

g) ☐F Die Performing-Phase im Tuckman-Modell ist gekennzeichnet durch die Sicherheit, dass das Team dauerhaft leistungsorientiert arbeitet.

## 3 Hinweise zur Lösung

Weitere Erläuterungen zum Verständnis, warum die Antworten richtig oder falsch sind, finden sich in den Lösungen und Lösungshinweisen der vorherigen Aufgaben 1 und 2 dieses Abschnitts.

## 4 Literaturempfehlungen

Hackman, J. Richard (2002): Leading Teams – Setting the Stage for Great Performance, Boston, S. 50–54.

Kuster, Jörg et al. (2022): Handbuch Projektmanagement: Agil – Klassisch – Hybrid, Berlin/Heidelberg, S. 386–392.

Scheller, Torsten (2017): Auf dem Weg zur agilen Organisation: Wie Sie Ihr Unternehmen dynamischer, flexibler und leistungsfähiger gestalten, München, S. 174–177.

Tuckman, Bruce W. (1965): Developmental sequence in small groups; in: Psychological Bulletin, Vol. 63, No. 6, S. 384–399.

# 4.3 Flexibilisierung von Arbeitsorten

## Aufgabe 1: Aufgabenbezogene Kommunikation mit (virtuellen) Medien

| Wissen, Verstehen, Anwenden, Transfer | 30 Minuten |
|---|---|

## 1 Fragestellung

a) Beurteilen Sie anhand folgender Tabelle, welche kommunikativen Signale in verschiedenen Medien wahrnehmbar sind. Unterscheiden Sie zwischen ja/begrenzt/nein.

b) Sammeln Sie verschiedene, typische Kommunikationsanlässe, die in der beruflichen Zusammenarbeit vorhanden sind.

c) Fassen Sie die Kommunikationsmedien aus dem Aufgabenteil a) in drei Gruppen zusammen: asynchrone Kommunikation, synchrone Kommunikation, sichtbare und synchrone Kommunikation.

d) Stellen Sie Überlegungen an, welche der Kommunikationsanlässe aus Aufgabenteil b) zielführenderweise mit welcher Kategorie von Kommunikationsmedien aus dem Aufgabenteil c) durchgeführt werden sollten.

| | Verbale Zeichen | Para-verbale Zeichen | Mimik | Gestik & Körper-haltung | Interaktion zwischen Personen | Wahr-nehmung von Referenz-objekten |
|---|---|---|---|---|---|---|
| Face-to-Face | | | | | | |
| Video-konferenz | | | | | | |
| Telefonanruf | | | | | | |
| Chat über Messenger | | | | | | |
| Voicemail | | | | | | |
| E-Mail/Fax | | | | | | |
| Briefpost | | | | | | |

## 2 Lösung

a)   Die Lösung kann Abbildung 14 entnommen werden:

| | Verbale Zeichen | Para-verbale Zeichen | Mimik | Gestik & Körper-haltung | Interaktion zwischen Personen | Wahr-nehmung von Referenz-objekten |
|---|---|---|---|---|---|---|
| Face-to-Face | Ja | Ja | Ja | Ja | Ja | Ja |
| Video-konferenz | Ja | Ja | Ja | Ja | Begrenzt | Nein |
| Telefonanruf | Ja | Ja | Nein | Nein | Begrenzt | Nein |
| Chat über Messenger | Ja | Nein | Nein | Nein | Begrenzt | Nein |
| Voicemail | Ja | Ja | Nein | Nein | Nein | Nein |
| E-Mail/Fax | Ja | Nein | Nein | Nein | Nein | Nein |
| Briefpost | Ja | Nein | Nein | Nein | Nein | Nein |

**Abb. 14:** Wahrnehmungsmöglichkeiten unterschiedlicher Medien.
Quelle: In Anlehnung an Weiand, Achim (2023), S. 41.

b)   Typische Kommunikationsanlässe sind u. a.: Ja/Nein-Entscheidungen, Statusbe-richte, Informationsweitergabe, Diskussionen, Ergebnispräsentationen, Lernen, kreatives Zusammenarbeiten, Konfliktbewältigung, Ideengenerierung, komplexe Entscheidungen, Wissensaustausch u. v. m

c) Asynchrone Kommunikationsmedien: Voicemail, E-Mail, Fax, Brief
   Synchrone Kommunikationsmedien: Telefonanruf, Chat über Messenger
   Sichtbare und synchrone Kommunikationsmedien: Face-to-Face, Videokonferenz

d) Idealtypische Zuordnung von Kommunikationsanlässen zu Kommunikations-
   medien:
   - Asynchrone Kommunikationsmedien: Ja-/Nein-Entscheidungen, Statusberichte,
   Informationsweitergabe
   Synchrone Kommunikationsmedien: Ideengenerierung, Diskussionen
   Sichtbare und synchrone Kommunikationsmedien: Lernen, Wissensaustausch,
   Kreatives Zusammenarbeiten, Komplexe Entscheidungen, Konfliktbewältigung

## 3 Hinweise zur Lösung

Zur technologischen Unterstützung der Aufgabenbewältigung sollten Teams zunächst
zwei Themen besprechen und daraus in einem dritten Schritt verbindliche Abspra-
chen zur Kommunikation im Team ableiten:

1. Identifikation der zur Verfügung stehenden Medien:
   – Welche Kommunikationskanäle stehen uns als Team bereits zur Verfügung?
     Hierzu zählen z. B. E-Mail, Messenger-Programme, Videokonferenztools,
     Räume mit oder ohne Videokonferenzfunktion usw.
2. Identifikation der typischen Kommunikationsanlässe im Team:
   – Welche typischen Kommunikationsanlässe haben wir im Team?
     Hierzu zählen z. B. Entscheidungen, Statusberichte, Diskussionen, Ergebnis-
     präsentationen, Austausch, kreatives Zusammenarbeiten, Konfliktbewälti-
     gung ...
3. Zusammenführung: Welche Medien eignen sich für welchen Kommunikationsan-
   lass am besten? Und auch: Welche nicht?
   – Herstellen eines gemeinsamen Verständnisses für die passende Auswahl von
     Medien, je nach Gesprächsanlass.
   – Einigung im Team auf ein entsprechendes Vorgehen.

Nachfolgende Abbildung 15 zeigt idealtypisch auf, welche Medien sich für welche
Kommunikationsanlässe eignen. Die Darstellung ist eine Weiterentwicklung des
„Media-Richness"-Modells" von Rice und des „Information-Richness"-Konzepts von
Daft/Lengel. Eine „passende" Auswahl von Medien erhöht die Effektivität der Kommu-
nikation. Sie hilft, Missverständnisse und interpersonelle Konflikte zu vermeiden.

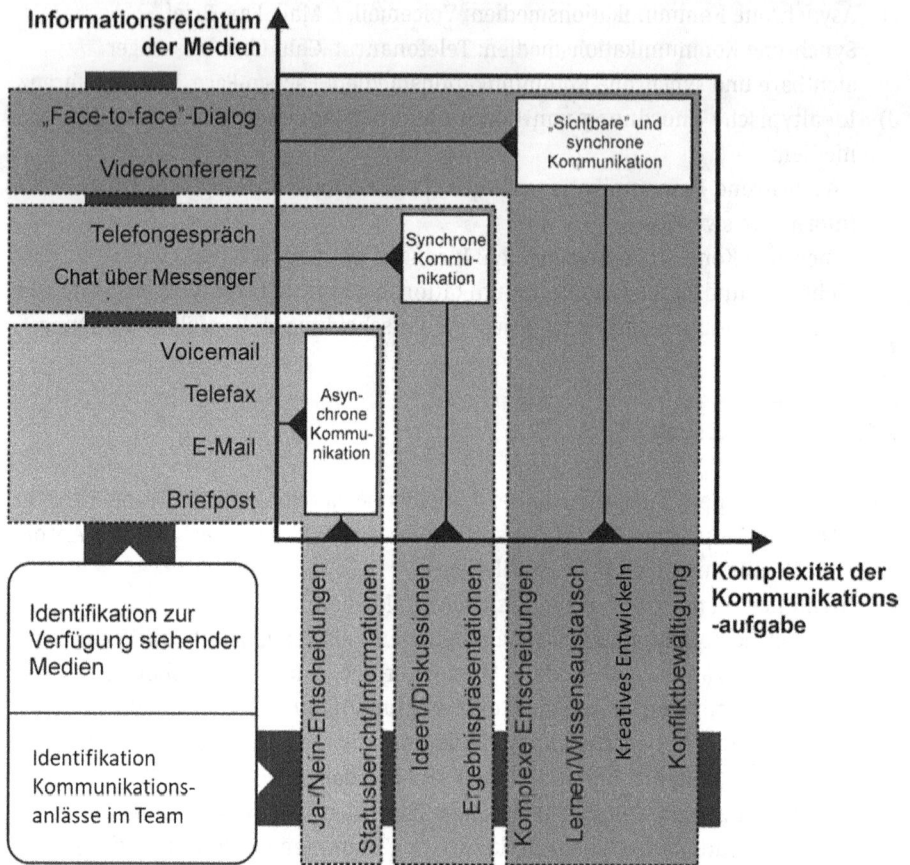

**Abb. 15:** Medienportfolio für virtuelle Führung und Zusammenarbeit.
Quelle: In Anlehnung an Eichenberg, Timm (2007), S. 246.

## 4 Literaturempfehlungen

Daft, Richard L./Lengel, Robert H. (1984): Information Richness: A New Approach To Managerial Behavior And Organization Design; in: Staw, B. M./Cummings, L. L. (Hrsg.), Research In Organizational Behavior, Vol. 6, 1984, S. 191–233.

Daft, Richard L./Lengel, Robert H. (1986): Organizational Information Requirements, Media Richness and Structural Design; in: Management Science, Vol. 32, 1986, No. 5, S. 554–571.

Eichenberg, Timm (2006): Führung auf Distanz in internationalen Unternehmen: Auslöser und Dimensionen; in: Bruch, Heike/Krummaker, Stefan/Vogel, Bernd (Hrsg.), Leadership – Best Practices und Trends, Wiesbaden 2006, S. 87–94.

Eichenberg, Timm (2007): Distance Leadership: Modellentwicklung, empirische Überprüfung und Gestaltungsempfehlungen, Wiesbaden 2007.

Eichenberg, Timm (2007): Distance Leadership: Modellentwicklung – Empirische Überprüfung – Gestaltungsempfehlungen; in: Zeitschrift für Personalforschung, 21. Jg., 2007, H. 4, S. 454–456.

Eichenberg, T. (2024): Führung von Projektteams auf Distanz: Mediennutzung und Führungsbeziehung als zentrale Gestaltungsfelder für Projektleiter; in: Fazal-Baqaie, M. et al. (Hrsg.), GI Edition Proceedings Band 353: Projektmanagement und Vorgehensmodelle 2024, Gesellschaft für Informatik, S. 61–76.

Lippold, Dirk (2023): Modernes Personalmanagement: Personalmarketing im digitalen Wandel, 4. Aufl., Berlin/Boston, S. 430–431 sowie S. 440–441.

Weiand, Achim (2023): Digitalisierung, Gesellschaft und Unternehmen; in: Schallmo, Daniel R. A. et al. (Hrsg.): Digitalisierung – Fallstudien, Tools und Erkenntnisse für das digitale Zeitalter, Wiesbaden, S. 25–48.

Rice, Ronald E. (1992): Task Analyzabilty, Use of New Media, and Efectiveness: A Multi-Site Exploration of Media Richness; in: Organization Science, Vol. 3, 1992, No. 4, S. 475–500.

Steinle, Claus/Ahlers, Friedel/Eichenberg, Timm (2005): Phasen einer Führung auf Distanz; in: Personalwirtschaft – Magazin für Human Resources, 32. Jg., 2005, H. 7, S. 15–17.

## Aufgabe 2: Desk-Sharing als Enabler von New Work

| Wissen, Verstehen, Anwenden | 15 Minuten |
| --- | --- |

## 1 Fragestellung

Beschreiben Sie das Konzept des Desk-Sharing und erörtern Sie dabei, inwiefern dies eine Möglichkeit darstellt, New Work im Unternehmen zu ermöglichen.

## 2 Lösung

Das Konzept des Desk-Sharing beschreibt eine Form der Büroorganisation, bei der Mitarbeiter keinen festen, eigenen Arbeitsplatz zugewiesen bekommen. Stattdessen können sie jeden Arbeitstag einen neuen physischen Arbeitsplatz nutzen, da grundsätzlich alle Tische allen Mitarbeitern zur Verfügung stehen. Die Auswahl eines bestimmten Arbeitsplatzes erfolgt in der Regel über ein digitales Buchungstool, aus dem die Verfügbarkeiten, Lagen und ggf. Ausstattungsmerkmale des jeweiligen Arbeitsplatzes hervorgehen. Die Buchung kann dabei entweder spontan vor Ort (z. B. bei Arbeitsbeginn) oder auch vorab von zu Hause erfolgen. Hieraus leitet sich auch der synonym verwendete Begriff des „Hot Desking" ab. Aus Unternehmenssicht ergibt sich dadurch in Kombination mit mobilem Arbeiten bzw. Homeoffice vor allem eine Kostenersparnis, da weniger Arbeitsplätze zur Verfügung gestellt werden müssen als Mitarbeiter beschäftigt sind. Eine Voraussetzung zur Umsetzung eines solchen Arbeitskonzeptes liegt darin, dass eine „Clean-Desk-Policy" etabliert wird, d. h. dass Mitarbeiter zum Arbeitsende den Arbeitsplatz leergeräumt verlassen. Die individuell benötigte Ausstattung kann in Rollcontainern oder Spinden untergebracht werden. Dies stellt gleichzeitig aus Mitarbeitersicht einen Nachteil dar, da das Gewohnte einer vertrauten Umgebung verloren geht und es somit negative Effekte auf das Wohlbefinden oder zur Zugehörigkeit zum Unternehmen geben kann („kein eigener Arbeitsplatz mehr vorhanden").

Aus Perspektive von New Work ermöglicht eine flexibel buchbare Arbeitsumgebung den Mitarbeitern, dass sie sich ihre „Bürokollegen" ebenso flexibel aussuchen können. Teams, die sich bewusst im Büro verabreden, um an einer Aufgabe oder einem Projekt in physischer Präsenz zusammenarbeiten, können sich durch Desk-Sharing-Umgebungen gezielt innerhalb des Bürogebäudes „verabreden". Somit werden interdisziplinäre, bereichs-bzw. abteilungsübergreifende Zusammenarbeit oder die Arbeit in agilen Projekten (Scrum-Teams) durch die Raumgestaltung im Unternehmen vereinfacht. Auch zufällige Interaktionen mit Kollegen aus anderen Arbeitsbereichen werden so verstärkt, was zu Verbesserungen der Kultur aber auch zu emergenten Innovationen führen kann.

## 3 Hinweise zur Lösung

Desk-Sharing-Konzepte haben schon in den 1990er-Jahren Einzug in die Literatur und die Unternehmenspraxis gefunden, sind also nicht neu. Die Popularität von Desk-Sharing hat jedoch in den letzten Jahren zugenommen: Insbesondere im Zuge der Einführung von Möglichkeiten des mobilen Arbeitens bzw. Homeoffice und dessen Beibehaltung im Nachgang der COVID19-Pandemie verzeichnen Unternehmen zunehmend einen hohen Anteil an ungenutzten Büroflächen. Das Konzept des Desk-Sharing greift auf, dass sich die Arbeitsgewohnheiten und -wünsche in der Gesellschaft verändert haben. Das Büro ist nicht mehr der einzige, dezidierte Ort des Arbeitens. Das Unternehmen ist auch zu einem Ort geworden, den Mitarbeiter zunehmend freiwillig bzw. dann aufsuchen, wenn es einen aus ihrer Sicht triftigen Grund gibt. Desk-Sharing ist somit ein förderndes Element zunehmend arbeitsortunabhängigen Arbeitens, was in der Literatur unter Remote Work oder Distributed Work diskutiert wird.

## 4 Literaturempfehlungen

Breuer, Sandra/Kienbaum, Laura (2023): Arbeiten ist kein Ort zum Hingehen mehr Wie durch die Ablösung vom Büro als Arbeitsort Chancen für die Entwicklung unserer Gesellschaft und Städte entstehen; in: Knappertsbusch, Inka/Wisskirchen, Gerlind (Hrsg.), Die Zukunft der Arbeit: New Work mit Flexibilität und Rechtssicherheit gestalten, Wiesbaden, S. 57–64.

Klaffke, Martin (2014): Büro der Zukunft – Generationenorientierte Gestaltung von Arbeitswelten; in: Klaffke, Martin (Hrsg.), Generationen-Management – Konzepte, Instrumente, Good Practice-Ansätze, Wiesbaden, S. 205–226.

Piechatzek, Julia M. (2023): Die Transformation der Arbeitswelt: Hybrides Arbeiten als entscheidender Wettbewerbsvorteil für Arbeitgeber, S. 15–20.

**Aufgabe 3: Singe-Choice-Fragen zur Flexibilisierung von Arbeitsorten**

| | |
|---|---|
| Wissen, Verstehen | **5 Minuten** |

## 1 Fragestellung

Bitte tragen Sie bei den folgenden Aussagen in Bezug auf Flexibilisierung von Arbeitsorten ein, ob diese richtig („R") oder falsch („F") sind.

a) ☐ Videokonferenzen stellen einen gleichwertigen Ersatz für ein persönliches Treffen dar, da sich alle Themen sehr gut über moderne Videokonferenzlösungen besprechen lassen.

b) ☐ Der Austausch unterschiedlicher, kritischer Standpunkte zu einem Sachverhalt kann in der heutigen Zeit auch per Chat- bzw. Messengerapp erfolgen, da diese Apps allgegenwärtig sind und auch im Privatleben intensiv genutzt werden.

c) ☐ Teams sollten vereinbaren, mit welchen Kommunikationsmedien sie zu welchem Anlass idealerweise in Kontakt treten möchten.

d) ☐ Interpersonelle Konflikte lassen sich in der Kommunikation am ehesten vermeiden, wenn die Beteiligten face-to-face miteinander kommunizieren.

e) ☐ Beim Desk-Sharing teilen sich zwei Mitarbeiter zwei Seiten eines gemeinsamen Schreibtischs – die Monitore stehen zwischen ihnen und sie können bei Bedarf an den Monitoren vorbei einander in die Augen schauen und kommunizieren.

f) ☐ Eine Clean-Desk-Policy ist eine notwendige Voraussetzung für Desk-Sharing.

g) ☐ Desk-Sharing ist ein Konzept, dass sich für alle Mitarbeiter, die einen Büroarbeitsplatz haben, gleichermaßen gut geeignet.

## 2 Lösung

a) ☐ F ☐ Videokonferenzen stellen einen gleichwertigen Ersatz für ein persönliches Treffen dar, da sich alle Themen sehr gut über moderne Videokonferenzlösungen besprechen lassen.

b) ☐ F ☐ Der Austausch unterschiedlicher, kritischer Standpunkte zu einem Sachverhalt kann in der heutigen Zeit auch per Chat- bzw. Messengerapp erfolgen, da diese Apps allgegenwärtig sind und auch im Privatleben intensiv genutzt werden.

c) ☐ R ☐ Teams sollten vereinbaren, mit welchen Kommunikationsmedien sie zu welchem Anlass idealerweise in Kontakt treten möchten.

d) ☐ R Interpersonelle Konflikte lassen sich in der Kommunikation am ehesten vermeiden, wenn die Beteiligten face-to-face miteinander kommunizieren.

e) ☐ F Beim Desk Sharing teilen sich zwei Mitarbeiter zwei Seiten eines gemeinsamen Schreibtischs – die Monitore stehen zwischen ihnen und sie können bei Bedarf an den Monitoren vorbei einander in die Augen schauen und kommunizieren.

f) ☐ R Eine Clean Desk Policy ist eine notwendige Voraussetzung für Desk Sharing.

g) ☐ F Desk Sharing ist ein Konzept, dass sich für alle Mitarbeiter, die einen Büroarbeitsplatz haben, gleichermaßen gut geeignet.

## 3 Hinweise zur Lösung

Weitere Erläuterungen zum Verständnis, warum die Antworten richtig oder falsch sind, finden sich in den Lösungen und Lösungshinweisen der vorherigen Aufgaben 1 und 2 dieses Abschnitts.

## 4 Literaturempfehlungen

Breuer, Sandra/Kienbaum, Laura (2023): Arbeiten ist kein Ort zum Hingehen mehr – Wie durch die Ablösung vom Büro als Arbeitsort Chancen für die Entwicklung unserer Gesellschaft und Städte entstehen; in: Knappertsbusch, Inka/Wisskirchen, Gerlind (Hrsg.), Die Zukunft der Arbeit: New Work mit Flexibilität und Rechtssicherheit gestalten, Wiesbaden, S. 57–64.

Eichenberg, Timm (2007): Distance Leadership: Modellentwicklung, empirische Überprüfung und Gestaltungsempfehlungen, Wiesbaden 2007.

Eichenberg, Timm (2007): Distance Leadership: Modellentwicklung – Empirische Überprüfung – Gestaltungsempfehlungen; in: Zeitschrift für Personalforschung, 21. Jg., 2007, H. 4, S. 454–456.

Eichenberg, Timm (2024): Führung von Projektteams auf Distanz: Mediennutzung und Führungsbeziehung als zentrale Gestaltungsfelder für Projektleiter; in: Fazal-Baqaie, M. et al. (Hrsg.), GI Edition Proceedings Band 353: Projektmanagement und Vorgehensmodelle 2024, Gesellschaft für Informatik, S. 61–76.

Klaffke, Martin (2014): Büro der Zukunft – Generationenorientierte Gestaltung von Arbeitswelten; in: Klaffke, Martin (Hrsg.), Generationen-Management – Konzepte, Instrumente, Good Practice-Ansätze, Wiesbaden, S. 205–226.

Piechatzek, Julia M. (2023): Die Transformation der Arbeitswelt: Hybrides Arbeiten als entscheidender Wettbewerbsvorteil für Arbeitgeber, Wiesbaden S. 15–20.

Weiand, Achim (2023): Digitalisierung, Gesellschaft und Unternehmen; in: Schallmo, Daniel R. A. et al. (Hrsg.): Digitalisierung – Fallstudien, Tools und Erkenntnisse für das digitale Zeitalter, Wiesbaden, S. 25–48.

## 4.4 Flexibilisierung der Arbeitszeitgestaltung

**Aufgabe 1: Vor- und Nachteile flexibler Arbeitszeitstrukturen**

| Wissen, Verstehen | 15–20 Minuten |
|---|---|

### 1 Fragestellung

Beschreiben Sie stichpunktartig die Vor- und Nachteile flexibler Arbeitszeitstrukturen aus Unternehmens-, Arbeitnehmer- und Gesellschaftsperspektive mittels einer Tabelle.

### 2 Lösung

Mögliche Stichpunkte sind Tabelle 7 zu entnehmen:

**Tab. 7:** Vor- und Nachteile flexibler Arbeitszeitstrukturen.

| | Vorteile | Nachteile |
|---|---|---|
| **Unternehmens-perspektive** | – Zunehmendes Verantwortungsbewusstsein<br>– Rückgang der Absenzrate<br>– Weniger Verspätungen<br>– Weniger Überstundenzuschläge<br>– Arbeitsqualität tendenziell besser<br>– Höhere Arbeitszufriedenheit<br>– Besseres Arbeitsklima<br>– Bessere Anpassung an Kapazitätsauslastung<br>– Anpassung an neue Produktionskonzepte<br>– Bessere Kapitalnutzung<br>– Ausdehnung der Betriebszeiten<br>– Sicherung der Servicefunktion<br>– Geringerer Bedarf an Leiharbeitskräften<br>– Attraktivität auf dem Arbeitsmarkt<br>– Geringere Fluktuation | – Schaffung von Konfliktpotenzialen um die Arbeitszeit<br>– Missbrauchsrisiko<br>– Implementationskosten<br>– Zusätzlicher Verwaltungsaufwand (Personalwesen und Linie)<br>– Kosten für die Zeiterfassung<br>– Eventuell höhere Personalzusatzkosten<br>– Qualifizierungsaufwand für Führungskräfte<br>– Eventuell Wegfall vorher stillschweigend geleisteter Überzeit |

**Tab. 7** (fortgesetzt)

|  | Vorteile | Nachteile |
|---|---|---|
| **Arbeitnehmer-perspektive** | – Einräumen begrenzter Zeitsouveränität<br>– Möglichkeit zur besseren Abstimmung von Beruf und Privatleben<br>– Abstimmung mit Verkehrsmitteln<br>– Eventuell mehr persönliche Kontakte am Arbeitsplatz<br>– Eventuelle bessere Anpassung an den persönlichen Biorhythmus (Tag, Woche, Jahr, Lebenszeit)<br>– Keine unbezahlten Überzeiten mehr (da meist vollständige Zeiterfassung)<br>– Anpassung an den Arbeitsanfall (kein schlechtes Gewissen bei Unterlast)<br>– Kein Pünktlichkeitsgebot mehr | – Selbstorganisationszwang<br>– Eventuell weniger soziale Kontakte im Betrieb<br>– Pünktlichkeitsrisiko für den Arbeitnehmer<br>– Weniger Überstundenzuschläge<br>– Arbeitsverdichtung und Stresszunahme<br>– „Spill over" durch Verwischen der Grenze von Arbeits- und Freizeit<br>– Konflikte bei Arbeitszeitmodellen, in die mehrere Personen involviert sind<br>– Entwertung der Freizeit durch Arbeitsbereitschaft<br>– Eventuell Ausweitung der Betriebszeiten<br>– Zusätzliche Kontrollen |
| **Gesellschafts-perspektive** | – Humanisierung der Arbeit<br>– Eventuell Abbau von Arbeitslosigkeit<br>– Gesellschaftspolitische Bedeutung, z. B. flexibler Einstieg in das und schrittweiser Ausstieg aus dem Berufsleben | – Soziale Ungleichheit, da nicht für alle Berufsgruppen gleichermaßen möglich<br>– Anpassungserfordernis des Arbeitsrechts<br>– Verlust traditioneller Arbeitskultur |

Quelle: In Anlehnung an Berthel, Jürgen/Becker, Fred G. (2022), S. 834.

## 3 Hinweise zur Lösung

In der Vergangenheit konnten Arbeitnehmer (bzw. die betriebliche Mitbestimmung) kaum über ihre Arbeitszeit mitentscheiden. Die Gestaltung der Arbeitszeit war bis in die 1970er-Jahre hinein tayloristisch geprägt und ging von einer „Normalarbeitszeit" für (männliche) Arbeitnehmer aus. Die zunehmende Erwerbstätigkeit von Frauen, die Einführung von Arbeitszeitkonten oder Modellen von Vertrauensarbeitszeit führten zu mehr Flexibilität.

Die dargestellten Vor- und Nachteile gelten selbstverständlich nicht für jedes Unternehmen oder für jedes Individuum. Die Einsatzmöglichkeiten und Auswirkungen flexibler Arbeitszeitstrukturen ist abhängig von der jeweiligen Branche, den spezifischen Anforderungen innerhalb eines Unternehmens(-bereichs) bzw. einer Position sowie der Art und Weise der Umsetzung im Unternehmen. Der gesellschaftliche Wertewandel zeigt, dass Arbeitnehmer sich zunehmend mehr Arbeitszeitflexibilität von ihren Arbeitgebern erwarten und dass dies bei der Arbeitgeberwahl zu einem relevanten Entscheidungskriterium für Bewerber geworden ist. Ein ausgewogenes und gut durchdachtes Konzept für flexible Arbeitszeiten ist für die Zukunftsfähigkeit von Unternehmen ein wesentlicher Erfolgsfaktor.

## 4 Literaturempfehlungen

Allmendinger, Jutta/Schroeder, Wolfgang (2023): Souveränitätsgewinne oder Freiheitsverluste – wohin treibt der Arbeitsmarkt?; in: Legrand, Jupp/Linden, Benedikt/Arlt, Hans-Jürgen (Hrsg.), Transformation und Emanzipation: Perspektiven für Arbeit und Demokratie, Wiesbaden, S. 113–124.

Altun, Ufuk/Hartmann, Veit (2023): Handlungsfelder der aktuellen und zukünftigen Arbeitszeitgestaltung; in: Knappertsbusch, Inka/Wisskirchen, Gerlind (Hrsg.), Die Zukunft der Arbeit: New Work mit Flexibilität und Rechtssicherheit gestalten, Wiesbaden, S. 99–106.

Berthel, Jürgen/Becker, Fred G. (2022): Personal-Management: Grundzüge für Konzeptionen betrieblicher Personalarbeit, 12. Aufl., Stuttgart, S. 831–849.

Scholz, Christian/Scholz, Tobias M. (2019): Grundzüge des Personalmanagements, 3. Aufl., München, S. 212–216.

## Aufgabe 2: Flexibilisierung der Arbeitszeit durch Sabbaticals

| Wissen, Verstehen | 20 Minuten |
|---|---|

## 1 Fragestellung

a) Beschreiben Sie Ziele und Rahmenbedingungen des Instruments „Sabbatical".

b) Erläutern Sie mögliche Auswirkungen auf Arbeitnehmer, die ein Sabbatical genommen haben.

c) Erläutern Sie mögliche Herausforderungen von Sabbaticals aus Unternehmenssicht.

## 2 Lösung

a) Unter einem Sabbatical wird eine mehrmonatige, teilweise bis zu einem Jahr dauernde Unterbrechung der Berufstätigkeit verstanden. Diese Form der Auszeit geht somit über den üblichen Erholungsurlaub, der meist maximal drei bis vier Wochen, in seltenen Fällen auch bis zu sechs Wochen betragen kann, hinaus. Im Regelfall geht es um Unterbrechungszeiten von drei Monaten bis zu einem Jahr. Mögliche Ziele eines Sabbaticals – bzw. oftmals Anlässe – sind:
   – Wunsch nach einer längeren Reise (z. B. Weltreise)

–   Konzentration auf familiäre Aufgaben (z. B. Kindererziehung, Pflege von älteren Angehörigen)

–   Umfangreichere Fortbildung (z. B. Studium oder Promotion)

–   Verwirklichung eines privaten Projektes (z. B. Bau eines Hauses, Schreiben eines Buches)

–   Konzentration auf ehrenamtliche Tätigkeiten (z. B. Engagement in einem Sozialprojekt)

–   Förderung der eigenen Gesundheit

–   Zeit zur beruflichen oder privaten Neuorientierung

–   Begrenzte Freistellung (z. B. bei wirtschaftlich schlechter Lage des Arbeitgebers).

Viele Arbeitnehmer verfolgen mit einem Sabbatical oftmals mehrere dieser Zielsetzungen. Grundsätzlich gibt es drei verschiedene Möglichkeiten, ein Sabbatical in Anspruch zu nehmen: unbezahlte Freistellung, Freistellung über Arbeitszeitkonten oder Freistellung über Teilzeitmodelle. Bei den beiden letztgenannten Formen „spart" der Arbeitnehmer Arbeitszeit in Form von Überstunden an und/oder verzichtet zunächst auf einen Teil seiner Entlohnung bei voller Arbeitszeit. Auch der Verzicht auf einen Teil des Jahresurlaubs ist möglich. Das Sabbatical „finanziert" sich dann über diese angesparten Guthaben. Es unterliegt einer schriftlichen Vereinbarung zwischen Arbeitgeber und Arbeitnehmer, in der die Modalitäten vertraglich vereinbart werden.

b)   Studienergebnisse zeigen bei Beschäftigten, die ein Sabbatical in Anspruch genommen haben, positive Effekte hinsichtlich der Reduzierung von Burn-out bzw. Stress, der Steigerung der beruflichen Identität und eine Reduktion der Wechselbereitschaft im Anschluss an ein Sabbatical. In Bezug auf die Effekte auf die Wechselbereitschaft und Mitarbeiterbindung kommen Studien jedoch nicht zu konsistenten Ergebnissen. Die konkreten Auswirkungen auf Mitarbeiter sind jedoch individuell zu betrachten und schwer vorhersagbar, da sie stark abhängig von der eigenen Motivlage und persönlichen Dispositionen sowie den konkreten Aktivitäten während des Sabbaticals und der subjektiven Erfolgs- und Zufriedenheitswahrnehmung sein dürften.

c)   Herausforderungen auf Unternehmensseite liegen auf Seiten der Personalabteilung vor allem im Aufwand der Vorbereitung eines Sabbaticals (z. B. frühzeitige Abstimmungen mit dem Arbeitnehmer, Prüfung von Arbeitszeitguthaben, Anstellen entsprechender Berechnungen, Erstellen der vertraglichen Vereinbarung, Umstellen von Systemen). Ebenfalls sollten Unternehmen berücksichtigen, dass es innerbetrieblich zu Spannungen kommen kann, wenn Sabbaticals nur für bestimmte Beschäftigtengruppen angeboten werden, was aufgrund betrieblicher Belange notwendig sein kann. Auf Seiten der Führungskraft ergeben sich Herausforderungen vor allem hinsichtlich der Umverteilung von Aufgaben auf die restlichen Mitglieder des Teams. Die Führungskraft ist gefordert, die sich aus der Abwesenheit eines

Teammitglieds ergebenen Belastungen für die restlichen Kollegen möglichst gering zu halten. Insgesamt sind längerfristige Anträge und damit längere Planungszeiten sowohl für die Personalabteilung als auch die betroffene Führungskraft von Vorteil.

## 3 Hinweise zur Lösung

Sabbaticals stellen eine weitere Zusatzleistung von Arbeitgebern im Rahmen der Personalvergütung dar. Aufgrund ihrer zunehmenden Beliebtheit ist das Angebot von Sabbaticals somit auch ein Instrument zur Steigerung der Arbeitgeberattraktivität. Umfragen zeigen, dass bis zu einem Fünftel der Arbeitnehmer ein Sabbatical als attraktives Arbeitsmodell einschätzen, und dass flexible Arbeitszeitgestaltung insbesondere für die Arbeitnehmer der Generation Z eine hohe Bedeutung hat (vgl. Statista (2023), S. 12–14). Aufgrund der oben dargestellten Herausforderungen für Unternehmen sollten diese feste Regularien zur Inanspruchnahme von Sabbaticals einführen, um die Planbarkeit für alle Beteiligten zu erhöhen. Im Zuge einer längerfristigen Personalentwicklung sollten Führungskräfte und Mitarbeiter auch offen und frühzeitig über entsprechende Absichten des Mitarbeiters, ein Sabbatical zu nehmen, im Austausch sein. Die nachfolgende Abbildung 16 visualisiert die unterschiedlichen Arten von Sabbaticals.

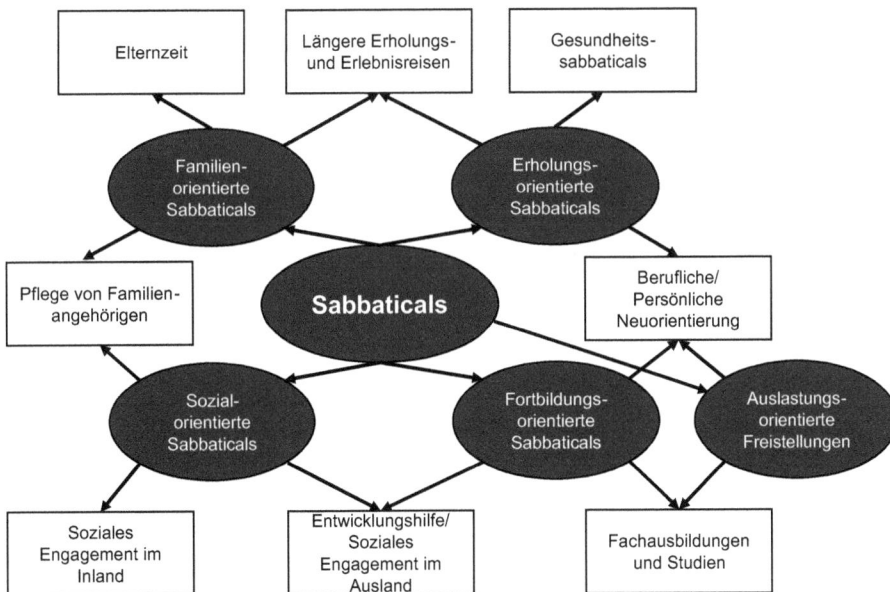

**Abb. 16:** Übersicht über die Arten verschiedener Sabbaticals und ihrer Zielsetzungen.
Quelle: In Anlehnung an Hillebrecht, Steffen (2018), S. 7.

## 4 Literaturempfehlungen

Baresel, Kira (2023): Wenn Lebensläufe sich wandeln (würden) Erfahrungen mit Sabbaticals aus Unternehmensperspektive; in Hahmann, Julia et al. (Hrsg.), Gerontologie gestern, heute und morgen. Multigenerationale Perspektiven auf das Alter(n), S. 159–187.

Berthel, Jürgen/Becker, Fred G. (2022): Personal-Management: Grundzüge für Konzeptionen betrieblicher Personalarbeit, 12. Aufl., Stuttgart, S. 831–849.

Hillebrecht, Steffen (2018): Sabbaticals für die Personalentwicklung: Arbeitshilfen für Arbeitnehmer und Personalabteilung, Wiesbaden, S. 5–19.

Lippold, Dirk (2023): Modernes Personalmanagement: Personalmarketing im digitalen Wandel, 4. Aufl., Berlin/Boston, S. 242–246.

Statista (2023): Neue Arbeitswelt – Statista Trend-Report zu Veränderungen in der Arbeitswelt, Juni 2023, https://de.statista.com/statistik/studie/id/62636/dokument/neue-arbeitswelt/ (29.03.2024).

### Aufgabe 3: Selbstbestimmte Zeitplanung im Rahmen einer Workation

| Wissen, Verstehen | 15 Minuten |
|---|---|

### 1 Fragestellung

a) Beschreiben Sie, was unter dem Instrument „Workation" aus Sicht der Arbeitszeitflexibilität zu verstehen ist.

b) Erstellen Sie eine Tabelle mit Stichpunkten zu möglichen Chancen und Risiken von Workations aus Unternehmens- und Mitarbeitersicht.

### 2 Lösung

a) Workations werden als spezifische Ausprägung mobilen Arbeitens eingeordnet, denn grundsätzlich bietet eine Workation die Möglichkeit, ortsunabhängig zu arbeiten. In der Regel wird unter dem Begriff verstanden, dass Arbeitnehmer vorrübergehend, d. h. zeitlich begrenzt, ihrer Tätigkeit an einem Ort nachgehen, der sich außerhalb des betrieblichen Arbeitsplatzes und außerhalb des Homeoffices befindet. Der Begriff setzt sich zusammen aus „work" und „vacation" (engl. Urlaub). Typischerweise beschreibt eine Workation somit eine Situation, bei der sich ein Arbeitnehmer an einem von ihm gewählten Urlaubsort aufhält, dort allerdings dennoch seiner regulären Arbeit nachgeht. Die arbeitszeitliche Flexibilität liegt darin, unmittelbar vor und nach der Arbeit sowie in Pausenzeiten oder an Wochenenden direkt „im Urlaub" sein zu können. Somit steigert eine Workation die Urlaubzeit über den regulär zu beanspruchenden Jahresurlaub hinaus.

b) Eine tabellarische Lösung kann Tabelle 8 entnommen werden:

**Tab. 8:** Vor- und Nachteile von Workation-Modellen aus Unternehmens- und Mitarbeitersicht.

|  |  | Unternehmenssicht | Mitarbeitersicht |
|---|---|---|---|
| **Chancen** | – | Erhöhung der Arbeitgeberattraktivität | – Erhöhung der Zufriedenheit mit dem Arbeitgeber |
|  | – | Positive Auswirkungen auf das Arbeitsklima | – Wertschätzung und Vertrauenssignale seitens des Arbeitgebers |
|  | – | Einsparungen bei Infrastrukturkosten | – Möglichkeit zur Erfüllung privater Wünsche |
|  | – | Anpassung an gesellschaftliche Anforderungen hinsichtlich zeitgemäßer Arbeitsbedingungen, insbesondere von der Generation Z |  |
|  | – | Aufgreifen von Work-Life-Balance-Wünschen der Arbeitnehmer |  |
| **Risiken** | – | Kontrollverlust bzgl. der Arbeitsleistung und der Überwachung von Arbeits-/Pausenzeiten | – Fehlende klare Grenze zwischen Arbeits- und Privatleben |
|  | – | Anpassung von Systemen und Tools | – Visum und Arbeitserlaubnis bei Verlegung des Arbeitsortes außerhalb der EU |
|  | – | Rechtliche Unsicherheiten bei internationaler Arbeit | – Umgang mit Zeitverschiebung bei der Zusammenarbeit über verschiedenen Zeitzonen |
|  | – | Melde- und Registrierpflichten im Ausland | – Konflikte mit Kollegen (z. B. durch Neid oder bei Vermutung unzureichender Arbeitsleistung) |
|  | – | Risiken bezüglich Datenschutz und IT-Sicherheit | – Notwendigkeit hoher Selbstorganisation |
|  | – | Sozialversicherungsfragen | – Isolation von Kollegen |
|  | – | Mitbestimmung des Betriebsrats bei der Einführung und Ausgestaltung von Workation-Modellen |  |

Quelle: Eigene Darstellung in Anlehnung an Domke, Friedrun (2023), S. 82–86.

## 3 Hinweise zur Lösung

Unternehmen können analog zu Sabbaticals auch Workations als Instrument einer modernen Gestaltung der Arbeitsbedingungen nutzen. Workations lassen sich dabei sowohl aus Sicht der Arbeitsort- als auch Arbeitszeitgestaltung beleuchten. In der Literatur werden sie zumeist eher mit der Flexibilität hinsichtlich des Arbeitsortes in Verbindung gebracht. Im vorliegenden Werk wollen die Verfasser jedoch auch die Flexibilität bei der Arbeitszeitgestaltung hervorheben, da aus Sicht vieler Mitarbeiter bei einer Workation auch – ggf. sogar primär – die Ausweitung der jährlichen Urlaubs*zeit* im Vordergrund stehen dürfte. Insbesondere bei der Wahl von weiter entfernten Urlaubszielen können Arbeitnehmer ihre Urlaubszeit erhöhen, da sie sich für einen längeren Zeitraum am Urlaubsort aufhalten können und ein sehr hoher Anteil der wöchentlich außerhalb der Arbeitszeit verbleibenden Zeit unmittelbar zu Urlaubszwecken genutzt werden kann (Abende, Wochenenden). Umfragen zeigen (vgl. Statista (2023),

S. 12–14), dass Workations für Arbeitnehmer – insbesondere jene der Generation Z – als wichtiges Angebot eines als attraktiv empfundenen Arbeitgebers gelten.

## 4  Literaturempfehlungen

Domke, Friedrun (2023): Arbeiten, wo andere Urlaub machen „Workation" ein Modell mit Zukunft?; in: Knappertsbusch, Inka/Wisskirchen, Gerlind (Hrsg.), Die Zukunft der Arbeit: New Work mit Flexibilität und Rechtssicherheit gestalten, Wiesbaden, S. 81–88.

Knappertsbusch, Inka/Stute, Hannah (2023): Work from anywhere – Die freie Wahl des Arbeitsortes; in: Knappertsbusch, Inka/Wisskirchen, Gerlind (Hrsg.), Die Zukunft der Arbeit: New Work mit Flexibilität und Rechtssicherheit gestalten, Wiesbaden, S. 89–96.

Statista (2023): Neue Arbeitswelt – Statista Trend-Report zu Veränderungen in der Arbeitswelt, Juni 2023, https://de.statista.com/statistik/studie/id/62636/dokument/neue-arbeitswelt/ (29.03.2024).

# Kapitel 5: Führung und Zusammenarbeit in der neuen Arbeitswelt

## 5.1 Plurale Führungsansätze

**Aufgabe 1: Co-Leadership, das Führungsdual, shared (collective) und distributed Leadership als innovative Führungskonzeptionen**

| | |
|---|---|
| Wissen, Verstehen | 20 Minuten |

### 1 Fragestellung

Im Kontext von Digitalisierung und agilen Arbeitsmethoden werden in der Managementliteratur neue sogenannte plurale Führungskonzeptionen gefordert. Erläutern Sie die Grundüberlegungen zu Co-Leadership, das Führungsdual, shared (collective) und distributed Leadership und charakterisieren Sie kurz die Vorteile der jeweiligen Ausprägungen pluraler Führung.

### 2 Lösung

Im Gegensatz zur traditionellen, individuenzentrierten Perspektive auf Führung, die von einer einzelnen Person ausgeht, beziehen sich plurale Führungskonstellationen auf Situationen, in denen zwei oder mehr Personen gleichzeitig Führungsaufgaben wahrnehmen. Diese Konzepte haben unter den Bezeichnungen Co-Leadership, das Führungsdual, shared (collective) und distributed Leadership Eingang in die Literatur gefunden und werden laut Jürgen Weibler (2023, S. 695) nicht immer klar voneinander abgegrenzt. Plurale Führungskonstellationen stellen nach Weibler ein heterogenes Gebilde dar und werden als ein analytischer Schirmbegriff beschrieben. Als kleinster gemeinsamer Nenner könnte die gemeinschaftliche Führung in verschiedensten Formen genannt werden. Im Folgenden werden in Anlehnung an Weibler (vgl. Weibler, Jürgen (2023), S. 695–696) die prototypischen Formen pluraler Führungskonstellationen aufgezeigt.

#### Duale Führung (Co-Leadership)
Duale Führung ist eine Führungskonstellation, bei der zwei Personen gleichberechtigt eine Führungsposition auf derselben Hierarchieebene besetzen. Bei dieser Konstellation liegt eine volle Rollenüberlappung vor. Entscheidungen werden gemeinschaftlich

https://doi.org/10.1515/9783111388861-005

getroffen und beide Personen verfügen über gleiche Machtbefugnisse. Die inhaltliche Aufteilung der Aufgaben kann individuell gestaltet werden.

Ein aktuelles und prominentes Beispiel für eine solche Doppelspitze auf Vorstandsebene ist der börsennotierte Filzstifte-Hersteller Edding, wo sich Fränzi Kühne und Boontham Temaismithi die Position des Chief Digital Officers teilen. Ähnliche Beispiele finden sich auch bei der Deutschen Bank. Bis 2015 verfügte die Deutsche Bank mit Anshu Jain und Jürgen Fitschen über eine Doppelspitze auf Vorstandsebene. Als weiteres prominentes Beispiel ist die Doppelspitze des SAP-Konzerns zu nennen. Der Konzern wurde kurzzeitig bis 2020 von Jennifer Morgan und Christian Klein auf der Vorstandsebene in Co-Leadership-Form geführt. Bei der Fusion von Thyssen und Krupp Ende der 1990er-Jahre bildeten Ekkehard Schulz und Gerhard Cromme eine gewissermaßen erzwungene Doppelspitze. Die genannten Beispiele haben keine Aussagekraft über den Erfolg pluraler Führungskonstellationen, sondern dienen lediglich als didaktische Hilfsmittel.

Co-Leadership-Modelle können erhebliche Vorteile für die Führenden als auch für die Organisation bieten. Der Erfolg kann allerdings nur dann eintreten, wenn Bestimmte Voraussetzungen und Rahmenbedingungen eingehalten werden. Dazu zählen ein hohes Maß an gegenseitigem Vertrauen der Führenden, ausgeprägte Kommunikationsfähigkeiten und soziale Kompetenz sowie die Bereitschaft einen hohen Zeitaufwand für Abstimmungsprozesse einzukalkulieren. Weiterhin spielen die Persönlichkeiten der Führenden eine entscheidende Rolle; Eitelkeiten und egomanische Persönlichkeiten dürfen nicht vorhanden sein. In der Praxis scheitern solche Konstellationen häufig an konfligierenden Interessen und Machtansprüchen der Führenden. Ein Vorteil von Co-Leadership ist u. a., dass im Verhinderungsfall einer Führungsperson die Geschäftstätigkeit durch die andere Person aufrechterhalten werden kann. Co-Leadership wirkt wie ein Brennglas auf die Führungsbeziehungen und damit auf die Mitarbeiter und die gesamte Organisation. Wenn es gut läuft, dann ist ein Doppel mehr als die Summe seiner Teile, läuft es hingegen schlecht, so kann diese Konstellation noch schlechter sein als eine einzelne schlechte Führungsperson.

### Führungsdual (funktionale Doppelspitze)

Bei der funktionalen Doppelspitze besetzen zwei Personen auf gleicher Hierarchieebene unterschiedliche nach Funktionen aufgeteilte Positionen. Da die Führungsaufgaben funktional aufgeteilt und Zuständigkeiten abgegrenzt sind, liegt bei dieser Konstellation der Vorteil darin, dass eine geringe Rollenüberlappung bei hoher Komplementarität zu verzeichnen ist. Die Intensität, in der das Führen und Folgen wechselt, ist im Vergleich zu Co-Leadership gering. Die funktionale Doppelspitze soll die Entscheidungsqualität durch die Ideen- und Gedankenvielfalt der Beteiligten verbessern.

Beispiele für Führungsduale finden sich häufig in Einrichtungen des Gesundheitswesens mit einer medizinischen und kaufmännischen Führung oder bei der Unterteilung in technische und kaufmännische Führung, wie sie beispielsweise häufig in Bauunternehmen oder produzierenden mittelständischen Unternehmen auftreten. Führungsduale sind nicht zu verwechseln mit der gängigen Aufteilung von CEO, CFO, CDO und COO-Positionen in Großunternehmen.

Bei der funktionalen Doppelspitze bringen die Führungspersonen ihre Sachkenntnis und Erfahrungen aus den jeweils unterschiedlichen Bereichen mit und ergänzen sich.

Beispielsweise obliegen der technischen Geschäftsführung die Bereiche Konstruktion, Produktion, technischer Vertrieb und Entwicklung u. a., während die kaufmännische Geschäftsführung u. a. für die Bereiche Finanzen, Personal, Recht verantwortlich ist.

### Verteilte Führung (Distributed Leadership)

Bei der verteilten Führung werden die Führungsrollen und Verantwortlichkeiten auf mehrere Personen verteilt. Die Verteilung der Führungsverantwortung kann nach Funktionen und/oder nach Kompetenzen erfolgen. Führung wird nicht gemeinschaftlich, sondern verteilt ausgeführt. Distributed Leadership macht die vertikale Führung nicht obsolet, sondern kann sie ergänzen, wenn es darum geht, in Aufgabenbereichen, die sich durch eine hohe Komplexität und Innovationsleistung auszeichnen, Expertenteams zu etablieren, um die Stärken der Führungspersonen optimal zu nutzen und die Zusammenarbeit zu stärken.

In diesem Modell werden Teilführerschaften etabliert, die zeitlich befristet sein können und unter den Organisationsmitgliedern rotieren können. An einigen Hochschulen beispielsweise hat es sich etabliert, dass Professoren durch eine Wahl zeitlich befristet die Führungsaufgaben des Dekanats bzw. in der Funktion als Prodekan/Prodekanin übernehmen. Dazu gehört, dass sich alle Professoren bereiterklären, einmal in ihrer Amtszeit Führung im Dekanat bzw. Prodekan auszuüben. Im Gegensatz zum Führungsdual, das in der Regel auf der Top-Managementebene verortet ist, wird Distributed Leadership in Expertenteams praktiziert.

### Gemeinschaftlich geteilte Führung (Shared Leadership)

Beim Shared-Leadership-Ansatz wird Führung nicht verteilt, sondern gemeinschaftlich von mehreren bzw. allen Teammitgliedern ausgeübt. Alle involvierten Mitglieder üben Führung entsprechend ihrem Expertenwissen aus. Die Intensität, wer führt und folgt, ist hoch und wenig formalisiert, die Führungsrollen können themenspezifisch und situationsbedingt wechseln. Diese Konstellation hat den Vorteil, dass auf eine größere Bandbreite von Kompetenzen zurückgegriffen werden kann. Die Forschung zeigt, dass Shared Leadership die Innovationsfähigkeit stärken und zu mehr Kreativität und Flow-Erleben führen sowie die Wettbewerbsfähigkeit von Organisationen durch das Einbringen von unterschiedlichen Ideen und Perspektiven gestärkt werden kann (vgl. Kauffeld, Simone et al. (2017); Lee-Davis, Linda et al. (2007)). Die Nachteile dieser Konstellation liegen in hohem Konfliktpotenzial, dem hohen Kommunikations- und Abstimmungsaufwand sowie in Machtansprüchen der Führenden. Die Umsetzung von Shared Leadership muss sich an den Erfordernissen der Organisation orientieren und bedarf eines unternehmenskulturellen Wandels. Das Modell eignet sich für Bereiche, in denen eine hohe Aufgabenkomplexität vorherrscht. Der Grundgedanke, dass Führung keine One-Man-Show ist, sondern geteilt werden kann, erfordert einen umfassenden Veränderungsprozess in der Organisation wie auch bei allen Beteiligten. Das Modell braucht sorgfältige Planung sowie ein hohes Maß an Commitment, sodass Machtkämpfe und Konflikte nicht überwiegen.

## 3 Hinweise zur Lösung

Das Interesse an Auswirkungen von pluraler Führung steigt stetig und die Forschungsergebnisse zu den Erfolgen zeigen, dass die Leistung und Innovationskraft in pluralen Führungskonstellationen steigen, allerdings nur, wenn bestimmte Voraussetzungen und Rahmenbedingungen eingehalten werden. Der falsche oder unachtsame Einsatz kann existenzgefährdend für eine Organisation sein. Gleichsam sei angemerkt, dass in der Praxis zu Genüge plurale Führungskonstellationen vorliegen, die gescheitert sind und über die nicht berichtet wird im Sinne der Misserfolgsfaktorenforschung.

## 4 Literaturempfehlungen

Endres, Sigrid/Weibler, Jürgen (2019): Plural Leadership: Eine zukunftsweisende Alternative zur One-Man-Show, Wiesbaden, S. 5–22.

Kauffeld, Simone/Sauer, Nils/Handke, Lisa (2017): Shared Leadership; in: Gruppe. Interaktion. Organisation. Zeitschrift für Angewandte Organisationspsychologie, Vol. 48, No. 3, S. 235–238.

Lee-Davies, Linda/Kakabadse, Nada K./Kakabadse, Andrew (2007): Shared leadership: leading through polylogue; in: Business Strategy Series, Vol. 8, No. 4, S. 246–253.

Pearce, Craig L./Conger, Jay A. (2003): All those years ago: The historical underpinnings of shared leadership; in: Pearce, Craig L./Conger, Jay A. (Hrsg.), Shared leadership: Reframing the hows and whys of leadership. Thousand Oaks, S. 1–18.

Weibler, Jürgen (2023): Personalführung: Personen – Beziehungen – Kontexte – Wirkungen, 4. Aufl., München, S. 696–697.

**Aufgabe 2: Single-Choice-Fragen zu pluralen Führungskonstellationen**

---

Wissen, Verstehen                                                                    **5 Minuten**

---

## 1 Fragestellung

Bitte tragen Sie bei den folgenden Aussagen in Bezug auf plurale Führungskonstellationen ein, ob diese richtig („R") oder falsch („F") sind.

a) ☐ Plurale Führungskonstellationen stellen ein einheitliches Gebilde dar und sind dadurch gekennzeichnet, dass mindestens drei Personen eine Führungsaufgabe übernehmen.

b) ☐ Duale Führung und verteilte Führung (Distributed Leadership) werden synonym verwendet.

c) ☐ Das Führungsdual wird auch als funktionale Doppelspitze bezeichnet.

d) ☐ Bei der verteilten Führung handelt es sich um eine Konstellation, bei der gemeinschaftlich die Führung ausgeübt wird.

e) ☐ Bei der geteilten Führung handelt es um eine Konstellation, bei der gemeinschaftlich die Führung ausgeübt wird.

f) ☐ Der kleinste gemeinsame Nenner pluraler Führungskonstellationen ist die kombinierte Ausübung von Führung durch eine Mehrzahl an Personen.

g) ☐ Plurale Führungskonstellationen stellen kein einheitliches Gebilde in der Führungsforschung dar.

## 2 Lösung

a) ☐ F Plurale Führungskonstellationen stellen ein einheitliches Gebilde dar und sind dadurch gekennzeichnet, dass mindestens drei Personen eine Führungsaufgabe übernehmen.

b) ☐ F Duale Führung und verteilte Führung (Distributed Leadership) werden synonym verwendet.

c) ☐ R Das Führungsdual wird auch als funktionale Doppelspitze bezeichnet.

d) ☐ F Bei der verteilten Führung handelt es sich um eine Konstellation, bei der gemeinschaftlich die Führung ausgeübt wird.

e) ☐ R Bei der geteilten Führung handelt es um eine Konstellation, bei der gemeinschaftlich die Führung ausgeübt wird.

f) ☐R Der kleinste gemeinsame Nenner pluraler Führungskonstellationen ist die kombinierte Ausübung von Führung durch eine Mehrzahl an Personen.

g) ☐R Plurale Führungskonstellationen stellen kein einheitliches Gebilde in der Führungsforschung dar.

### 3 Hinweise zur Lösung

a) Plurale Führungskonstellationen stellen kein einheitliches Gebilde dar, sondern ein heterogenes Gebilde dar.

b) Duale Führung und verteilte Führung (Distributed Leadership) werden nicht synonym verwendet, sondern bezeichnen unterschiedliche Führungskonstellationen.

c) Führungsdual und die funktionale Doppelspitze werden synonym verwendet.

d) Bei der verteilten Führung (Distributed Leadership) werden Führungsrollen und Verantwortlichkeiten auf mehrere Führungspersonen verteilet.

e) Diese Form wird auch als Shared Leadership bezeichnet.

f) Der kleinste gemeinsame Nenner pluraler Führungskonstellationen ist die kombinierte Ausübung von Führung durch eine Mehrzahl an Personen.

g) „Plurale Führungskonstellationen" ist ein Schirmbegriff für unterschiedliche Führungsteams.

Weitere Erläuterungen zum Verständnis, warum die Antworten richtig oder falsch sind, finden sich in den Lösungen und Lösungshinweisen der vorherigen Aufgabe 1 dieses Abschnitts.

### 4 Literaturempfehlungen

Endres, Sigrid/Weibler, Jürgen (2019): Plural Leadership: Eine zukunftsweisende Alternative zur One-Man-Show, Wiesbaden, S. 5–22.

Weibler, Jürgen (2023): Personalführung: Personen – Beziehungen – Kontexte – Wirkungen, 4. Aufl., München, S. 696–697.

## Aufgabe 3: Gründe für plurale Führungskonstellationen

| Wissen, Verstehen, Anwenden, Transfer | **15 Minuten** |
| --- | --- |

### 1 Fragestellung

In der aktuellen Führungsforschung bekommen plurale Führungskonstellationen besonders große Aufmerksamkeit. Zwar ist die Idee, dass Führung nicht nur einzelnen Individuen obliegt, sondern auf mehrere Personen in einer Organisation aufgeteilt werden kann, nicht neu, aber im Zuge von New-Work-Konzepten haben sich plurale Führungsformen noch stärker etabliert. Erläutern Sie kurz individuelle, mitarbeiterbezogene, organisationale und gesellschaftliche Argumente für plurale Führungskonstellationen.

### 2 Lösung

Aus der *individuellen Perspektive* wird argumentiert, dass die Führung durch eine einzelne Person in der heutigen Welt, die von zunehmender Komplexität, Geschwindigkeit, Unsicherheit und Volatilität gekennzeichnet ist, zu einem erhöhten Stresslevel, Überforderung (emotional, kognitiv und motivational) und anderen psychischen Erkrankungen bei Führungspersonen führen kann. Die Argumente für plurale Führungskonstellationen bestehen im Großen und Ganzen darin, mehr Wohlbefinden und eine bessere Work-Life Balance herzustellen. Im Mittelpunkt steht die Verbesserung der Arbeits- und Lebensqualität der Führungspersonen durch die Verteilung der Aufgaben auf mehrere Personen und damit die Entlastung des Einzelnen. Auch werden verbesserte Austausch- und Lernmöglichkeiten durch Co-Leader als Argumente angeführt, die zu mehr Sicherheit bei der Entscheidungsfindung führen können, sodass dadurch die Arbeit insgesamt freudvoller erlebt wird. Wie Untersuchungen zeigen, sind Führungskräfte besonders gefährdet, Erschöpfung am Arbeitsplatz zu erfahren. Das Beratungsunternehmen Auctority GmbH (2023) hat ca. 1.000 Entscheider der Privatwirtschaft nach deren persönlichem Erschöpfungsempfinden befragt. Die Studie zeigt, dass ca. 60 % der befragten Führungskräfte sich erschöpft fühlen. Auch die Ergebnisse des Global Leadership Forecast (Development Dimensions International (2021)) in der mehr als 15.000 Führungskräfte befragt wurden, zeigen, dass sich fast 60 % der Führungskräfte am Ende des Arbeitstages erschöpft und ausgebrannt fühlen.

Aus der *mitarbeiterorientierten Perspektive* wird argumentiert, dass plurale Führungsmodelle eher den Arbeitserfahrungen junger Menschen entsprechen und mit zunehmender Karriereentwicklung diese auch fortgeführt werden wollen. Dem Zeitgeist entsprechend ist es die jüngere Generation gewohnt, in demokratischen Führungsstrukturen zu arbeiten. Weiterhin können sich Unternehmen oder Organisationen mit pluralen Führungsmodellen als attraktiver Arbeitgeber für Fachkräfte positionieren. Denn Arbeitsumgebungen, die moderate Führung auf Augenhöhe praktizieren, sind bei gut ausgebildeten Wissensarbeitern stark nachgefragt.

Aus der *organisationalen Perspektive* wird als Vorteil die Verbesserung der Führungseffektivität angeführt, die wiederum zu einer höheren Leistungsfähigkeit der Organisation insgesamt führt. Die zunehmende Komplexität der Umwelt- und Marktbedingungen kann von einer einzelnen Person nicht in ausreichendem Maße bewältigt werden, deshalb bedarf es unterschiedlicher Kompetenzen und Rollen auf Führungsebene, die nicht von einer Person abgedeckt werden können, so die Argumentation (vgl. Endres, Sigrid/Weibler, Jürgen (2020)). Plurale Führungskonstellationen erhöhen die Flexibilität, die Entscheidungsqualität und die Wandlungs- und Anpassungsfähigkeit an komplexe Umweltsituationen, weil das kreative Potenzial von mehreren Entscheidern zur Verfügung steht. Weiterhin werden Lernprozesse in der Organisation gefördert und die Innovationsfähigkeit gestärkt. Meta-Studien zeigen einen positiven Zusammenhang zwischen pluralen Führungsformen und positiven Leistungsergebnissen (vgl. Wang, Danni/Waldmann, David A./Zhang, Zhen (2014).

Aus der *gesellschaftlichen Perspektive* dienen plurale Führungskonstellationen der Aufrechterhaltung und Durchsetzung der Legitimität von Führung. Im Mittelpunkt der Argumentation stehen ethisch-moralische Dimensionen von Führung. Die zunehmende Zahl an Studien der Führungsforschung zu Bad Leadership (vgl. Weibler, Jürgen (2023), S. 738) hat die dunklen Seiten der Macht und des Machtmissbrauchs durch Führung in Form der One-Man-Show aufgezeigt. Die unkontrollierte Macht in den Händen einer einzelnen Person kann dazu führen, dass moralische Prinzipien missachtet werden, korruptes Verhalten gezeigt bzw. verstärkt wird, denn elitäre Machtzirkel haben auch immer das Potenzial zu Machtmissbrauch und können zu unmoralischem Handeln verleiten. Plurale Führungskonstellationen erschweren bzw. behindern Machtmissbrauch durch die Kontrolle eines oder mehrerer Co-Leader.

## 3 Hinweise zur Lösung

Für die ausführliche Darstellung sei die interessierte Leserschaft auf die Ausführungen in Weibler, Jürgen (2023, S. 694–710) und Endres, Sigrid/Weibler, Jürgen (2020) verwiesen.

## 4 Literaturempfehlungen

Auctority GmbH (2023): Erschöpfung bei Führungskräften, https://www.auctority.net/wp-content/uploads/2024/02/AUCTORITY-Studie-Erscho%CC%88pfung-bei-Fu%CC%88hrungskra%CC%88ften_2024.pdf (30.06.2024).

Development Dimensions International (2021): Global Leadership Forecast, https://www.ddiworld.com/glo bal-leadership-forecast-2021 (30.06.2024).

Endres, Sigrid/Weibler, Jürgen (2020): Understanding (non)leadership phenomena in collaborative interorganizational networks and advancing leadership theory: An interpretive grounded theory study; in: Business Research, Vol. 13, No. 1, S. 275–309.

Wang, Danni/Waldmann, David A./Zhang, Zhen (2014): A meta-analysis of shared leadership and team effectiveness; in: Journal of Applied Psychology; Vol. 99, No. 2, S. 181-198

Weibler, Jürgen (2023): Personalführung: Personen – Beziehungen – Kontexte – Wirkungen, 4. Aufl., München, S. 696–697 sowie S. 738–756.

## Aufgabe 4: Plurale Führungskonstellationen und die Auswirkungen auf die Beschäftigten

| Wissen, Verstehen | 5 Minuten |
|---|---|

### 1 Fragestellung

Welche Auswirkungen können Führungskonstellationen haben, bei denen Beschäftigte mehr als eine Führungsperson als Ansprechpartner haben? Erläutern Sie sowohl die Vor- und Nachteile bzw. die Chancen als auch die Risiken, die damit einhergehen.

### 2 Lösung

Führungskonstellationen, bei denen Mitarbeiter mehr als eine Führungsperson als Ansprechpartner haben, können für die Mitarbeiter eine große Herausforderung darstellen und bergen sowohl Chancen als auch Risiken. Inwieweit mehr Chancen als Risiken zum Vorschein kommen, hängt maßgeblich davon ab, wie gut das Führungsteam abgestimmt ist, die unterschiedlichen Führungsqualitäten eingesetzt werden und ob Klarheit hinsichtlich Aufgaben und Kompetenzen besteht.

Die Beschäftigten haben bei pluralen Führungskonstellationen den Vorteil, dass sie auf eine Vielfalt an Führungsqualitäten zugreifen können. Bei Fragen und Problemen können die Mitarbeiter üblicherweise auf mehr fachliche und soziale Kompetenz zurückgreifen, als dies bei nur einer Führungsperson gegeben ist – natürlich nur, wenn auch die fachlichen und sozialen Kompetenzen vorhanden sind. Im Verhinderungsfall bzw. bei Abwesenheit einer Führungsperson kann die andere als Ersatz fungieren. So ist Erreichbarkeit sichergestellt, und die Mitarbeiter haben stets einen Ansprechpartner. Auch können die Mitarbeiter ein umfassenderes Feedback durch das Mehraugenprinzip erhalten.

Wenn Beschäftigte mehrere Führungspersonen haben, besteht die Gefahr, dass Unklarheit und Unsicherheit entstehen, Konflikte potenziert werden, eine Führungs-

person zum Liebling stilisiert wird, dadurch zwischen den Führungskräften Rivalitä-
ten entstehen, oder auch, dass Streitigkeiten zwischen den Führungspersonen auf
dem Rücken der Mitarbeiter ausgetragen werden. Es bedarf einer hohen Führungs-
kompetenz, einer klaren Abgrenzung der Zuständigkeiten und Aufgaben, denn sonst
können widersprüchliche Anweisungen dazu führen, dass Mitarbeiter das Gefühl bekommen, zwischen zwei Stühlen zu sitzen. Loyalitätskonflikte und enormer Stress bei
den Mitarbeitern können auftreten, wenn sich eine Führungskraft kritisch über eine
andere äußert.

Ein möglicher Nachteil kann sein, dass die Mitarbeiter nicht wissen, welche Führungskraft die richtige Ansprechperson ist und sich diejenige heraussuchen, die bekannt dafür ist, eher nach den eigenen Interessen zu entscheiden. Daraus können
u. a. Intransparenz, Willkür und Unsicherheit entstehen und mit negativen Auswirkungen auf das Leistungsverhalten der Mitarbeiter verbunden sein. Gemäß dem sogenannten Mama-Papa-Prinzip (vgl. Ehmann, Brigitte (2024), S. 67), wenn Kinder die Eltern gegeneinander ausspielen, wie es in Familien zu finden ist, besteht auch hier die
Gefahr, dass die Verantwortlichen gegeneinander ausgespielt werden. Andersherum
besteht auch die Gefahr, dass Führungskräfte sich davor scheuen, bestimmte Entscheidungen zu treffen und die Beschäftigten von einer Führungskraft zur anderen
geschickt und am Ende ihre Belange nicht gehört werden.

### 3  Hinweise zur Lösung

Die neuere Leadership-Forschung konzentriert sich darauf, wie und unter welchen
Bedingungen Führung in Teams sich entwickeln und gelingen kann. Damit Shared
Leadership einen Mehrwert auch für diejenigen bietet, die folgen, ist es wichtig, psychologische Sicherheit herzustellen. Als psychologische Sicherheit kann die subjektive
Empfindung einer Person, Risiken einzugehen, ohne negative Konsequenzen befürchten zu müssen, bezeichnet werden. Psychologische Sicherheit ist eng an das Konstrukt
Vertrauen angelehnt, grenzt sich davon jedoch dadurch ab, dass es sich nicht nur auf
eine Person bezieht, sondern als Glaube an eine Gruppennorm zu verstehen ist
(vgl. Biemann, Torsten/Weckmüller, Heiko (2021)). Psychologische Sicherheit beschreibt das Ausmaß an Sicherheit, das Teammitglieder haben, um unangenehme
Wahrheiten auszusprechen oder auch Fehler einzugestehen, ohne negative Konsequenzen befürchten zu müssen. Sie umfasst die Aspekte Verantwortung übernehmen,
Vertrauen schenken und Verletzlichkeit zeigen dürfen. Verspüren Teammitglieder
psychologische Sicherheit, können sie sich angstfrei äußern und handeln. Das Konzept der psychologischen Sicherheit ist bereits in den 1990er-Jahren von der Harvard-
Professorin Amy C. Edmondson (1999) eingeführt worden.

## 4 Literaturempfehlungen

Biemann, Torsten/Weckmüller, Heiko (2021): Psychologische Sicherheit in der Personalführung; in: PERSONALquarterly, 73. Jg., H. 4, 2021, S. 46–49.

Edmondson, Amy C. (1999): Psychological safety and learning behavior in work teams; in: Administrative Science Quarterly, Vol. 44, No. 2, S. 350–383.

Ehmann, Brigitte (2024): 30 Minuten Geteilte Führung: Shared Leadership, Offenbach, S. 9–85.

Pearce, Craig L./Conger, Jay A. (2003): Shared Leadership: Reframing the Hows and Whys of Leadership. Thousand Oaks, S. 19–102.

## 5.2 Führung in einer New-Work-Welt

### Aufgabe 1: Die Bedeutung und Sinnhaftigkeit von Führung in menschlichen Gemeinschaften

| Wissen, Erläutern | 20 Minuten |
| --- | --- |

### 1 Fragestellung

Bevor wir fragen, wie sich Führung in einem Kontext der Ideen von Frithjof Bergmann und dem, was sich darauf aufbauend entwickelt hat, darstellt, ergibt es Sinn, zunächst der Frage nachzugehen, warum sich überhaupt so etwas wie Führung herausbilden konnte. Diese Frage soll im Folgenden vor allem aus der Perspektive der Evolutionsbiologie behandelt werden.

### 2 Lösung

Unbestreitbar ist, dass Führungsphänomene in unserer Alltagswelt sehr gut beobachtbar sind. Dabei ist noch nicht bedeutsam, ob es sich um gute oder schlechte Führung handelt. Menschen führen und werden geführt. Das geschieht im weitesten Sinne in Situationen, in denen einzelne Menschen einen anderen Menschen oder Gruppen beeinflussen (vgl. zum Folgenden vor allem Weibler, Jürgen (2023), S. 3 ff.).

Wer mit anderen eine Gemeinschaft bildet, wird erleben, dass das Handeln des einen in der Regel einen Einfluss auf das Verhalten des anderen hat. Führung findet so in sozialen Gemeinschaften einen Raum für Entfaltung, wenn man die einfachste Form von Führung in einem ersten Schritt als das Einwirken einer Person auf eine andere Person auffasst.

In experimentellen Situationen, die einen hohen Grad an Offenheit aufwiesen, zeigte sich, dass einige Personen stärker hervortraten als andere (vgl. Weibler, Jürgen

(2023), S. 3). Voraussetzung dafür ist, dass es Personen in diesen Gruppen gibt, die die erfolgversprechenden Interventionen anderer erkennen und sie zulassen. Erste Ansätze von Führung entstehen, wenn einzelne in einer Gruppe durch ihre Beiträge, die als vorteilhaft für die Situation angesehen werden, an Status gewinnen.

Auch das hat zunächst noch nichts mit Führungsqualität zu tun, weil es sich lediglich um das subjektive Wahrnehmen eines Sachverhaltes handelt. Begünstigt wird die Vorstellung nützlicher Beiträge durch die Art und Weise, wie die Beiträge formuliert werden (also zum Beispiel positiv werbend-verbindende Sätze oder negativ-eigenperspektivische Äußerungen (vgl. Weibler, Jürgen (2023), S. 3).

Forschungsbemühungen, das Phänomen von Führung zu erklären, sind schon seit langem und mit zunehmender Tendenz durch eine kaum noch überschaubare Fülle von Forschungsbeiträgen gekennzeichnet. Es lässt sich schwer eindeutig erklären. Führung ist ein kompliziertes und komplexes Geschehen, dass definitionsgemäß von Wechselwirkungen geprägt ist, bei denen Ursache und Wirkung von Handlungen nicht voneinander isoliert werden können. Das sind einige Gründe, warum sich die Führungsforschung methodischen Problemen gegenübersieht.

Es wurde bereits erwähnt, dass sich die Ursprünge von Führung durch als vorteilhaft empfundene Beiträge einzelner Personen ergeben haben. Die Grundlage dieser Ideen basieren auf der Evolutionstheorie der Führung (vgl. dazu Van Vugt, Mark (2012), zitiert in Weibler, Jürgen (2023), S. 6).

Ein Blick in die Evolution liefert Ansätze, warum sich Führung herausgebildet hat. Der Mensch war, bevor er sesshaft wurde, ständig in Bewegung. Dabei war es nötig, sich mit zentralen Aufgaben zu befassen, die für das Überleben wichtig waren und in der folgenden Abbildung 17 dargestellt werden.

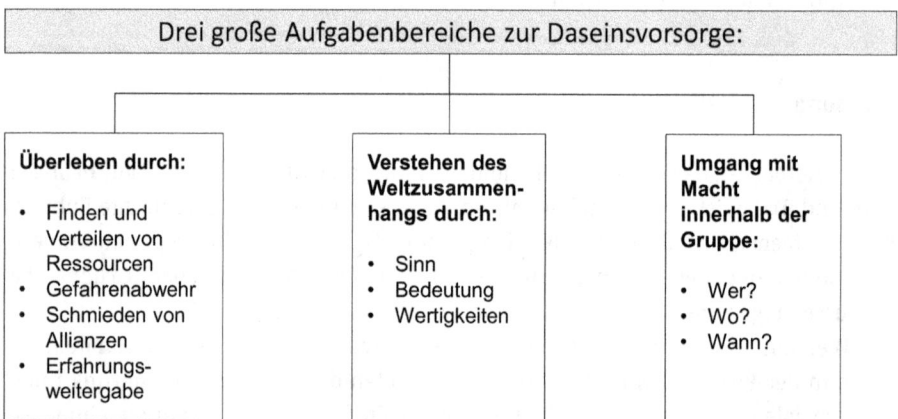

**Drei große Aufgabenbereiche zur Daseinsvorsorge:**

| Überleben durch: | Verstehen des Weltzusammenhangs durch: | Umgang mit Macht innerhalb der Gruppe: |
|---|---|---|
| • Finden und Verteilen von Ressourcen<br>• Gefahrenabwehr<br>• Schmieden von Allianzen<br>• Erfahrungsweitergabe | • Sinn<br>• Bedeutung<br>• Wertigkeiten | • Wer?<br>• Wo?<br>• Wann? |

**Abb. 17:** Drei große Aufgabenbereich zur Daseinsvorsorge.
Quelle: Modifiziert nach Van Vug, Mark (2012), S. 147, zitiert in: Weibler, Jürgen (2023), S. 8.

Letztlich geht es darum, durch geeignete Koordination und Kooperation den Erfolg einer Gemeinschaft zu gewährleisten. Die dazu nötigen Strukturen, Prozesse und Kulturen zu veranlassen, ist eine Führungsaufgabe, die der Mensch übernimmt, um das Überleben zu gewährleisten. Die Herausbildung von Führung (neben Altruismus, Moral und soziale Identität) schufen und schaffen einen Vorteil, der es Gruppen ermöglicht, erfolgreich zu sein (vgl. Weibler, Jürgen (2023), S. 9). Führung wird so aus der Evolutionsperspektive als ein soziales und das Überleben unterstützendes Phänomen erklärt.

## 3 Hinweise zur Lösung

Ein Experiment mit Gruppen kann diesen Sachverhalt veranschaulichen. Man gibt einer Gruppe von Menschen den Auftrag, eine bestimmte Aufgabenstellung zu bearbeiten. Die Zeitvorgabe ist zunächst nicht bedeutsam. Die einzige Bedingung ist, dass in der anschließenden Bemühung zur Lösung der Aufgabe niemand Führung übernehmen darf. Als Kontrollgruppe gibt man einer zweiten Gruppe den gleichen Auftrag mit dem Hinweis, explizit zu bestimmen, wer in welcher Form Führung übernehmen soll und entsprechend zu handeln.

Man wird beobachten können, dass die Aufgabe für die Gruppe ohne Führung in der Regel kaum lösbar ist. Sie wird den Lösungsprozess überhaupt nicht beginnen können, wenn man Führung im weiteren Sinne als Einflussnahme auf andere Menschen definiert.

Welche Form der Führung angemessen ist, die Kompetenz der Gruppe optimal zu nutzen, ist eine andere Frage. Ob eine ausgesprochen starke direktive Führung oder eine eher moderierend non-direktive Führung gewählt wird, hängt zum Beispiel sehr vom Kontext der Situation und den Voraussetzungen ab, die die Gruppenmitglieder mitbringen.

Aktuell wird in der Diskussion intensiv über die Frage nachgedacht, wie Führung sinnvoll verteilt werden kann. Die Stichworte sind verteilte Führung, geteilte Führung oder plurale Führung (siehe dazu das Kapitel 5.1 in diesem Buch)

## 4 Literaturempfehlungen

Bauer, Joachim (2015): Arbeit: Warum sie uns glücklich oder krank macht, München, S. 9–24.

Van Vugt, Mark (2012): The nature in leadership: Evolutionary, biological and social neuroscience perspectives; in: Day, David Vaughn/Antonakis, John (Hrsg.): The Nature of Leadership, 2. Aufl., Los Angeles, S. 141–175.

Weibler, Jürgen (2023): Personalführung: Personen, Beziehungen, Kontexte, Wirkungen, München, S. 3–12.

**Aufgabe 2: Die Einführung neuer Formen der Zusammenarbeit und Führung im Kontext von New Work anhand der drei Stellhebel nach Frederic Laloux**

| Wissen, Verstehen, Transfer | 30 Minuten |
|---|---|

## 1 Fragestellung

Die Idee von New Work wurde, wie bereits erwähnt, in der Organisationsrealität durchaus übernommen und entwickelt sich ständig weiter. Die Ausgestaltung von Führung in einer Arbeitswelt, die sich zunehmend anders darstellt und sich in massiven Transformationsprozessen befindet, gehört zu den spannendsten und wichtigsten Fragen in den Gesellschaften des 21. Jahrhunderts.

Dies hat nicht nur mit den Ideen von New Work zu tun, sondern ergibt sich aus der VUKA-World, die ständig neue Anforderungen an Organisationen stellt. Im Kontext von New Work ist darüber nachzudenken, wie sich Führung in Zukunft verändern wird.

Einen interessanten Ansatz zur Gestaltung von Organisationen im Sinne einer New Work hat Frederic Laloux vorgelegt (vgl. dazu Laloux, Frederic (2015), S. 258 ff.). Er beschreibt drei Ansatzpunkte für evolutionäre Organisationen.

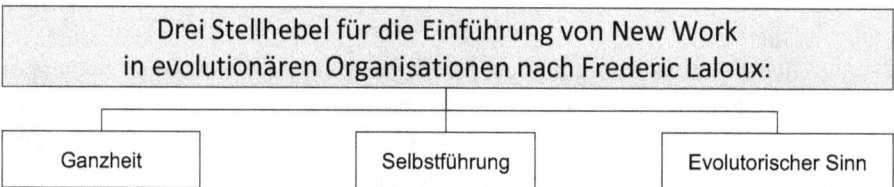

**Abb. 18:** Beispiel der drei Stellhebel nach Frederic Laloux.
Quelle: In Anlehnung an Laloux, Frederic (2015), S. 258 ff.

Beschrieben werden soll, wie evolutionäre Organisationen durch die drei von Frederic Laloux genannten Ansatzpunkte entstehen können, was Abbildung 18 visualisiert.

## 2 Lösung

Ganzheit in der Zusammenarbeit von Menschen setzt voraus, dass Menschen die Würde anderer achten und schützen. Ein wertschätzender und respektvoller Umgang ist zusammen mit der Bereitschaft, Konflikte frühzeitig und konstruktiv anzugehen, eine wichtige Voraussetzung für ein Umfeld, das von gegenseitigem Vertrauen geprägt ist (vgl. hierzu und zum Folgenden Thiedemann, Rosemarie (2023), S. 55). Die Schaffung einer Vertrauensbasis in einer Arbeitsumgebung bedeutet Sicherheit, die ihrerseits Wirkung auf die Bereitschaft hat, Leistung zu vollbringen.

Wer prüfen will, ob eine derartige Arbeitsumgebung vorliegt, kann sich an den folgenden Merkmalen orientieren, die vorhanden sind, wenn wir von einem sicheren Kontext während der Arbeit sprechen (siehe Abbildung 19):

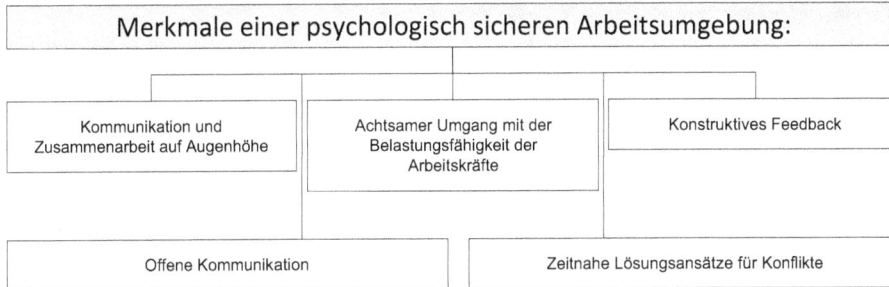

**Merkmale einer psychologisch sicheren Arbeitsumgebung:**

- Kommunikation und Zusammenarbeit auf Augenhöhe
- Achtsamer Umgang mit der Belastungsfähigkeit der Arbeitskräfte
- Konstruktives Feedback
- Offene Kommunikation
- Zeitnahe Lösungsansätze für Konflikte

**Abb. 19:** Merkmale einer sicheren Arbeitsumgebung.
Quelle: Modifiziert nach Thiedmann, Rosemarie (2023), S. 55.

Die sichere Arbeitsumgebung ist in mehrfacher Weise wichtig. Sie reduziert nicht nur den für die Gesundheit so gefährlichen latenten und akuten Stress (vgl. Bauer, Joachim (2015), S. 42 ff.), der keinesfalls zu unterschätzen ist, sondern langfristig verheerende Folgen haben kann. Sie ist darüber hinaus Voraussetzung dafür, dass Mitarbeiter bereit sind, Fehler überhaupt zeitnah einzugestehen, deren Behebung zum Beispiel im internationalen Wettbewerb ein wesentlicher Punkt für die Konkurrenzfähigkeit darstellt. Führungskräfte können so schneller zusammen mit den betroffenen Beschäftigten dafür sorgen, dass schnell Abhilfe geschaffen wird und eine Form der Selbstwirksamkeitswahrnehmung fördern, die für die langfristige Motivation von Mitarbeitern überaus wichtig ist.

Eine im Sinne von New Work umgesetzte Führungskultur wird die psychologisch sichere Arbeitsumgebung hinsichtlich des Aspekts Ganzheitlichkeit beachten und das Eingestehen von Fehlern sowie die Offenheit für persönliche Herausforderungen fördern. New Work beinhaltet einen Perspektivwechsel, der den Menschen und nicht nur das wirtschaftliche Kalkül in den Mittelpunkt stellt. Selbstverständlich ist nicht gemeint, auftretende Fehler immer wieder nur zu korrigieren, sondern auch dafür zu sorgen, dass Mitarbeiter Gelegenheit haben, Fehler dadurch zu vermeiden, dass sie sich weiterbilden, selbst reflektieren und im Zweifel letztlich darüber nachdenken, ob der aktuelle Beruf der richtige ist. Auch das macht deutlich, dass die Phasen des „calling" im Sinne von New Work wichtig sind.

Die Idee von selbstgesteuerten Teams als zweiten Ansatzpunkt einer evolutionären Organisation setzt die reife und mündige Arbeitskraft voraus. Sie sorgen im Rahmen einer derartigen neuen Kultur von Arbeit dafür, dass Selbstführung als Aufgabenfeld erkannt wird. Führungskräfte sind in diesem Kontext keine fest installierten Instanzen, sondern Führung erfolgt in derartigen Umgebungen wechselseitig und je nach Situation (vgl. Thiedmann, Rosemarie (2023), S. 59).

Führung muss sein, wie schon erwähnt wurde, jedoch ist Führung in einem System von Selbstführung das Ergebnis eines Abstimmungsprozesses auf Augenhöhe. Die Entscheidung wer wann führt, ist in diesem Arbeitsumfeld ein Vorgang, der auf den jeweilig günstigsten Kompetenzen beruhen soll.

Es liegt nahe, dass die Ansprüche an derartige Führungssysteme selbstgesteuerter Teams überaus hoch sind. Neben der Arbeitskraft, die diese Zusammenhänge akzeptiert und schätzt, setzt das Umfeld ein besonders hohes Maß an kommunikativer Kompetenz und an Konfliktlösungsfähigkeit voraus.

Der von Frederic Laloux vorgeschlagene Prozess der Entscheidungsfindung hat typische Elemente eines Beratungsprozesses, der die klassischen Schwierigkeiten in streng hierarchischen Systemen vermeiden soll (vgl. Laloux, Frederic (2015), S. 99 ff.).

Neben den beiden Elementen Ganzheit und Selbstführung bekommt der Frage Bedeutung, wofür die Organisation eigentlich steht. Letztlich stellt sich für die Mitarbeiter die Frage, wofür es sich lohnt, jeden Tag zu arbeiten (vgl. Thiedmann, Rosemarie (2023), S. 64 ff.) und am Ende Kraft eingesetzt zu haben. Die Elemente des Beratungsprozesses in selbstgeführten Teams werden in Abbildung 20 dargestellt.

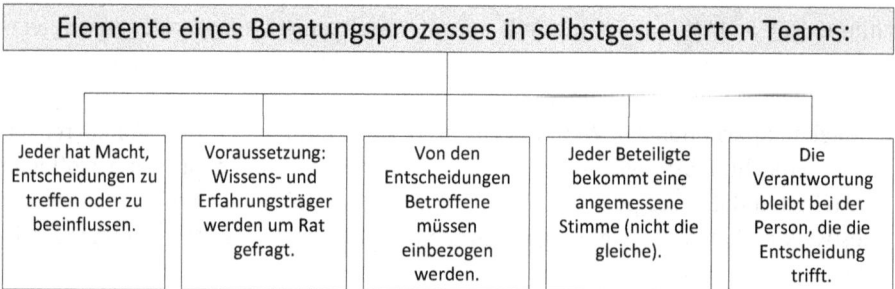

**Abb. 20:** Elemente von Beratungsprozessen in selbstgeführten Teams.
Quelle: Modifiziert nach Thiedmann, Rosemarie (2023), S. 62, in Anlehnung an Laloux, Frederic (2015), S. 99 ff.

Der Ansatz von New Work geht dabei über den engeren wirtschaftlichen Unternehmenszweck hinaus und thematisiert die Frage, in welcher Form auch ein Beitrag für die Gesellschaft geleistet wird. Üblicherweise wird das mit der Gemeinwohlorientierung umschrieben, die als Anliegen einer Gesellschaft formuliert wird.

Das Empfinden einer Sinnhaftigkeit in der eigenen Organisation wird gestützt durch gemeinsame Werte, deren Formulierung allerdings nur Sinn ergibt, wenn sie das Ergebnis eines organisationsweit akzeptierten Prozesses darstellen und anschließend auf dieser Basis umgesetzt werden.

Gelingt der Prozess, Unternehmenswerte stabil in der Organisation zu etablieren, wird nicht nur das Arbeiten an sich von den Beschäftigten geschätzt. Es dürfte die Bindung an die Organisation durch die Identitätsbildung spürbar gefestigt werden, was in Zeiten von Arbeitskräftemangel wesentlich wichtiger geworden ist.

## 4  Literaturempfehlungen

Bauer, Joachim (2015): Arbeit: Warum sie uns glücklich oder krank macht, München, S. 9–24.

Laloux, Frederic (2015); Reinventing organizations: Ein Leitfaden zur Gestaltung sinnstiftender Formen von Zusammenarbeit, München, S. 264–281.

Neck, Christopher P. et al. (2013): Self-Leadership: A cognitive resource for entrepreneurs; in: Journal of the Small Business and Entrepreneurship, 26. Jg., 2013, H. 5, S. 463–480.

Thiedmann, Rosemarie (2023): 30 Minuten New Work, Offenbach. S. 53–70.

Weibler, Jürgen (2023): Personalführung: Personen, Beziehungen, Kontexte, Wirkungen, München 2023, S. 378–389.

## Aufgabe 3: Bedeutung von Gerechtigkeit und Vertrauen in einer vor allem auf New-Work-Ideen basierenden Führungsbeziehung

| Wissen, Verstehen, Reflektieren | 25 Minuten |
| --- | --- |

## 1  Fragestellung

Die Chancen, dass sich Ideen von New Work in der Unternehmenswelt etablieren, werden unter anderem davon abhängen, ob der Unterschied erkannt und akzeptiert wird, dass der Gedanke wertvoll und/oder sinnvoll ist, dass der Mensch nicht für die Arbeit da ist, sondern die Arbeit für den Menschen. Andernfalls werden rein ökonomische Kategorien zur Messung des Führungserfolges wahrscheinlich zumindest kurzfristig die New-Work-Welt infrage stellen. Jenseits dieses Unterschieds ist die Frage zu stellen, wie gute Führung in einer New-Work-Welt gelingen kann.

Wenn das Thema Führung angesprochen wird, ist vor allem die Gestaltung der Führungsbeziehung wesentlich für den Erfolg. Die Grundstruktur dieser Beziehung soll Gegenstand der folgenden Ausführungen sein (vgl. dazu Weibler, Jürgen (2023), S. 31). Führungserfolg wird in diesem Kontext durch soziale Interaktion zwischen dem Führenden und dem oder den Geführten entstehen. Die Beziehung ist in die jeweilige Führungssituation eingebettet. Abbildung 21 visualisiert diesen Zusammenhang.

Im Folgenden sollen die Kategorien Gerechtigkeit und Vertrauen im Zusammenhang mit dem Führungserfolg untersucht werden.

**Führungserfolg im Kontext der Führungssituation
auf der Basis von Gerechtigkeit und Vertrauen:**

| Führender | ← | Soziale Interaktion | → | Geführter |

Führungssituation

| Gerechtigkeit | ↔ | Vertrauen |

**Führungserfolg**

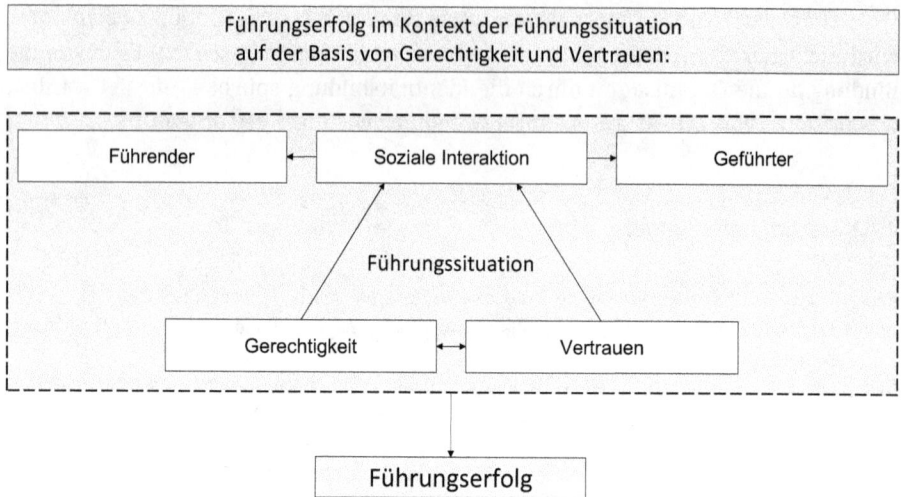

**Abb. 21:** Führungserfolg im Kontext der Führungssituation.
Quelle: Modifiziert nach Weibler, Jürgen (2023), S. 31.

## 2 Lösung

Die traditionelle Führungsforschung hat lange Zeit einen Zusammenhang zwischen Eigenschaftsmustern und Verhaltensprogrammen von Führenden wahrgenommen (vgl. zum Folgenden Weibler, Jürgen (2023), S. 47 ff.). Hinter dieser Vorstellung verbirgt sich ein Beziehungsmuster, dass darauf basierte, dass der Führende agiert und der Geführte reagiert.

Diese Verengung der Führungsbeziehung haben geführtenzentrierte Führungstheorien aufgehoben. Anstelle der einseitigen Sicht von Aktion (durch den Führenden) und Reaktion (durch den Geführten) betonen geführtenzentrierte Führungstheorien die wechselseitige Dynamik zwischen Führendem und Geführtem. Diese Dynamik zeigt sich in sozialen Interaktionen, die von gegenseitiger Einflussnahme, Anpassung und Zusammenarbeit geprägt sind. Die Qualität dieser Interaktionen wird grundsätzlich durch die beiden Kategorien Gerechtigkeit und Vertrauen beeinflusst.

> *Gerechtigkeit ... bezeichnet in der Philosophie und Religion eine als Lebensweisheit verstandene Haltung des Menschen, die als grundlegender Maßstab eines geordneten Zusammenlebens in der Gemeinschaft gilt.* (Kreikebaum, Hartmut (2004), S. 348, zitiert in: Weibler, Jürgen (2023), S. 53).

Vereinfacht ausgedrückt bezeichnet Gerechtigkeit das, was man sich gegenseitig schuldet. Es handelt sich also um etwas, das man von einem anderen Menschen in einer bestimmten Situation fordern kann – nicht mehr und nicht weniger. Fragen, bei denen es um Gerechtigkeit geht, sind Fragen, die im täglichen Leben vielfach geklärt werden müssen. Dazu gehören zum Beispiel materielle und immaterielle Belohnungen, die Zuweisung von Ressourcen, Zuwendung und Chancen, die Menschen erhalten oder eben nicht. Gerechtigkeit erlangt so eine zentrale Bedeutung für die Art und Weise, wie Menschen miteinander umgehen und wird zu einer Basiskategorie zur Beurteilung des Führungserfolges.

Die zweite Basiskategorie ist die des Vertrauens. Vertrauen ist so grundlegend, dass ein Miteinander und überhaupt das Vertrauen zu handeln erst dadurch ermöglicht wird. Anschaulich formuliert geht es darum, sich auf eine andere Person verlassen zu können. Kleine Kinder erwerben in einem hormonell unterstützten Prozess (zum Beispiel beim Stillen über das Vertrauenshormon Oxytocin) im günstigen Fall ein Urvertrauen zur Mutter (vgl. dazu Bauer, Joachim (2014), S. 46 ff.). Gelingt die vertrauensvolle Zusammenarbeit zwischen Führenden und Geführten entstehen Effekte, die zu einem erhöhten Wirkungsgrad von Arbeitsbeziehungen führen werden. Dazu gehören die in der nachfolgenden Abbildung 22 genannten Faktoren.

---

Folgen vertrauensvoller Zusammenarbeit:
- positive Einstellung zur Arbeit
- höhere Bereitschaft, den anderen zu unterstützen
- intensiver Austausch von Informationen und Ressourcen
- verstärktes gegenseitiges Feedback
- kreatives Denken und erhöhter Lerntransfer
- Wahl schwieriger Aufgaben
- höhere Bereitschaft zur Selbstkritik
- permanente Suche nach Verbesserungen
- positive Befindlichkeit

---

**Abb. 22:** Folgen vertrauensvoller Zusammenarbeit.
Quelle: In Anlehnung an Weibler, Jürgen (2023), S. 58.

Ein wichtiger Aspekt in Bezug auf die Fragestellung ist, dass sowohl das Streben nach Gerechtigkeit als auch der Aufbau einer vertrauensvollen Beziehung im Sinne von New Work nicht etwa nur das Ziel erfüllt, Gewinne zu steigern. Beide Basiskategorien der Zusammenarbeit zwischen Führenden und Geführten sind Ausdruck eines Strebens nach Menschlichkeit. Die Zusammenarbeit, die gerecht und vertrauensvoll ist, trägt dann zu dem bei, was Frithjof Bergmann als die Arbeit bezeichnet hat, die Menschen wirklich wollen.

Dass darüber hinaus das Erleben von Gerechtigkeit Vertrauen in der zwischenmenschlichen Beziehung begünstigt, dürfte ebenfalls klar sein. Genauso wird entgegengebrachtes Vertrauen sich positiv auf das Bestreben auswirken, darüber nachzudenken, was denn in einem derartigen Vertrauensverhältnis Gerechtigkeit bedeute und wie sie umzusetzen sei.

### 3 Hinweise zur Lösung

Der Hintergrund von Gerechtigkeit und Vertrauen im System der New Work beruht, wie erwähnt, darauf, dass Menschlichkeit gefordert ist, wenn man die Kraft von Menschen in der Arbeit fördern will. Kompetenz, Bedeutsamkeit, Einfluss und Selbstbestimmung, die die vier Säulen des Empowerments darstellen (siehe auch Abschnitt 1.3, Aufgabe 2), sind im Kontext einer Beziehungsgestaltung zusammen mit dem Streben der Beteiligten nach Gerechtigkeit und Vertrauen kaum zu überschätzende Elemente für gute Arbeit.

Es stellt sich umgekehrt die Frage, was eigentlich passiert, wenn die soziale Interaktion massiv gestört ist. Zu den folgenreichsten Störungen im Beziehungsgefüge gehören Kränkungen, die Menschen im Führungsprozess (und/oder im privaten Umfeld) erleben (vgl. dazu und zum Folgenden Haller, Reinhard (2022), S. 9 ff.).

Ursache für Kränkungen ist u. a. das Erleben von Ungerechtigkeiten oder Vertrauensbrüchen, die Menschen widerfahren. Das Erleben von Ungerechtigkeiten am Arbeitsplatz, können psychische Störungen zur Folge haben, die aus nicht überwundenen oder verdrängten Kränkungen resultieren.

So sind die beiden Basiskategorien Gerechtigkeit und Vertrauen keinesfalls nette Zugaben für soziale Interaktionen in Führungsbeziehungen, sondern auch jenseits der Ideen von New Work zwingend ein Ausdruck von Fürsorge für Mitarbeiter.

### 4 Literaturempfehlungen

Bauer, Joachim (2014): Prinzip Menschlichkeit: Warum wir von Natur aus kooperieren, Hamburg, S. 46–73.

Haller, Reinhard (2022): Die Macht der Kränkung, Salzburg und München, S. 9–16.

Kreikebaum, Hartmut (2002): Gerechtigkeit und Fairness; in: Schreyögg, Georg und Werder, Axel v. (Hrsg.): Handwörterbuch Unternehmensführung und Organisation, Stuttgart, S. 347–353.

Weibler, Jürgen (2023) Personalführung: Personen, Beziehungen, Kontexte, Wirkungen, München, S. 47–76.

## 5.3 Teamarbeit und Zusammenarbeit in dezentralen und digitalen Umgebungen

**Aufgabe 1: Der Begriff Digitalisierung und die Wirkungen von Digitalisierungsprozessen in der Arbeitswelt**

| Wissen, Erläutern | 25 Minuten |
|---|---|

### 1 Fragestellung

Die in der Vergangenheit viel zitierte Globalisierung ist sicher immer noch ein herausragender Megatrend in der wirtschaftlichen und gesellschaftlichen Entwicklung zu Beginn des 21. Jahrhunderts. Allerdings ist festzustellen, dass seit einigen Jahren und verstärkt seit der 2020er-Jahre, spätestens aber seit der flächendeckenden Nutzung von KI-Systemen (Systeme künstlicher Intelligenz) das Phänomen der Digitalisierung oder der digitalen Transformation deutlicher in den Vordergrund getreten ist.

Der Begriff Digitalisierung ist klärungsbedürftig. Digitale Phänomene sind vielfältig und deshalb zu differenzieren. Das, was in Form der Digitalisierung und/oder digitalen Transformation passiert, hat zweifellos Wirkung auf die konkrete Arbeit einzelner Menschen und insgesamt auf die Arbeitswelt. Die folgenden Ausführungen versuchen deshalb die beiden Fragen zu beantworten:

- Welche Facetten verstecken sich hinter dem Begriff Digitalisierung?
- Wie verändert das Phänomen die Arbeit beziehungsweise die Arbeitswelt?

Beschreiben Sie die Antwort auf die zweite Frage exemplarisch anhand zweier Beispiele.

### 2 Lösung

Fragt man Menschen, was sie unter Digitalisierung verstehen, wird man eine ganze Palette von Antworten erhalten (vgl. zum Folgenden Weibler, Jürgen (2023), S. 658 ff.). Sie beinhalten zum Beispiel Hinweise auf den Einsatz digitaler Medien, die Nutzung digitaler Kommunikation, mobile Arbeitsmöglichkeiten, Big Data und den Einsatz von künstlicher Intelligenz. Die Liste ließe sich noch erweitern.

Schaut man sich den Begriff der Digitalisierung etwas genauer an, werden zwei Facetten von Inhalten erkennbar. Die erste betrifft eine eher einfache Überführung von analogen Daten auf digitale Speichermöglichkeiten. Die weitaus anspruchsvollere Facette des Begriffes umfasst den Umgang mit Daten, die zunächst umgewandelt/digitalisiert wurden. In diesem Zusammenhang geht es um den kreativen Umgang mit den Möglichkeiten der zuvor durchgeführten Erfassung. Die sich so herausbildende digitale Ökonomie ist durch Virtualisierung, Vernetzung und das Teilen von Daten bestimmt. Dieser Zusammenhang wird in Abbildung 23 visualisiert.

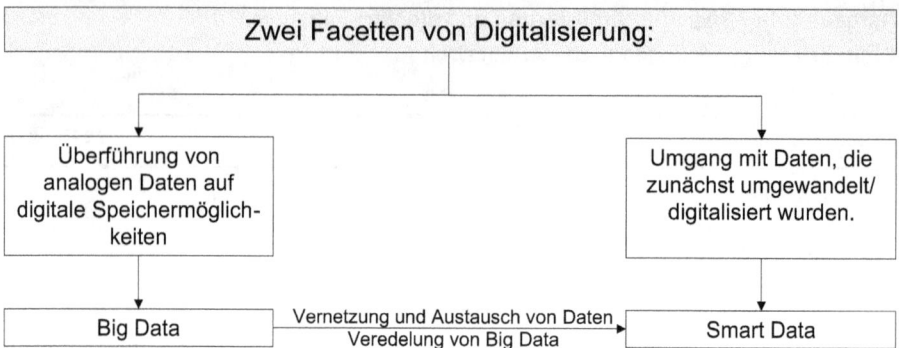

```
┌─────────────────────────────────────────────────────────────────┐
│               Zwei Facetten von Digitalisierung:                  │
└─────────────────────────────────────────────────────────────────┘

┌──────────────────────┐                    ┌──────────────────────┐
│    Überführung von    │                    │  Umgang mit Daten, die │
│  analogen Daten auf   │                    │  zunächst umgewandelt/ │
│ digitale Speichermöglich-│                  │   digitalisiert wurden. │
│        keiten          │                    │                        │
└──────────────────────┘                    └──────────────────────┘

┌──────────────────────┐   Vernetzung und Austausch von Daten   ┌──────────────────────┐
│      Big Data         │   Veredelung von Big Data              │     Smart Data        │
└──────────────────────┘                                        └──────────────────────┘
```

**Abb. 23:** Zwei Facetten von Digitalisierung.
Quelle: Eigene Darstellung.

Virtualisierung erfasst den Vorgang, materielle Objekte als Dateien darzustellen und verfügbar zu machen. Dies passiert auf der Grundlage mehr oder weniger anspruchsvoller Datenmodelle oder Algorithmen. Am Ende entstehen so durch Vernetzung komplexe und interagierende Systeme. In derartigen Systemen werden Daten permanent geteilt. Wissen wird damit zeitgleich und mehrfach nutzbar. Am Ende entstehen in einer Welt der Virtualisierung, Vernetzung und Teilung von Daten neue und mitunter sehr kreative Geschäftsmodelle.

Besonders deutlich scheint diese Entwicklung in der Corona-Krise geworden zu sein. Die Erfindung eines neuen und wirkungsvollen Impfstoffes basierte auf der weltweiten Vernetzung von Daten und dem Austausch in der Community von Wissenschaftlern, die sich mit der Entwicklung befassten. Hier waren nicht nur umfangreiche Datenmengen (Big Data) entstanden. Letztlich ging es um die Veredelung der Daten. Aus Big Data wurde Smart Data.

Die mit digitalen Phänomenen verbundenen Möglichkeiten haben völlig neue Räume für die Kommunikation von Menschen, Maschinen und Ressourcen geschaffen. Das Ergebnis dieser Bemühungen ist die Smart Factory (internetbasierte Systeme zur Fernüberwachung autonom arbeitender Produktionssysteme). Ein anderes Beispiel ist das Mobile Computing, das das Zusammenspiel von Social-Media-Plattformen und Cloud-basierten Services nutzt.

Die durch die Nutzung digitaler Möglichkeiten entstandene Transformation hat die Arbeit beziehungsweise die Arbeitswelt sichtbar verändert. Dies wird einerseits durch grundlegend neue Formen des Zusammenwirkens von Mensch und Technik verursacht und andererseits durch daraus ableitbare Neuerungen in der Organisation der Arbeitswelt.

In der Organisation der Arbeit sind folgende neue Formen flexibler Lösungen entstanden. Diese beziehen sich auf die in der folgenden Abbildung 24 dargestellten drei Dimensionen.

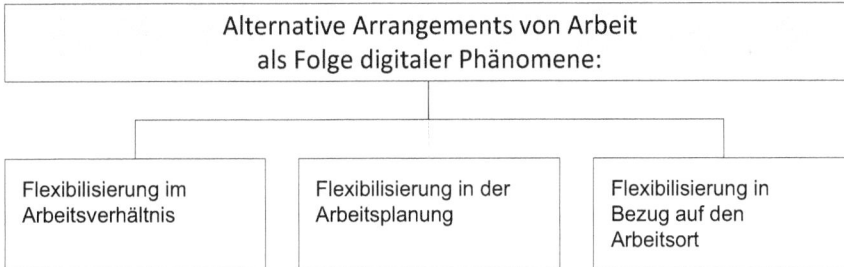

| Alternative Arrangements von Arbeit als Folge digitaler Phänomene: | | |
| --- | --- | --- |
| Flexibilisierung im Arbeitsverhältnis | Flexibilisierung in der Arbeitsplanung | Flexibilisierung in Bezug auf den Arbeitsort |

**Abb. 24:** Alternative Arrangements von Arbeit als Folge der Digitalisierung.
Quelle: Weibler, Jürgen (2023), S. 660 und die dort aufgeführte Quelle.

Die in der Vergangenheit bestehende feste Verbindung von Organisation, Produktion und Arbeitskraft wird durch die aus der Digitalisierung resultierenden Möglichkeiten zunehmend aufgelöst. Die Flexibilisierung von Arbeitsverhältnissen wird durch Stichworte wie Crowd-Working (siehe unten) oder Plattformökonomie bezeichnet. Diese als Gig Economy geltende Form der Entwicklung beschreibt das Phänomen, dass Arbeitskräfte nur bei Bedarf abgerufen werden. Die ursprünglich feste Beschäftigung wird durch Auftritte (gig) ersetzt.

Der Trend zur Digitalisierung von Organisationen hat bisher noch nicht flächendeckend alle Unternehmen erreicht. Im wirtschaftlichen Geschehen sind vielfältige Mischformen (Hybridformen) zu beobachten. Sie werden als hybrid-modulare Organisationen bezeichnet, die in den Hinweisen zur Lösung etwas genauer beschrieben werden (vgl. dazu die nachfolgende Abbildung 25 von Vahs, Dietmar (2023), S. 639).

Interessant ist vor dem Hintergrund der Digitalisierung ein Blick auf die schon beobachtbaren und in Zukunft noch stärker zu erwartenden Organisationsformen jenseits der klassisch-hierarchischen Gestaltung. Die folgende Abbildung gibt den Zusammenhang zwischen dem Grad und der Dynamik des Unternehmensumfeldes einerseits und der Komplexität und Neuartigkeit von Wertschöpfungsbeziehungen von Organisationen andererseits wieder.

## 3 Hinweise zur Lösung

Hybrid-modulare Organisationen weisen ein komplexes Leistungsprogramm mit vielen Produktvarianten auf. Sie sind durch relativ kleine und überschaubare Einheiten gekennzeichnet (vgl. dazu Vahs, Dietmar (2023) S. 639 ff.). Die Aktivitäten werden konsequent auf den externen Markt hin ausgerichtet. Aufgaben, Ergebnisverantwortung

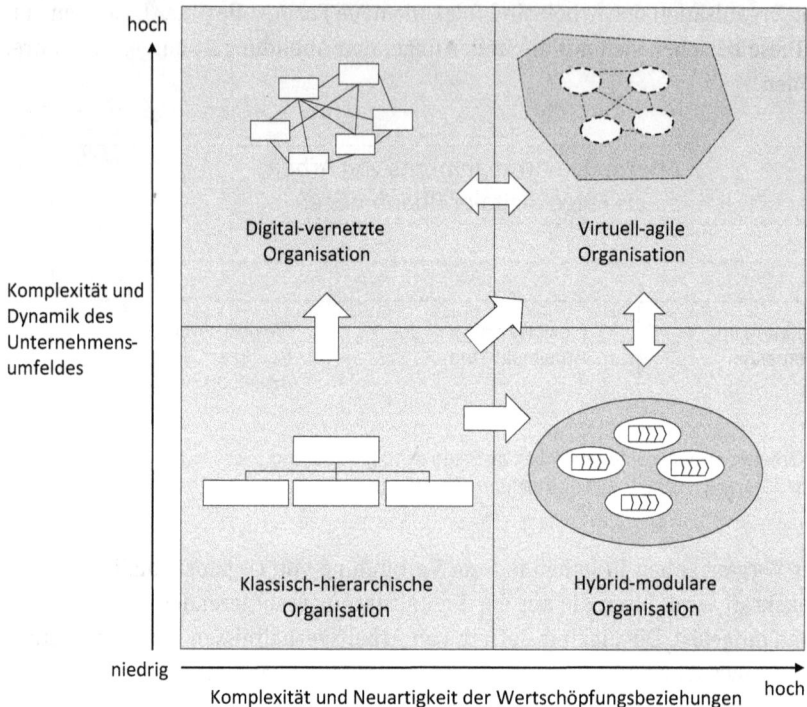

**Abb. 25:** Organisationsformen der Zukunft.
Quelle: Modifiziert nach Vahs, Dietmar (2023), S. 639, in Anlehnung an Reichwald, Ralf/Hesch, Gerhard (1998), S. 88.

und Kompetenzen sind weitgehend dezentralisiert. Daraus folgt eine umfassende Entscheidungsautonomie. Die digital-vernetzte Organisation ist unternehmensintern und unternehmensübergreifend mit anderen Organisationen verbunden. Die Netzwerke sind Beziehungsgeflechte, die aus selbständigen Einheiten (Personen, Gruppen, Unternehmen) bestehen. Sie weisen relativ stabile Beziehungen auf und versuchen auf der Grundlage gemeinsamer und verbindender Werte Wettbewerbsvorteile in besonders dynamischen Märkten zu erzielen. Die virtuell-agile Organisation kombiniert Kennzeichen einer virtuellen Struktur mit agilen Strukturen (siehe dazu die Ausführungen in diesem Buch).

Der Blick auf die verschiedenen Organisationsformen macht deutlich, dass die Gedanken von New Work mannigfache Anknüpfungspunkte zu den neuen Ansätzen haben. Möglichkeiten der neuen Arbeitsformen, flexibler und selbstverantwortlicher zu arbeiten, entsprechen zumindest in Ansätzen der Forderung von Frithjof Bergmann. Die Säulen des psychologischen Empowerments (Kompetenz, Bedeutsamkeit, Einfluss und Selbstbestimmung) werden in kleineren und selbständigeren Einheiten zumindest leichter umsetzbar sein, weil die Wahrnehmung und Einordnung der eigenen Leistung noch relativ leicht gelingen.

Gefahren sind in der, durch digitalisierte Ressourcen begünstigten und geforderten, Perfektion gegeben. Fraglich bleibt, inwieweit die durchaus gesteigerten Anforderungen an die Mitarbeiter Stress erzeugen werden, da deren hochwertige kognitive Tätigkeiten nicht digitalisierbar sind. Denkbar ist jedenfalls auch das Entstehen eines erhöhten Leistungsdrucks auf die Menschen in ihren Tätigkeiten.

Das Gleiche betrifft die durch Digitalisierung organisierbare Überwachung und Kontrolle, die zu Angst am Arbeitsplatz führen kann. Das ist ein wichtiger Hinweis darauf, auch den besonderen Gefahren in einer Welt der Digitalisierung und Dezentralisierung nachzugehen.

## 4 Literaturempfehlungen

Reichwald, Ralf/Hesch, Gerhard (1998): Mitarbeiter und Manager in neuen Organisationen; in: Adam, Dietrich (Hrsg.), Komplexitätsmanagement, Schriften zur Unternehmensführung, 1998, Wiesbaden, S. 87–96.

Vahs, Dietmar (2023): Organisation: Ein Lehr- und Managementbuch, München, S. 635–653.

Weibler, Jürgen (2023): Personalführung: Personen, Beziehungen, Kontexte, Wirkungen, München, S. 657–661.

## Aufgabe 2: Grundlegende Unterschiede zwischen Menschen und Computern sowie die Risiken der Digitalisierung und Dezentralisierung

---

**Wissen, Erläutern**                                                       **30 Minuten**

---

## 1 Fragestellung

Die allgemeine Euphorie allem Digitalen gegenüber ist groß. Die damit häufig verbundene dezentrale Organisation von Arbeit kann wie schon erwähnt, faszinieren. Ohne Zweifel sind die Möglichkeiten, die sich mit digitalen Instrumenten erschließen lassen, in vielen Fällen nützlich. Insbesondere die Beschaffung und Verarbeitung von Informationen aller Art wird in Zeiten des Internets spürbar erleichtert. Die für rationale Entscheidungen so wichtige Fundierung durch Daten ist damit grundsätzlich erleichtert, wenn vor allem auch die Qualität der Daten berücksichtigt wird.

In der Praxis ist es jenseits aller Euphorie allerdings dringend angeraten, die Folgen von neuen oder erweiterten Technologien zu bedenken. Genau das soll im Folgenden geschehen. Der kritische Blick auf digitales und dezentrales Arbeiten soll die Behandlung folgender Themen ermöglichen:

- Was passiert in der digitalen Welt?
- Was brauchen Menschen wirklich?
- Was kann getan werden, um die Gefahren von Digitalisierung und Dezentralisierung zu verringern?

## 2 Lösung

Neben den Vorteilen, die durch den Einsatz von digitalen Werkzeugen entstanden sind, sind viele Menschen verunsichert. Nicht nur die weltweite Pandemie oder Kriege in Reichweite des eigenen Landes machen Menschen Angst. Eine vielleicht eher unbewusste Sorge beruht darauf, dass sich Menschen durch die Entwicklung von künstlicher Intelligenz dazu genötigt fühlen, ihre eigene Existenz rechtfertigen zu müssen (vgl. dazu und zum Folgenden Bauer, Joachim (2023), S. 27 ff.).

Der Effekt, dass KI-Systeme den Menschen ersetzen würden, wird tatsächlich von Wortführern der digitalen Szene (Transhumanisten) propagiert. Dabei ist der Gedanke, dass zwei miteinander konkurrierende Systeme im Wettbewerb stehen und das weniger leistungsfähige System verschwindet, nicht wirklich abwegig. Der Denkfehler besteht aber darin, dass es sich bei Menschen und Computern um zwei vergleichbare Systeme handelt. Warum ist das so? Weil Menschen von Geburt an ein auf die natürliche Umwelt gerichtetes Interesse haben. Genau das haben Computer nicht. Computer tun das, was Menschen ihnen antrainieren.

Entscheidend für die Behandlung des Themas, was in der digitalen Welt passiert, ist, dass Menschen anders als Computer andere Menschen brauchen, um psychisch und physisch gesund zu bleiben. Maschinen benötigen keine Beachtung oder Wertschätzung, um weiterhin das zu tun, wofür sie gebaut wurden. KI-Maschinen können zwar behaupten, Gefühle zu haben und sogar als Roboter die entsprechenden Zeichen nachahmen. Computer sind aber nie einsam, haben keine Schmerzen, können nicht weinen und freuen sich nicht oder haben Angst.

Am Anfang des Lebens führt das Welt-Interesse dazu, dass Säuglinge Kontakt mit der äußeren Realität aufnehmen (vgl. dazu auch Hüther, Gerald/Burdy, Robert (2022), S. 147). Dazu gehören primär die Bezugspersonen, die mit dem Kind Kontakt aufnehmen und so neuronale Resonanzen hervorrufen. Das hat Konsequenzen. Die neuronale Resonanz und die daraus resultierende biologische Veränderung, die von einem sozialen Kontext hervorgerufen wird, begleiten Menschen das gesamte Leben lang. Deshalb können wir heute davon ausgehen, dass Menschen (deren Gehirn keinen Schaden erlitten hat) lebenslang lernen können. Interessant ist, dass Kinder kognitive Gewissheiten nur durch Realität körperlicher Erfahrungen und nicht durch Computer/Tablets gewinnen. Das ist im Konzept des Embodied Cognition wissenschaftlich fundiert (vgl. dazu insgesamt Barsalou, Lawrence (2020)).

Um den Sachverhalt noch ein wenig deutlicher zu gestalten, ist darauf zu verweisen, dass Menschen mit der Geburt bereits Resonanzwesen sind. Was uns Resonanz entwickeln lässt, ist die Körpersprache, die Stimme, die Mimik und/oder der Blickkontakt. In dieser Hinsicht ist in digitalen Welten zu prüfen, inwieweit ein Computerbild, das auf meinem Bildschirm erscheint, das Geschehen im unmittelbaren Kontakt mit dem anderen Menschen ersetzen kann. Zumindest in der Fülle der Eindrücke dürften Bildschirmkonferenzen nicht die umfänglichen Eindrücke, die eine persönliche Begegnung bewirkt, ermöglichen.

Die Reduzierung unmittelbarer Realitäten birgt also aus diesem Blickwinkel betrachtet Risiken, das Resonanzgeschehen und damit auch die darauf aufbauenden Veränderungsimpulse einzuschränken. Ohne die auf Resonanz basierende intuitive Einfühlung fällt es uns schwer zu fühlen, was andere fühlen. Verantwortlich dafür sind Spiegelneuronensysteme im Gehirn (vgl. Bauer, Joachim (2023), S. 42 f.).

Halten wir fest: Menschen brauchen Resonanz, die vor allem in persönlichen Begegnungen erlebbar wird. Beschäftigte, die nur noch digital miteinander vernetzt sind, werden in der Gestaltung der zwischenmenschlichen Beziehungen benachteiligt. Übrigens betrifft das eben Geschilderte selbstverständlich auch Gespräche, die am Telefon geführt werden. Auch dort wird die Chance auf das tiefere Spüren dessen, was am anderen Ende der Leitung geschieht, eingeschränkt.

Für die Arbeit gilt, dass Wertschätzung und Anerkennung entscheidende Voraussetzungen dafür sind, dass sie glücklich macht. Neuere Forschungen zeigen, dass es nicht so sehr die Arbeitsmenge ist (die natürlich auch überfordern kann), sondern die Balance zwischen dem Einsatz der Arbeitskraft und der Anerkennung der erbrachten Leistung (vgl. dazu Bauer, Joachim (2023), S. 174 ff.).

Eine weitere und gut nachvollziehbare Voraussetzung für gute Arbeit ist die Kollegialität, die wir als Arbeitskraft spüren. Funktionierende Kollegialität ist wahrscheinlich der wichtigste Faktor, um bei der Arbeit psychisch gesund zu bleiben. Zu den entscheidenden Faktoren guter Arbeit gehört schließlich die von Frithjof Bergmann genannte Bedingung, dass Menschen am besten eine Arbeit ausführen, die sie wirklich wollen und in der sie einen Sinn sehen.

Moderne Computerarbeitsplätze laufen Gefahr, die Beschäftigten zu isolieren. Natürlich sind Arbeitsplätze, die eine gewisse Ruhe für die Arbeit bieten, auch vorteilhaft. Sehr empfehlenswert ist nach all dem bisher Gesagten, dass Organisationen Sorge tragen sollten, dass sich die Menschen trotzdem vor Ort miteinander treffen. Denkbar ist auch, dass Arbeitskräfte, die entweder hybrid (also eine Mischung von Arbeitsorten) zu Hause und im Unternehmen arbeiten oder die „remote" (also an beliebiger Stelle) arbeiten können, regelmäßig ermöglicht wird, Kollegen persönlich zu treffen. Nicht unerwähnt bleiben soll auch, dass Arbeitsplätze zu Hause immer auch die Gefahr bergen, dass eine Trennung zwischen Beruf und Privatleben schwierig sein kann.

Damit Menschen wirklich glücklich arbeiten und leben können, brauchen sie Resonanzen, die im unmittelbaren Kontakt zu anderen Menschen entstehen (vgl. dazu auch Spitzer, Manfred (2028), S. 45). Menschen brauchen also auch im Beruf vor allem andere, mit denen sie gute und intensive Kontakte pflegen, besser nicht am Bildschirm, sondern vor Ort.

## 3 Hinweise zur Lösung

Im Zusammenhang mit Digitalisierungs- und Dezentralisierungstendenzen von Arbeit ist auf einen weiteren durchaus ernsten Sachverhalt hinzuweisen. Die Gefahr einer

Vereinsamung steigt, wenn sich Menschen nur noch oder vor allem in digitalen und an verschiedenen weit auseinanderliegenden Orten aufhalten. Einsamkeit macht krank, was eine Vielzahl von Forschungsprojekten belegt (vgl. dazu Spitzer, Manfred (2018), S. 143).

Zu den Folgewirkungen von Einsamkeit gehören zum Beispiel Bluthochdruck, Stoffwechselstörungen, Gefäßleiden und Infektionskrankheiten jeglicher Art (vgl. dazu Spitzer, Manfred (2018), S. 143). Unter diesem Aspekt ist die Forderung, verstärkte persönliche Begegnungen zu einem integralen Bestandteil von Arbeitsplätzen zu machen, eine Conditio sine qua non. Jede Organisation ist unter Berücksichtigung dieser Erkenntnisse überaus gut beraten, für entsprechende Gelegenheiten für Begegnungen zu sorgen.

## 4  Literaturempfehlungen

Barsalou, Lawrence W. (2020): Challenges and Opportunities for Grounding Cognition; in: Journal of Cognition, 3. Jg., 2020, H. 1, S. 1–24.

Bauer, Joachim (2023): Realitätsverlust: Wie KI und virtuelle Welten von uns Besitz ergreifen – und die Menschlichkeit bedrohen, München, S. 7–107.

Hüther, Gerald/Burdy, Robert (2022): Wir informieren und uns zu Tode: Ein Befreiungsversuch für verwickelte Gehirne, Freiburg im Breisgau, S. 147–150.

Spitzer, Manfred (2018): Einsamkeit – die unerkannte Krankheit, München, S. 143–158.

## Aufgabe 3: Crowd-Working: Vorteile und Probleme im Vergleich zu herkömmlichen Arbeitsverhältnissen

| | |
|---|---|
| **Wissen, Erläutern** | **30 Minuten** |

## 1  Fragestellung

Die in den Organisationen des 21. Jahrhunderts beobachtbaren Arbeitsprozesse haben sich in den letzten Jahren mit hoher Geschwindigkeit verändert. Diese Veränderungen, die sich auch in der Form von Arbeitsverhältnissen niederschlagen, werden, wie schon im Zusammenhang mit Digitalisierungsprozessen geschildert, mit Schlagworten wie Gig-Working, Click-Arbeiter, Plattformökonomie, Arbeiten in der Cloud, digitale Tagelöhner und Crowd-Sourcing versehen (vgl. hierzu und zum Folgenden vor allem Dull, Doris (2023), S. 31 ff.).

Der Sachverhalt wird hier der Einfachheit halber unter dem Begriff des Crowd-Working subsumiert und genauer beleuchtet. Es geht um die Arbeit in der neuen digitalen Welt, die durch eine Reihe von Rahmenbedingungen gekennzeichnet ist, die sehr unterschiedlich bewertet werden. Die schon angedeutete Problematik, die etwa in dem Begriff digitale Tagelöhner erscheint, beschäftigt mittlerweile zum Beispiel Gewerkschaften, Rechtsanwälte und das Europäische Parlament.

Ist nun Crowd-Working eine neue Arbeitsform, die sich vielleicht sogar sehr gut mit der Idee des New Work verträgt? Oder ist Crowd-Working eine neue Form der Ausbeutung, die ausnutzt, dass Menschen nicht (mehr) herkömmliche Arbeitsverhältnisse wählen wollen?

Jenseits dieser pointiert formulierten Fragen ist zunächst zu klären, was Crowd-Working ist. Dazu ist eine Abgrenzung zu herkömmlichen Arbeitsverhältnissen angeraten. Auf jeden Fall ist Crowd-Working eine neuartige Form des Arbeitsverhältnisses (vgl. dazu Pfeiffer, Sabine (2019), S. 748 f.), bei der es sich lohnt, genauer zu klären, wo die Vorteile und Probleme dieser Form des Arbeitens liegen und ob Crowd-Working ein tragfähiges Konzept in einer neuen Arbeitswelt ist.

## 2 Lösung

Das bisher gängige Modell des abhängigen Beschäftigungsverhältnisses ist zunächst dadurch gekennzeichnet, dass die Arbeitskraft sich verpflichtet, die im Arbeitsvertrag geforderte Leistung zu vollbringen. Die dafür notwendigen Ressourcen werden vereinbarungsgemäß vom Arbeitgeber zur Verfügung gestellt. Dafür zahlt er dem Arbeitnehmer eine Vergütung und sorgt für eine angemessene soziale Absicherung. Die Arbeitskraft ist Teil einer hierarchischen Ordnung, in der eine Führungskraft neben Ressourcen die für die Erbringung der Leistungen notwendigen Informationen vermittelt. Sie kontrolliert anschließend das Erreichen der vereinbarten Arbeitsaufträge und sorgt im günstigen Fall dafür, dass falls notwendig Personalentwicklungsmaßnahmen eingeleitet und umgesetzt werden. Die Vorteile von festen und vertraglich umfänglich geregelten Arbeitsbeziehungen liegen auf der Hand. In Deutschland dienen die folgenden durch Arbeits- und Sozialgesetze abgesicherten Rahmenbedingungen dazu, die herkömmlichen Arbeitsverhältnisse nach wie vor attraktiv zu machen (siehe Abbildung 26).

Diese umfangreiche Beschreibung hat allerdings offensichtlich trotz der Absicherung für einige (vor allem jüngere) Menschen nicht mehr die Anziehungskraft, die sie für due Generation zuvor hatte. Genau aus diesem Sachverhalt heraus lohnt es sich, Crowd-Working genauer unter die Lupe zu nehmen.

Geregelte Arbeit, die sich innerhalb eines Systems befindet, das zwar einen hohen Grad an Sicherheit, aber auch einengende Gesetze beinhaltet, lässt kaum noch Raum für Individualität. Herkömmliche Arbeitsverhältnisse sind durch ihren festen Rahmen vielfach weit entfernt von den Ideen Frithjof Bergmanns (siehe Kapitel 1 dieses Buches), wenn er von Freiheit in der Arbeit spricht oder wenn man auf die Elemente eines erfolgreichen Empowerments schaut, die zum Beispiel Einfluss und Selbstbestimmung fördern.

| Gesetzlich abgesicherte Rahmenbedingungen deutscher Arbeits- und Sozialgesetzgebung als Konkurrenz zu Crowd-Working: | |
|---|---|
| Höhe der Arbeitsstunden | Rentenansprüche |
| Verteilung der Arbeitszeit | Beiträge für Sozialkassen |
| Ruhepausen | Unfallschutz |
| Urlaubsansprüche | Arbeitslosengeld |
| Bezahlung im Krankheitsfall | Mitbestimmung in Unternehmen |

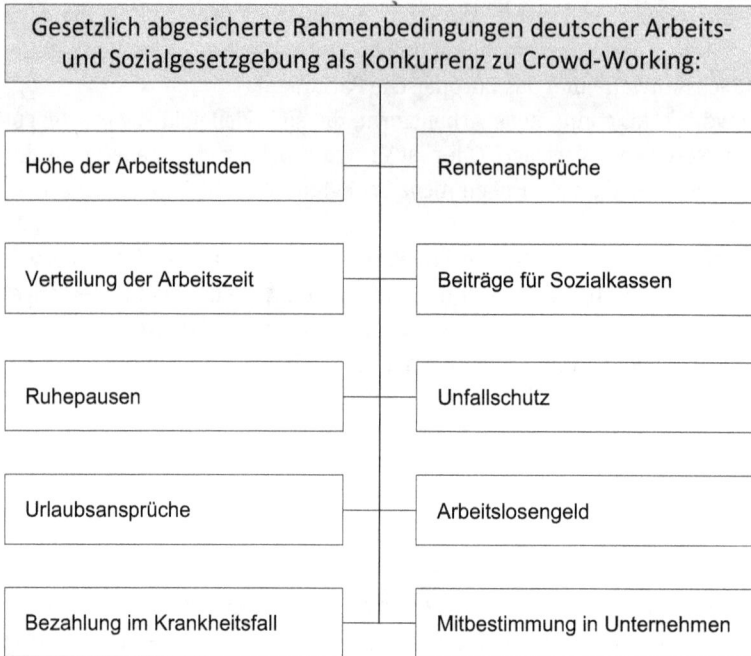

**Abb. 26:** Gesetzlich abgesicherte Rahmenbedingungen deutscher Arbeits- und Sozialgesetzgebung als Konkurrenz zu Crowd-Working.
Quelle: Pfeiffer, Sabine (2019), S. 748 f.

Das Crowd-Working ist anders gestaltet. Der Crowd-Worker ist nicht Teil eines hierarchischen Systems. Die Arbeitsprozesse laufen in Netzwerken ab. Die für die Arbeit notwendigen Ressourcen stellt der Crowd-Worker. Die Crowd steht für die Menge von Menschen, die sich bei einem Plattformbetreiber für Crowd-Worker einloggen. Von dieser Plattform erhält der Crowd-Worker seine Projekte, an denen er anschließend arbeitet.

Persönliche Kontakte zwischen den Crowd-Workern und Nutzern bestehen jedoch grundsätzlich nicht. Die Aufgaben der Crowd-Worker umfassen eine überaus große Spannbreite hinsichtlich Umfang und in der Qualität. Sie reichen von kleinen und einfachen Tätigkeiten (zum Beispiel Texte schreiben) bis zu komplexen Projekten, bei denen Spezialkenntnisse und/oder Kreativität gefordert sind, die so in der beauftragenden Organisation nicht vorhanden sind und deshalb dazugekauft werden müssen.

Die Arbeitsbeziehung des Crowd-Workers ist in der folgenden Abbildung 27 dargestellt.

Bezüglich des Crowd-Working ist bisher noch kein Rechtsrahmen entstanden, der eindeutig klärt, welchen rechtlichen Status die Beteiligten haben. Es dürfte und sollte in Zukunft eine Regelung erfolgen. Der Status ist bis heute höchst strittig und im Ein-

## Die Arbeitsbeziehung eines Crowd-Workers:

**Plattformbetreiber:**

Vergibt Projekte an die in der Crowd befindlichen Arbeitskräfte

**Die Crowd**
(eine Menge von Menschen):

Bewirbt sich beim Plattformbetreiber

**Nutzer:**

Vergeben Projekte an den Plattformbetreiber

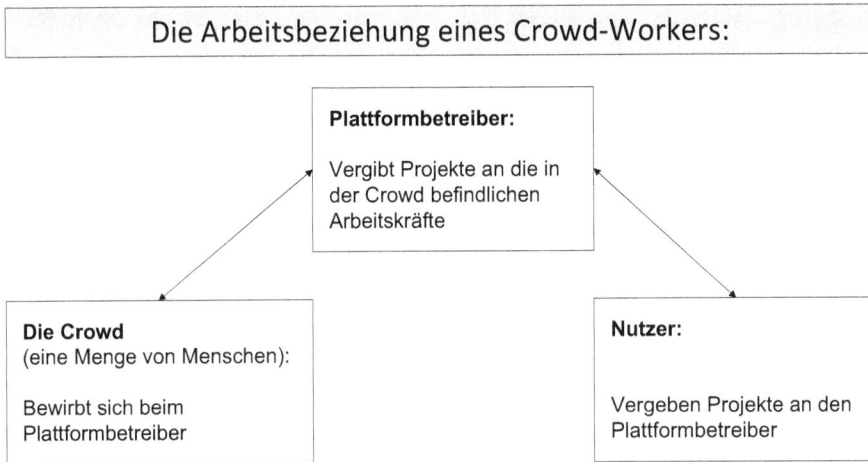

**Abb. 27:** Die Arbeitsbeziehung eines Crowd-Workers.
Quelle: Modifiziert nach Dull, Doris (2023), S. 40.

zelfall zu klären (vgl. dazu zum Beispiel BAG, Urt. v. 1.12.2020 – 9 AZR 102/20). Diese Form der Unsicherheit gehört zur Realität des aktuellen Crowd-Workings.

Was für die digitalisierte und dezentralisierte Arbeitswelt gilt (siehe oben), ist auch für Crowd-Working in einem gravierenderen Umfang gegeben. Soziale Isolation und daraus folgende Einsamkeit sind Erscheinungen, die für Crowd-Worker massive und gesundheitlich bedenkliche Folgen haben können. Sinnvolle digitale Arbeitsplätze sollten, wie oben erwähnt, Gelegenheiten bieten, sich persönlich zu treffen und auszutauschen. Crowd-Worker haben aber grundsätzlich keine persönlichen Kontakte zum Plattformbetreiber oder zum auftraggebenden Unternehmen.

Was macht Crowd-Working also für viele und vor allem für jüngere Menschen (Generation Z) interessant? Unter dem Blickwinkel der Absicherung durch vielfältige rechtliche Regelungen in festen Arbeitsverhältnissen ist es zunächst schwer verständlich, warum sich zumindest in Deutschland Menschen für Crowd-Working entscheiden, obwohl sie bisher nicht in den Genuss kommen, die beschriebenen Vorteile und/ oder den Schutz von gesetzlichen Regelungen in Anspruch nehmen zu können.

Hinweise auf die Frage, warum Crowd-Working attraktiv ist, liefern erste Studien (vgl. dazu Feldmann, Camilla et al. (2018), S. 24 ff.). Abgesehen davon, dass es beträchtliche Unterschiede bei den Arbeitsbedingungen gibt, wird der Autonomiegedanke hervorgehoben. Die Freiheit selbst zu entscheiden, wann und wo man zum Beispiel seine Tätigkeit ausführt, scheint ein wesentlicher Aspekt zu sein.

Die Studie von Feldmann aus dem Jahre 2018 (S. 24) kommt zu dem Ergebnis, dass die Bedeutsamkeit, die erlebte Verantwortlichkeit und das Wissen über die Ergebnisse der Arbeit, die für das Entstehen von intrinsischer Motivation als wichtig angesehen werden, Crowd-Working interessant machen. Aus der Kombination von Aufgaben (Inhalte, Anspruch und Zweck), der Autonomie und den Weiterbildungsmöglichkeiten, die in der Arbeit selbst liegen, entstehen für Crowd-Worker Anreize, sich in dieser Form der Arbeit zu engagieren. Die Spanne in der Qualität der Aufträge ist allerdings groß, sodass bei einfachen Tätigkeiten (Microtask-Plattformen) die intrinsische Komponente gering sein dürfte.

Die Bezahlung für Crowd-Worker wird unterschiedlich wahrgenommen. In Teilbereichen ist sie eher mit einem System von Lohndumping vergleichbar. Mittlerweile gibt es Anfänge von Regelwerken, die zu einer faireren Bezahlung führen sollen. Die Entlohnung ist zum Teil davon geprägt, dass Crowd-Worker die Arbeit als Nebentätigkeit ausführen. Das dürfte dazu beitragen, dass sich die Beteiligten auch auf relativ geringe Verdienste einlassen.

In einer Gesamtschau deutet das System des Crowd-Workings eher darauf hin, dass sich die klassischen Arbeitsverhältnisse halten werden. Nicht jeder Mensch ist geneigt, sich in die Ungewissheit des Crowd-Working zu begeben. Als Zusatztätigkeit ist es allerdings eine Chance, vor allem mit einem hohen Grad an Autonomie herauszufinden, welche besonderen Potenziale noch in der eigenen Person versteckt sein könnten, die dann in weiteren Tätigkeiten ausgebaut werden können. Insofern kann Crowd-Working als ein interessantes Modell von „informeller" Personalentwicklung gelten.

Die soziale Isolation ist ein Nachteil, den der Crowd-Worker bewältigen muss, indem er seine Autonomie so gestaltet, dass in seiner Freizeit angemessene Begegnungen mit anderen Menschen zustande kommen.

Crowd-Working wird als neues Arbeitsmodell trotz der beschriebenen Schwierigkeiten durch Definition von Rahmenbedingungen (Bezahlung und Bewertung von Leistungen) in Zukunft noch an Bedeutung gewinnen. Als Facette neuer Arbeitsformen bietet Crowd-Working zumindest interessante Möglichkeiten. Insofern kann es auch als eine Weiterentwicklung des Gedankens einer New-Work-Idee gelten, herauszufinden, was die einzelnen Arbeitskräfte wirklich wollen.

### 3 Hinweise zur Lösung

Der Mechanismus der Vergütung von Crowd-Workern kann auf der Grundlage von vier Ansätzen erfolgen (vgl. Jäger, Georg. (2019), S. 764 f.), die hier kurz dargestellt werden sollen. Sie machen deutlich, dass es sich bei der Vergütung um eine diskussionsbedürftige Rahmenbedingung handelt, wenn gerechte Bezahlungssysteme entstehen sollen. Die folgende Abbildung 28 gibt die Vergütungsformen wieder.

Wie sich der Crowd-Working-Markt hinsichtlich der Vergütung entwickeln wird, ist schwer vorauszusagen. Eine wichtige Frage ist, wie sich das Angebot an potenziellen Crowd-Workern bei einem verschärften Fachkräftemangel darstellt. Es erscheint durchaus denkbar, dass sich ein Markt herauskristallisiert, bei dem sich Unternehmen für anspruchsvolle und kreative Aufgaben in einer Auktion um die besten Arbeitskräfte überbieten müssen, was die Attraktivität für Crowd-Worker erhöhen würde.

## Vergütungsformen des Crowd-Workings:

|  | Qualität ist irrelevant: | Qualität ist relevant: |
|---|---|---|
| Bezahlung wird durch den Crowd-Worker gesetzt: | **Cheapest Offer:**<br><br>Niedrigstes Angebot erhält den Zuschlag. | **Quality Requirement:**<br><br>Es gibt eine Forderung nach einer Mindestqualifikation. |
| Bezahlung wird *nicht* durch den Crowd-Worker gesetzt: | **First Offer:**<br><br>Aufgabe und Preis sind definiert. Das erste Angebot erhält den Zuschlag. | **Best Quality:**<br><br>Crowdworker mit der besten Qualifikation erhält den Zuschlag. |

**Abb. 28:** Vergütungsformen von Crowd-Workern.
Quelle: Modifiziert nach Jäger, Georg (2019), S. 764 f. und Dull, Doris (2023), S. 44.

## 4 Literaturempfehlungen

BAG (Bundesarbeitsgericht), Urt. v. 1.12.2020 – 9 AZR 102/20.

Dull, Doris (2023): New Work – die Illusion von der großen Freiheit, Wiesbaden, S. 31–52.

Feldmann, Camilla et al. (2018): Crowdworking: Einflüsse der Arbeitsbedingungen auf die Motivation der Crowd Worker, Diskussionspapier, Universität Bielefeld, Forschungsschwerpunkt Digitale Zukunft, Bielefeld, S. 1–43, https://pub.uni-bielefeld.de/record/2930948 (08.08.2024).

Jäger, Georg et al. (2019): Crowdworking: Working with or against the crowd?; in: Journal of Economic Interaction and Coordination, 14. Jg., 2019, o. H., S. 761–788.

Pfeiffer, Sabine et al. (2019): Crowdworking und Leistungsgerechtigkeit, Ansprüche von Crowdarbeitenden an distributive, prozedurale und informationale Gerechtigkeit; in: HMD Praxis der Wirtschaftsinformatik, 56. Jg., 2019, o. H., S. 748–765.

## 5.4 Kommunikation und Konfliktlösung in New-Work-Kontexten

**Aufgabe 1: Umsetzung empathischer Führung in virtuellen Führungskontexten**

---

**Wissen, Erläutern, Transfer**                                     **25 Minuten**

---

### 1 Fragestellung

Während und nach der Corona-Pandemie hat sich das Arbeitsgeschehen spürbar verändert. Die ursprünglich vor Ort im Unternehmen stattfindenden Arbeitsprozesse haben sich zumindest dort, wo Arbeitsplätze virtuell vernetzt werden können – vorzugsweise im Dienstleistungsbereich, zu hybriden Arbeitsplätzen mit zum Teil beträchtlichen Anteilen im Homeoffice-Bereich entwickelt.

Man darf davon ausgehen, dass das Führungsgeschehen sehr stark von der Beziehung beeinflusst wird, die zwischen der Führungskraft und den einzelnen Mitarbeitern entsteht. Positive Beziehungsgestaltung gehört zu den stärksten Motivatoren für die Leistungserbringung am Arbeitsplatz (vgl. dazu Bauer, Joachim (2015), S. 28 ff.). Es spricht sogar einiges dafür, dass die Gestaltung von positiven Beziehungserfahrungen der Motivator schlechthin ist, auf den sich menschliches Verhalten vor allem bezieht. Ein wichtiger Faktor für das Erleben vertrauensvoller Beziehungen ist Empathie und deren kommunikativer Ausdruck.

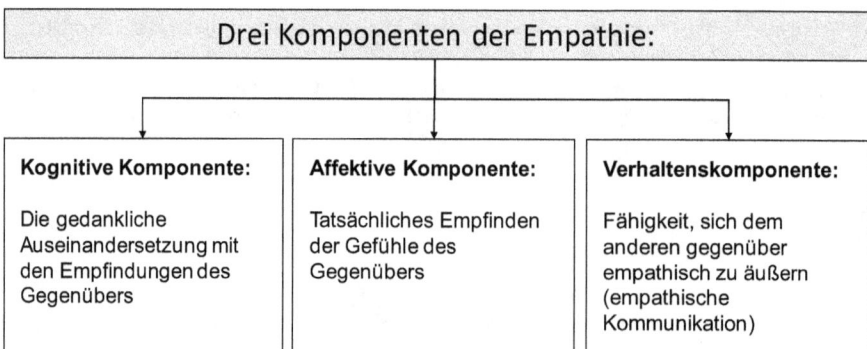

| Drei Komponenten der Empathie: | | |
|---|---|---|
| **Kognitive Komponente:** | **Affektive Komponente:** | **Verhaltenskomponente:** |
| Die gedankliche Auseinandersetzung mit den Empfindungen des Gegenübers | Tatsächliches Empfinden der Gefühle des Gegenübers | Fähigkeit, sich dem anderen gegenüber empathisch zu äußern (empathische Kommunikation) |

**Abb. 29:** Drei Komponenten der Empathie.
Quelle: Modifiziert nach Tüxen, Dana et al. (2023), S. 76 f.

Im Folgenden stellen sich deshalb diese Fragen:
– Was ist empathisches Führen?
– Welche Besonderheiten hat empathisches Führen im virtuellen Kontext?

## 2 Lösung

Empathie wird üblicherweise als Einfühlungsvermögen bezeichnet, ist allerdings differenzierter zu definieren, um den Begriff vollständig abzubilden. Die drei Komponenten, die durch Empathie erfasst werden, sind in Abbildung 29 dargestellt (vgl. dazu und zum Folgenden Tüxen, Dana et al. (2023), S. 76 f.).

Wirksame Empathie muss alle drei Komponenten beinhalten. Sie sind eng miteinander verbunden. Es dürfte auf der Hand liegen, dass sie sowohl verbal als auch nonverbal zum Ausdruck gebracht werden können. Eine (!) passende oder unpassende Geste kann im Rahmen eines Kommunikationsprozesses den Kontakt zum Erliegen bringen oder auf eine vertrauensvollere Ebene befördern.

Empathisches Führen ist der bewusste und authentische Einsatz der Komponenten. Neben dem Ziel menschlich miteinander umzugehen, denn das ist das authentische Zeigen und Erleben von Empathie, kann empathische Führung zu einer Verbesserung der Arbeitszufriedenheit der Mitarbeiter führen, was sich positiv auf die Arbeitsleistung auswirkt. Das ermöglicht, mit den Worten von New Work formuliert, das Erleben von Kompetenz, Bedeutsamkeit und Einfluss (vgl. dazu Kock, Ned et al. (2019), zitiert in: Tüxen, Dana (2023), S. 76).

Die Wirkung empathischer Führung zeigt sich kurz- und langfristig. Der kurzfristige Effekt der Arbeitsleistungssteigerung wird möglicherweise durch längerfristige Effekte in Form eines gefestigteren Auftretens der Mitarbeiter ergänzt. Zum Teil wird auch von einem offeneren Austausch zwischen den Beteiligten berichtet (vgl. dazu Tüxen, Dana (2023), S. 78).

Die Besonderheiten eines virtuellen Raumes haben zur Folge, dass die Situation, in der empathisches Führen stattfindet, herausfordernd ist. Die durch den virtuellen Raum entstehende Distanz zwischen den Beteiligten wird auch durch ein besonders empathisches Verhalten der Führungskräfte nicht vollständig aufzuheben sein, zumindest wird dies schwerer sein als in einer persönlichen Begegnung. Die im persönlichen Gespräch möglichen Komponenten von Kommunikation, wie unmittelbarer Augenkontakt und genaueres Beobachten von non-verbalem Verhalten, sind am Bildschirm wesentlich schwieriger oder gar nicht möglich.

Darüber hinaus ist es nicht einfach, in einem Gruppengespräch, das virtuell durchgeführt wird, auf die individuellen Belange der Beteiligten einzugehen. Trotzdem bleibt z. B. über die gesamte Dauer am Bildschirm die Notwendigkeit, alle Beteiligten im Blick zu behalten. Die damit verbundene Belastung für die Führungskraft wird von vielen Betroffenen als hoch eingeschätzt.

Rückmeldungen, die in persönlichen Gesprächen gegeben werden, sind in virtuellen Räumen möglich und werden über Chats oder direkt durch Likes und/oder Emojis gegeben. Es scheint angeraten, dass Führungskräfte sich dieser Instrumente rege bedienen, um die Nachteile, die sich durch die Distanz ergeben, auszugleichen. Gelegentlich dürfte die digitale Form der Rückmeldung sogar günstiger sein, da die Hemmschwelle einer Reaktion, zum Beispiel durch ein Emoji, niedriger liegt (vgl. dazu Tüxen, Dana (2023), S. 79).

Ratsam erscheint auch, noch mehr als bei persönlichen Kontakten das Gespräch durch Mimik und Gestik, durch deutlichen Blickkontakt und verbale Artikulation (zum Beispiel „Ich verstehe", „Ich nehme das wahr", „Ich habe die gleiche Auffassung") zu unterstützen.

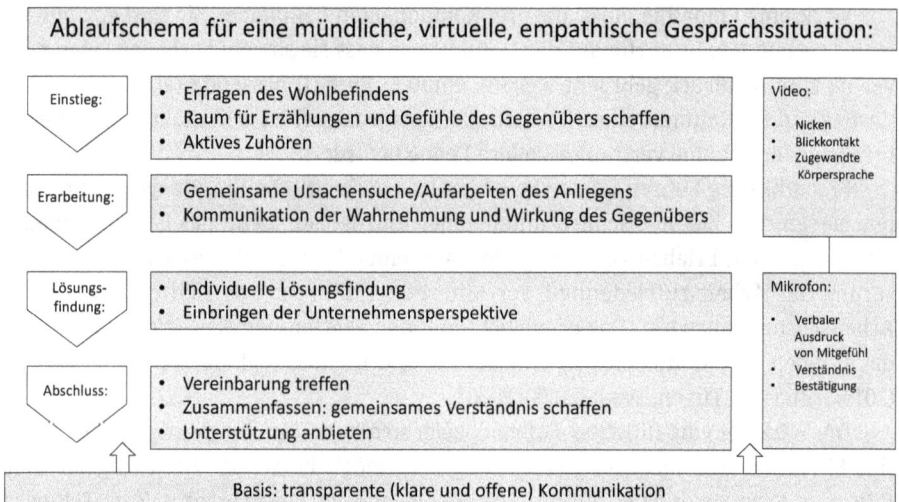

**Ablaufschema für eine mündliche, virtuelle, empathische Gesprächssituation:**

Einstieg:
- Erfragen des Wohlbefindens
- Raum für Erzählungen und Gefühle des Gegenübers schaffen
- Aktives Zuhören

Erarbeitung:
- Gemeinsame Ursachensuche/Aufarbeiten des Anliegens
- Kommunikation der Wahrnehmung und Wirkung des Gegenübers

Lösungs-findung:
- Individuelle Lösungsfindung
- Einbringen der Unternehmensperspektive

Abschluss:
- Vereinbarung treffen
- Zusammenfassen: gemeinsames Verständnis schaffen
- Unterstützung anbieten

Video:
- Nicken
- Blickkontakt
- Zugewandte Körpersprache

Mikrofon:
- Verbaler Ausdruck von Mitgefühl
- Verständnis
- Bestätigung

Basis: transparente (klare und offene) Kommunikation

**Abb. 30:** Ablauf für eine mündliche, virtuelle, empathische Gesprächssituation. Quelle: Modifiziert nach Tüxen, Dana (2023), S. 79.

Einzel- und Gruppengespräche sind zielführend zu planen, umzusetzen und im Nachhinein zu reflektieren. Dies gilt umso mehr in virtuellen Führungssituationen. Eine Übersicht, welche Punkte dabei bedacht werden können, ist Abbildung 30 zu entnehmen.

Das empathische, virtuelle Führen enthält selbstverständlich auch Elemente, die in herkömmlichen Gesprächssituationen eingesetzt werden. Der Unterschied, der sich ergibt, besteht darin, dass sich die Führungskraft in der virtuellen Situation noch mehr als in der persönlichen um den Kontakt zu den anderen Beteiligten bemühen sollte. Das könnte dafür sprechen, in Zukunft noch mehr bei der Auswahl von Führungskräften darauf zu achten, ob sie alle Facetten von Empathie authentisch in die Führungsaufgabe einbringen können. Virtuelles Führen fordert auf jeden Fall ein hohes Maß an Konzentrationsfähigkeit.

## 3 Hinweise zur Lösung

Das seit vielen Jahren bereits diskutierte sogenannte Servant Leadership passt sehr gut in den Ansatz empathischer Führung in virtuellen Führungskontexten. Der Servant Leader ist um das Wohlergehen der ihm zugeordneten Menschen und Gemeinschaften besorgt. Der zentrale Ansatz des Servant-Leader-Konzepts liegt in dem Bemühen, die Mitarbeiter zu entwickeln. Am Ende steht die Leistungsfähigkeit der Beteiligten im Fokus.

Servant Leaders zeichnen sich durch Gemeinschaftssinn, Wertschätzung und Empathie aus. Teil der Strategie des Servant Leaders ist die Vermittlung von Kompetenzen, die zur Selbstorganisation des Teams führen.

Die Aufgaben des Servant Leaders lassen sich wie folgt beschreiben (vgl. Rawitzer, Heike (2022), S. 388).

**Aufgaben des Servant Leaders**
–   die Identifikation der individuellen Mitarbeiterbedürfnisse
–   die Sicherstellung des individuellen Wachstums eines jeden Teammitgliedes
–   die Befähigung des Teams zur Selbstorganisation
–   die Schaffung optimaler Rahmenbedingungen zur Zielerreichung der eigenen Einheit
–   die Erarbeitung einer Vision und Richtung
–   die Förderung der Zusammenarbeit
–   der Blick auf das Gemeinwohl.

**Abb. 31:** Die zehn Attribute erfolgreicher Servant Leader.
Quelle: Modifiziert nach Rawitzer, Heike (2022), S. 388, in Anlehnung an Spears, Larry (2010), S. 25 ff.

Die Bezüge zu dem, was Frithjof Bergmann in seinen Ideen zur New Work aufführte, sind gut erkennbar. Um die Aufgaben eines Servant Leaders zu bewältigen, braucht es besondere Fähigkeiten, die in Abbildung 31 wiedergegeben werden.

Servant Leadership verlangt von Führungskräften, ihre bisherige Rolle umfassend zu überdenken. Das Modell braucht, damit es überhaupt erfolgreich sein kann, eine kompatible Unternehmenskultur. Der positive Ansatz der Idee ist mit dem der empathischen Führung vergleichbar. Die hier enthaltene Betonung des Empowerments der Mitarbeiter benötigt Zeit, Disziplin und Ausdauer. Die Passung zu einer New-Work-Umgebung ist hoch, der Weg zu einer breiten Umsetzung dieser Idee ist weit. Derartige Ansätze machen sehr deutlich, dass sich bei dem Thema Führung insgesamt Veränderungen andeuten, die sich deutlich von dem Führungsverständnis unterscheiden, dass bisher immer noch dominiert.

## 4 Literaturempfehlungen

Bauer, Joachim (2025): Arbeit: Warum Sie uns glücklich oder krank macht, München, S. 28–36.

Greenleaf, Robert, K. (1970): The Servant as a Leader, Indianapolis.

Kock, Net (2019): Empathetic Leadership: How Leader Emotional Support and Understanding Influences Follower Performance; in: Journal of Leadership & Organizational Studies, 26. Jg., 2019, H. 2, S. 217–236.

Rawitzer, Heike (2022): Servant Leadership: der dienende Führungsansatz als Erfolgsfaktor; in: Zeitschrift für Führung + Organisation, 91. Jg., 2022, H. 6, S. 387–390.

Spears, Larry (2010): Character and Servant Leadership: Ten Characteristics of Effective, Caring Leaders; in: The Journal of Virtues & Leadership, 1. Jg., 2010, H. 1, S. 25–30.

Tüxen, Dana et al. (2023): Empathische Kommunikation im virtuellen Führungskontext; in: Zeitschrift für Führung + Organisation, 92. Jg., 2023, H. 2, S. 76–81.

## Aufgabe 3: Der Umgang mit Konflikten in einer von New Work geprägten Umgebung

| | |
|---|---|
| **Wissen, Erläutern, Transfer** | **40 Minuten** |

## 1 Fragestellung

Konflikte gehören zum Leben wie das Essen und Trinken. Die Frage ist allerdings, ob man sie angemessen erkennen und lösen kann, um damit weitere Eskalationen zu vermeiden, an deren Ende überaus negative Konsequenzen stehen können.

Konflikte verändern die emotionale Beteiligung am Geschehen, und Menschen sind normalerweise alles andere als ruhig in konfliktgeladenen Situationen. Sie beeinflussen Beziehungen, es geschehen merkwürdige Dinge mit der eigenen Wahrnehmung, Konflikte durchdringen jeweils verfolgte Absichten, sie verändern unser Verhalten und sie beeinträchtigen eine sachliche Betrachtungsweise.

Ein häufig zu beobachtender Verlauf von Konflikten spielt sich ungefähr so ab, wie es die folgende Darstellung in Abbildung 32 zeigt.

---

Stufen der Konflikteskalation:
1. Es wird kälter.
2. Verbales Ping-Pong.
3. Ab jetzt wird gehandelt!
4. Ich bin stärker!
5. Jeder soll sehen: Der andere ist der Schuft!
6. Wer nicht hören will, muss fühlen!
7. Dem zeige ich es jetzt!
8. Zerstörung ist angesagt!
9. Gemeinsam in den Abgrund.

---

**Abb. 32:** Stufen der Eskalation im Konfliktfall.
Quelle: In Anlehnung an Glasl, Friedrich 2024, S. 243 ff.

Diese in der Praxis gut nachvollziehbare Kette von Eskalationsstufen gilt es in den Blick zu nehmen und dafür zu sorgen, dass die Beteiligten tatsächlich nicht am Ende an einem Abgrund stehen. Deshalb sollen die folgenden Fragen geklärt werden:
– Was ist ein Konflikt?
– Warum sind Konflikte wichtig?
– Welche Warnzeichen gibt es?
– Wie gehe ich in einer New-Work-Umgebung mit Konflikten um?

Es gibt sicher nicht die für jeden Betroffenen und jede Situation zutreffende Methode zur Konfliktbewältigung. Dazu ist die Realität (zum Glück) zu differenziert. Die Hinweise zur Lösung von Konflikten sind als Denkansatz zu betrachten, die jeder für sich bewerten und gegebenenfalls modifizieren kann. Sie haben exemplarischen Charakter und sollen dabei helfen, sich in Konfliktsituationen reflektiert und, soweit das möglich ist, wohlüberlegt und lösungsorientiert zu verhalten.

## 2 Lösung

Nicht alles, was uns selbst innerlich oder in einer Situation mit anderen Menschen irgendwie Schwierigkeiten bereitet, ist ein Konflikt (vgl. hierzu und zum Folgenden Jirabek, Heinz und Edmüller, Andreas (2015), S. 15).

Die folgende Definition (vgl. dazu Glasl, Friedrich (2024), S. 17 ff.) bezieht sich auf den Begriff des sozialen (!) Konfliktes, bei dem zwei oder mehrere Personen beteiligt sind. Intrapersonelle Konflikte (also Konflikte, die Menschen mit sich selbst haben) werden hier zunächst nicht näher betrachtet. Dieser Zusammenhang wird in Abbildung 33 visualisiert.

| Was ist ein sozialer Konflikt? |
|---|

**Interaktion zwischen Aktoren**
(Individuen, Gruppen,
Organisationen u.s.w.)

| **Mindestens ein Aktor erlebt eine Differenz** bzw. Unvereinbarkeiten<br><br>- im Wahrnehmen<br>- und Denken bzw. Vorstellen<br>- und im Fühlen<br>- und im Wollen<br><br>**mit dem anderen Aktor** (oder Aktoren). | **Der Aktor erlebt dies in der Art, dass**<br><br>- **beim Verwirklichen** dessen, was er denkt, fühlt oder will<br><br>- eine **Beeinträchtigung durch den anderen Aktor** (oder die anderen Aktoren) gegeben ist. |
|---|---|

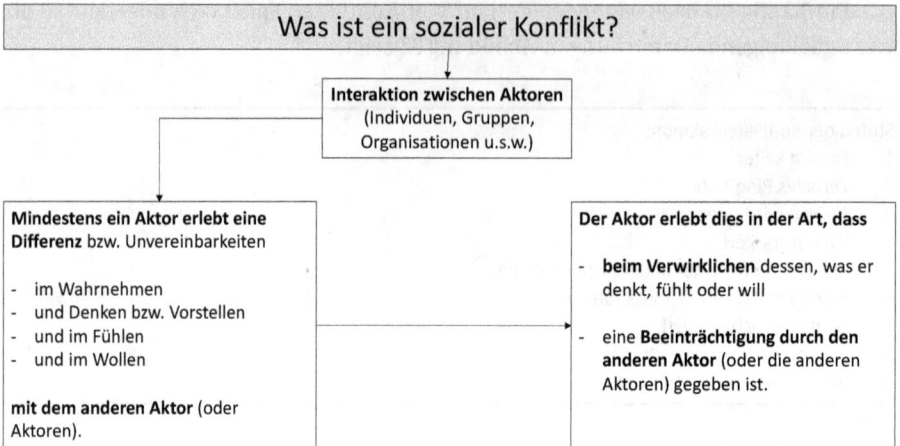

**Abb. 33:** Was ist ein sozialer Konflikt?
Quelle: Modifiziert nach Glasl, Friedrich (2024), S. 17.

Wichtig ist, dass ein aufeinander bezogenes Kommunizieren gegeben ist. Wenn es zu erzwingenden Aktionen *zwischen* den Beteiligten kommt, also zum Beispiel zu Überzeugungsversuchen, kann ein Konflikt entstehen. Es genügt, wenn sich nur ein Beteiligter entsprechend verhält.

Bei unterschiedlichem *Denken* handelt es sich demnach nicht um einen Konflikt. Dazu gehören auch Unvereinbarkeiten im Fühlen, Unvereinbarkeit im Wollen und wenn unvereinbare Verhaltensweisen aufeinanderstoßen (vgl. dazu Glasl, Friedrich (2024), S. 18 f.).

Aus der Definition geht bei genauerer Betrachtung bereits hervor, dass Konflikte in Beziehungen und Gemeinschaften wichtig sind, damit geklärt wird, was die einzelnen Menschen antreibt und wie die Motivationen gegebenenfalls zusammengeführt werden können. Wenn ich als Beteiligter bestimmte Ziele verfolge, die andere Menschen nicht teilen und dies manifest (offensichtlich) wird, habe ich eine Chance, durch angemessene Thematisierung und ein angemessenes Verhalten diesen Konflikt zu lösen. Damit sinkt das Risiko weiterer Eskalationen, dem wir nicht zwangsläufig unterliegen, wenn wir in der Lage sind, Konflikte wahrzunehmen und nach Lösungen zu suchen. Konflikte sind also nicht per se negativ zu bewerten.

In einem noch etwas weiteren Bogen könnte die Behauptung aufgestellt werden, dass eine Gesellschaft, die auch in ihren Verästelungen immer mehr demokratisiert wird, tendenziell zu mehr Konflikten neigt, da mit einem allgemeinen Demokratisierungsprozess auch Diskussionen zunehmen, die mehr Konfliktpotenziale beinhalten als die „einfache" Anordnung und Ausführung von Anweisungen.

An dieser Stelle wird deutlich, dass die Konfliktkompetenz in unseren Zeiten und in Zeiten von New Work besonders wichtig wird. Die mündige und selbstbewusste Arbeitskraft, die das tut, was sie wirklich will, wird tendenziell mehr Motivation spüren,

Konflikte zu thematisieren und zu bearbeiten, weil es um den tieferen Sinn dessen geht, was für sie Arbeit im Leben bedeutet.

Konflikte sind etwas Normales und gehören zum Leben, und zwar sowohl zum beruflichen als auch zum privaten. Menschen sind (zum Glück) verschieden und haben unterschiedliche Interessen und Werte. Diese in einem fairen Kommunikationsprozess „unter einen Hut zu bringen", um zum Beispiel ein Unternehmen erfolgreicher zu machen, braucht Fähigkeiten, Konflikte zu bewältigen.

Unternehmen sind gut beraten, Konfliktkompetenz insbesondere bei Führungskräften zu fördern. Diese sollten mit den vielen Auseinandersetzungen, die im Tagesgeschäft einer jeden Organisation auftreten, produktiv umgehen können, wenn das Unternehmen wettbewerbsfähig werden will oder bleiben soll. Die besondere Chance produktiver Konfliktbewältigung liegt in einer ausgewogenen Problemlösung, die möglichst von allen – oder realistisch gesehen wenigstens von der überwiegenden Mehrheit – akzeptiert wird und so eine hohe Umsetzungswahrscheinlichkeit aufweist.

Konfliktkompetenz, die entsteht, wenn das Instrumentarium des Konfliktmanagements sinnvoll eingesetzt wird, heißt, unnötige Konflikte zu vermeiden, Konflikte frühzeitig zu erkennen, Konflikte konstruktiv zu klären und/oder in nicht auflösbaren Konfliktsituationen handlungsfähig zu bleiben. Dazu ist es zunächst erforderlich, dass eine Sensibilität dafür entsteht oder genutzt wird, welche Warnzeichen auf Konflikte hinweisen.

Die in Abbildung 34 dargestellte Liste enthält eine Reihe von Stichworten, die bedacht werden können, um konfliktträchtige Situationen auszumachen.

---

Konfliktwarnzeichen:
- Ablehnung, Trotz und/oder Widerstand
- Aggression
- Beharrlich auf einer Meinung bestehen
- Vage Aussagen und Killerphrasen
- Selbstbeschuldigung
- Verschiebung und Projektion
- Resignation
- Überanpassung
- Rationalisierung und Intellektualisierung
- Non-verbale Hinweise

---

**Abb. 34:** Konfliktwarnzeichen.
Quelle: In Anlehnung an Kreyenberg, Jutta (2005), S. 16.

In der Praxis geht es darum, weder aufgrund einer Übersensibilisierung hinter jeder Aussage oder Beobachtung einen Konflikt zu vermuten noch Konfliktwarnzeichen bewusst zu übersehen, was das Risiko einer Konflikteskalation erhöht und dazu führt, dass mehrere Konfliktstufen unmerklich übersprungen werden.

Es bleibt noch die Frage offen, welche besonderen Anforderungen sich für den Umgang mit Konflikten aus einer New-Work-Umgebung ableiten lassen. Unter der Voraussetzung, dass das Verständnis von New Work in die Richtung geht, dass Führungskräfte dafür sorgen sollten, dass sich Mitarbeiter mit denjenigen Tätigkeiten beschäftigen können, die sie wirklich wollen, ist zunächst die Feststellung wichtig, dass sowohl Führungskräfte als auch Mitarbeiter gleichermaßen die Verantwortung für eine angemessene Konfliktbearbeitung tragen.

Für die Frage, ob ich einen Beruf gerne ausübe oder eben nicht, ist es überaus wichtig, die Beziehungen als eine Quelle der Berufszufriedenheit und des Glücks zu nutzen. Dabei sind das Erkennen und die Bewältigung von Konflikten unabhängig von New-Work-Ideen entscheidend. Das menschliche Motivationssystem wird ganz wesentlich von der als gut wahrgenommenen Beziehung zu den anderen Beschäftigten beeinflusst und ist geradezu ein Garant für das Gefühl, im Beruf glücklich zu sein (vgl. Bauer, Joachim (2015), S. 28 ff.).

Insofern liegt es auf der Hand, dass Konfliktmanagement in einer New-Work-Umgebung noch ernster genommen werden sollte als ohnehin schon. Wenn der Beruf Freude machen soll, ist es unabdingbar, die Konfliktkompetenz bei allen Beteiligten zu fördern.

Exemplarisch kann man die Elemente eines guten Konfliktmanagements deutlich machen, wenn man sich vor Augen hält, was eine gute Beziehung fördern kann. Dabei soll die folgende Liste in Abbildung 35 behilflich sein, aus der hervorgeht, was zu tun ist, um Konflikten *vorzubeugen*.

---

Instrumente einer guten Beziehungspflege:
- Sich über den Anderen informieren (Gepflogenheiten, Bedürfnisse und Gewohnheiten).
- Den Anderen wertschätzen und bewusst anerkennen und ihn dies auch spüren lassen.
- Immer einmal wieder aufeinander zugehen.
- Sich vom Anderen beeinflussen lassen und nicht stur auf dem eigenen Standpunkt beharren.
- Probleme aktiv angehen und lösen wollen.
- Einen gemeinsamen Sinn entdecken und zusammen übergreifende Ziele schaffen.

---

**Abb. 35:** Instrumente einer guten Beziehungspflege.
Quelle: Modifiziert nach Kreyenburg, Jutta (2015), S. 167.

Wenn abschließend die Frage gestellt wird, wie Konflikte bewältigt werden können, ist es wichtig zu betonen, dass jeder Konflikt seine ganz eigene Prägung hat und die genannten Punkte situationsbezogen beurteilt werden müssen. Ein Grundmuster zur Konfliktlösung wird in der folgenden Abbildung 36 dargestellt.

Nach all dem, was zur New-Work-Welt und ihrem Rahmen gesagt wurde, sollte sich ein Konflikt in die Richtung Kompromiss und Konsensfindung bewegen. Bei den Interventionen sind Aktionen beschrieben, die sehr kompatibel mit den Ideen von New Work sind.

| Grundmuster der Konfliktlösung sowie Interventionen zur Konfliktlösung und Konsensfindung: | |
|---|---|
| **Grundmuster der Konfliktlösung:** | **Interventionen zur Konfliktlösung und Konsensfindung:** |
| • **Flucht:** vermeiden, weglaufen, unter den Teppich kehren<br><br>• **Vernichtung:** kämpfen, konkurrieren, angreifen<br><br>• **Unterordnung:** nachgeben, unterwerfen, ausweichen, anpassen<br><br>• **Delegation:** richten, schlichten, vermitteln, moderieren<br><br>• **Kompromiss:** feilschen, Teileinigung erzielen, tauschen<br><br>• **Konsens:** Lösungen zweiter Ordnung finden, entwerfen, integrieren (Win-win-Situationen) | • **Emotionsmanagement:** Gefühle bewusst machen und Bedürfnisse ausdrücken, Ärger ernst nehmen, mit emotionalen Reaktionen rechnen<br><br>• **Kommunikationsfördernde Gesprächsmethoden einsetzen:** Beziehung herstellen, Körpersprache positiv einsetzen, aktives Zuhören, Feedback in Form von Ich-Botschaften, Fragen stellen, Metakommunikation<br><br>• **Weiterführende Methoden:** Gewaltfreie Kommunikation, Humor einsetzen, Psychospiele und unfaire Dialektik abwehren |

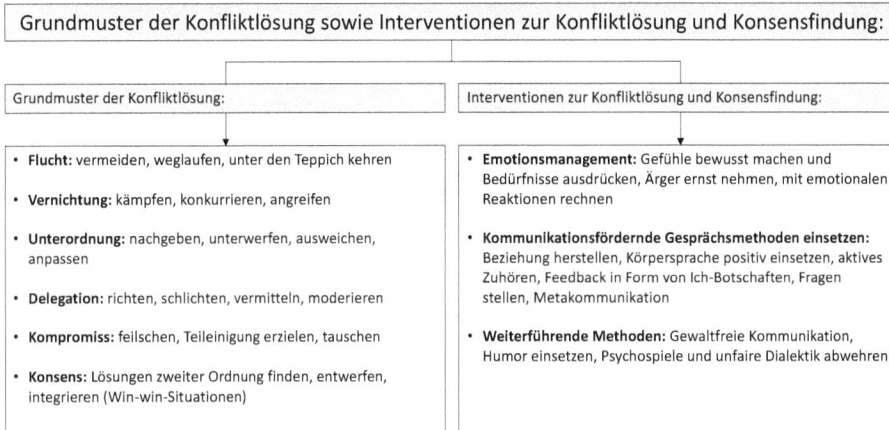

**Abb. 36:** Grundmuster der Konfliktlösung und Interventionen zur Konfliktlösung und Konsensfindung. Quelle: Modifiziert nach Kreyenberg, Jutta (2015), S. 349 f.

## 3 Hinweise zur Lösung

Wer bei Konflikten mit ganz bestimmten eigenen Mustern agiert, sorgt auf jeden Fall für eine Überraschung, wenn er das eigene typische Verhalten verändert. Der Terminus, unter dem die eingefahrenen Muster subsumiert werden, heißt (Lebens-)Skript (vgl. hierzu und zu folgenden Beispiel Kreyenberg 2005, S. 117).

Skripte sind Lebensplanungen und Lebensmuster, die vor allem in der Kindheit entstehen. Sie sind bewährte Reaktionen auf die Umgebung, der wir ausgesetzt sind. Dabei spielen zum Beispiel die Eltern als Vorbild eine wichtige Rolle. Letztlich entscheiden wir uns in vielen Fällen aber selbst für die Skripte, indem wir uns bewusst oder unbewusst einen bestimmten Verlauf unseres Lebens vorstellen und entsprechend zu handeln versuchen, um das Ziel zu erreichen. Der Nachteil an einem Skript ist, dass wir das Drehbuch, das wir im Leben dazu schreiben, in der jeweiligen Situation auch als einengend und beschränkend empfinden können.

Wenn man sein (Lebens-)Skript betrachtet, kann es sehr hilfreich sein, an van den in Abbildung 37 aufgeführten Fragen zu arbeiten. Persönliche Erfahrungen mit vergangenen Konflikten – sowohl im beruflichen als auch im privaten Leben – prägen das eigene Konfliktverhalten im Beruf.

Aus der Analyse dieser Fragen wird man Anhaltspunkte für das eigene persönliche Skript herauskristallisieren können. Es lohnt sich, diesen Fragen noch intensiver nachzugehen, um bisher unbewusste Muster zu entdecken, die kritisch in den Blick genommen werden können. Es muss nicht immer darin enden, dass Unangenehmes herauskommt, sondern es können sich durchaus positive Erlebnisse zeigen, die das eigene Verhalten bestätigen können. Das wäre dann die Sicht auf die eigenen Ressourcen. Beides ist wichtig.

Fragen zum eigenen Konfliktverhalten:
- Welche Konflikte habe ich in der Vergangenheit erlebt und wie haben diese mich geprägt?
- Was war der schlimmste Konflikt, den ich erlebt habe und was ist mir dabei widerfahren?
- Was war das Beste, was ich im Zusammenhang mit Konflikten erlebt habe?
- Wie sind wir damals in meiner Familie mit Konflikten umgegangen?
- Was ist mir dabei rückblickend in Erinnerung geblieben?
- Was habe ich bis heute zum Thema Konflikt aus meinen Erfahrungen mit Konflikten gelernt?
- Wie sieht das Konfliktverhalten an meinem Arbeitsplatz aus?
- Warum arbeite ich gerade in diesem Unternehmen?
- Auf wen oder auf welche Situation reagiere ich besonders empfindlich?
- Wie passen mein familiäres Konflikterleben und das Verhalten, was ich in meinem Unternehmen erlebe, zusammen?
- Was wünsche ich mir für die Zukunft für mein eigenes Konfliktverhalten?
- Wie merke ich, dass ich meine Wünsche zu meinem Konfliktverhalten umgesetzt habe?

**Abb. 37:** Fragen zum eigenen Konfliktverhalten.
Quelle: Kreyenberg, Jutta (2005), S. 118.

Das Entscheidende ist zunächst die Auseinandersetzung mit diesen Fragen und die Bereitschaft, gegebenenfalls Konsequenzen zu ziehen und entsprechende Verhaltensänderungen einzuleiten. In der Literatur werden besonders die sogenannten (verbalen) Antreiber und Erlauber betont, die als Botschaft von den Eltern weitergegeben werden und eine wichtige Rolle in ihrem Verhalten spielen. Dazu gehören zum Beispiel die in Abbildung 38 aufgeführten Begriffspaare.

| Antreiber: | Erlauber: |
|---|---|
| Beeil dich! | Lass dir Zeit! |
| Sei perfekt! | Du darfst Fehler machen! |

**Abb. 38:** Antreiber und Erlauber einer Grundausrichtung des menschlichen Verhaltens.
Quelle: Kreyenberg, Jutta (2015), S. 139.

Die Antreiber/Erlauber beeinflussen sehr stark unseren Kommunikations- und Arbeitsstil. Wer ausprobieren will, welche Motive einen selbst antreiben, kann die genannten Antreiber und Erlauber unter dem Gesichtspunkt prüfen, was besonders stark ausgeprägt ist. Um nicht allein zu bleiben, kann eine vertraute Person gebeten werden, die Selbsteinschätzung zu kommentieren. Es ist auch möglich, diese Person darum zu bitten, etwas zu benennen, was von dritter Seite aus besonders gut beobachtbar ist und dies mit dem Selbstbild zu vergleichen.

Die Frage, wie unerwünschte Skripte oder Muster verändert werden können, lässt sich theoretisch fundiert zum Beispiel durch systemische Ansätze beantworten. Über lange Zeit erlernte und immer wiederkehrende, aber mitunter wenig hilfreiche Muster, lassen sich nur schwer verändern. Die entsprechenden neurobiologischen

Bahnungen (die vernetzten Neuronen im Gehirn eines Menschen) sind relativ stabil. Sie sind aber ein Leben lang veränderbar. Was man über Jahre oder Jahrzehnte gelernt hat, lässt sich daher nicht von heute auf morgen umgestalten.

Interessante Ansätze liefert die Systemtheorie (vgl. dazu Erickson, Milton/Rossi, Ernest (2016), S. 181 ff. und Schmidt, Gunther (2013), S. 80 ff.). Hinter diesen Ansätzen stehen Überlegungen, die darauf basieren, Muster zu erkennen und durch geeignete Interventionen gewünschte Veränderungen zu bewirken, also Skripte zu modifizieren.

Beispielsweise wäre es denkbar, Prüfungsängste in den Blick zu nehmen und zu beobachten, was körperlich und mental passiert, wenn eine Prüfung ansteht. Wer die Muster wahrnimmt, die dazu führen, dass die Angst sich manifestiert (zum Beispiel durch Selbst- oder Fremdbeobachtung) und die körperlichen und mentalen Anzeichen der Angst identifiziert, schafft eine Basis dafür, sie zu beherrschen anstatt sich von ihr beherrschen zu lassen.

Dazu ist es hilfreich herauszufiltern, was bei einem bestimmten Menschen passiert, wenn eine Prüfung ansteht. Welche Denkmuster laufen ab und was passiert körperlich, wenn das Prüfungsgeschehen naht? Sind die Muster bewusst, kann man versuchen, sie rechtzeitig wahrzunehmen und zu steuern (vgl. dazu Schmidt Gunther (2016), S. 80 ff. und Schwegler, Christian (2014), S. 15 ff.). Es kann überraschen, dass eine Verstärkung der Angst (eine paradoxe Intervention) hilfreich sein kann, um sie zu reduzieren. Dahinter steckt der Gedanke, dass Menschen das, was sie verstärken können, auch wieder reduzieren können, weil das Unbewusste ins Bewusstsein überführt wurde. Das, was ein Mensch dann steuert (wie auch immer), ist nun willentlich beeinflussbar (weil es bekannt wurde) und im besten Fall gewünscht veränderbar.

In den letzten Jahren haben sich systemische Sichtweisen in der Beratungspraxis deutlich stärker verbreitet. Es liegt durchaus nahe, nicht so sehr auf die Vergangenheit zu schauen, die ohnehin nicht mehr veränderbar ist und vielleicht durch traumatische Erlebnisse sogar belastend wirkt. Der Blick richtet sich in der systemischen Betrachtungsweise auf das gewünschte zukünftige Verhalten und den Weg, dieses Verhalten durch Interventionen zielgerichtet neu zu gestalten.

Im Sinne einer New-Work-Kultur, die auf den Grundideen von Frithjof Bergmann basiert, ist erkennbar, dass Menschen, die in entsprechenden Umgebungen arbeiten, einen hohen Grad an Konfliktkompetenz aufweisen sollten. Das bedeutet vor allem, Konflikte nicht als etwas Unangenehmes, sondern als ein Phänomen zu betrachten, das dazu dient, durch gemeinsame Bemühung eine Arbeitsumgebung zu schaffen, in der die Beteiligten ihrer Berufung nachgehen, sich von der Armut der Begierde befreien, in einer Atmosphäre von Freiheit arbeiten und sich so letztlich stärken können.

## 4 Literaturempfehlungen

Bauer, Joachim (2015): Arbeit: Warum sie uns glücklich oder krank macht, München, S. 25–53.

Erickson, Milton H./Rossi, Ernest L. (2016): Hypnotherapie: Aufbau – Beispiele – Forschungen, Stuttgart, S. 181–248.

Glasl, Friedrich (2024): Konfliktmanagement, Bern, S. 243–316.

Jirabek, Heinz/Edmüller, Andreas (2015): Konfliktmanagement: Ein Handbuch für Führung, Beratung und Mediation, 13. Aufl., München, S. 14–35.

Kreyenberg, Jutta (2005): Handbuch Konfliktmanagement, 2. Aufl., Berlin, S. 13–47.

Schmidt, Gunther (2016): Einführung in die hypnosystemische Therapie und Beratung, Heidelberg, S. 80–123.

Schwegler, Christian (2014): Der Hypnotherapeutische Werkzeugkasten: 50 Hypnotherapeutische Techniken für gelungene Induktionen und Interventionen, 2. Aufl., ohne Ort, S. 30–53.

# Kapitel 6: Implementierung von New Work im Unternehmen

## 6.1 Vorgehensweisen bei der Implementierung von New Work

### Aufgabe 1: Konzeptrahmen für die Implementierung von New Work

| Wissen, Verstehen | 20–25 Minuten |
| --- | --- |

### 1 Fragestellung

„Sie sind CEO eines wirtschaftlich erfolgreichen Unternehmens aus der Abfallwirtschaft mit über 2000 Beschäftigten und einem jährlichen Umsatz von ca. 450 Millionen Euro. Sie haben viel in den Medien über New Work gehört und gelesen und wollen diese Konzepte nun auch in Ihrem Unternehmen einführen. Sie wollen Ihr Unternehmen zwar einerseits transformieren, andererseits wollen Sie Ihre Mitarbeiter aber auch nicht überfordern. Aus diesem Grund beginnen Sie mit der Einführung von neuen Homeoffice-Regelungen und der Gestaltung von Großraumbüros statt Einzelbüros. Nun dürfen die Angestellten anstatt zwei Tage vier Tage Homeoffice machen und selbstbestimmt arbeiten."

Erläutern Sie, ob diese Vorgehensweise empfehlenswert ist, und beschreiben Sie einen idealtypischen Prozess für die Implementierung der genannten Maßnahmen.

### 2 Lösung

In der folgenden Lösungsskizze wird normativ argumentiert und angenommen, dass es einen Prozess gibt, der häufig in der betriebswirtschaftlichen Managementliteratur zu finden ist. Die Unterteilung in die einzelnen Schritte ist nur als idealtypischer Prozess zu verstehen. In der Unternehmensrealität bestehen zahlreiche Interdependenzen zwischen den Prozessen. Grundsätzlich lassen sich die einzelnen Schritte in die Vorbereitungs-, die Konzeptions-, die Implementierungs-/Pilotprojekt- und die Evaluations- respektive Kontrollphase unterscheiden. Ein „One size fits all"-Vorgehen gibt es nicht, da die Rahmenbedingungen in der Realität zu komplex sind. Kritische Bemerkungen zu New Work sind in den Hinweisen zur Lösung zu finden.

Die beschriebene Vorgehensweise ist aus der Best-Practice-Sichtweise sehr einseitig und grundsätzlich weniger empfehlenswert. Denn New Work in seinem ursprünglichen Gedanken besteht nicht nur in der Einführung von Homeoffice und Großraumbüros und sollte darauf auch nicht reduziert werden. Die Implementierung von New

https://doi.org/10.1515/9783111388861-006

Work geht einher mit weitreichenden und umfassenden organisationalen Veränderungen. Insgesamt liegt dem New-Work-Gedanken zugrunde, dass Unternehmen nach dem Prinzip der Demokratie organisiert sein sollten.

Die nachhaltige Implementierung von New-Work-Konzepten erfordert entsprechende Vorgehensweisen und muss deren Spezifika berücksichtigen.

### Schritt 1: Was heißt überhaupt New Work? Alles eine Frage der Haltung

Im ersten Schritt (Vorbereitungsphase) sollte auf der Ebene des Verständnisses von New Work begonnen werden, die auch als Bewusstseinsebene betrachtet werden kann. Es ist wichtig, den CEO des Unternehmens darüber zu informieren, dass New Work nicht nur ein Buzzword ist, das oft mit Homeoffice in Verbindung gebracht wird. Vielmehr ist New Work eine umfassende Arbeitsphilosophie, die darauf abzielt, die Arbeit menschlicher, flexibler und zukunftsfähig zu gestalten. Dies beginnt beim Verständnis von Arbeit und führt zur Nutzung digitaler Technologien. Arbeit ist nicht nur reine Pflichterfüllung, sondern ein Ort, an dem Menschen ihre Fähigkeiten entfalten und ihrer Leidenschaft nachgehen können, um ein erfülltes Arbeitsleben zu führen. Die Einstellung der Menschen spielt eine wichtige Rolle in diesem umfassenden Transformationsprozess. Dazu bedarf es einer Veränderung des sogenannten Mindsets, und zwar von oben nach unten, angefangen bei der Führungsebene bis hin zu den Beschäftigten. Diese Veränderung erfordert zunächst die eigene Einsicht und muss dann mit entsprechenden Maßnahmen auf organisatorischer Ebene sowie durch entsprechende Kommunikationsmaßnahmen begleitet werden. Es ist wichtig, dass sich die oberste Führungsebene bzw. der CEO bereits im ersten Schritt darüber bewusst ist, dass für die Umsetzung zunächst Förderer und Unterstützer aus dem eigenen Führungskreis benötigt werden. Die Mitarbeiter müssen begeistert und mitgenommen werden. Detaillierte Maßnahmen können hier nicht vertieft werden, da sie von den Umständen des jeweiligen Falls abhängig sind und weitere Informationen über das Unternehmen erfordern.

### Schritt 2: Was wollen wir erreichen? Zielsetzung definieren

Im zweiten Schritt (Konzeptionsphase) gilt es, die Zielsetzung zu definieren und klar herauszuarbeiten, welche Wirkung mit den New-Work-Maßnahmen erreicht werden soll. Dies kann ein gleiches oder besseres Geschäftsergebnis sein, eine Steigerung der Arbeitgeberattraktivität, die Prozessoptimierung, eine höhere Mitarbeiterzufriedenheit, eine höhere Arbeitsleistung, mehr Engagement und Kreativität, eine Senkung der Fluktuation, der Einsatz von digitalen Technologien, die Stärkung von Innovationen, eine Steigerung der Produktivität, Steigerung der Flächeneffizienz usw. oder eine Kombination dieser Maßnahmen. Weiterhin sollte die Führungsebene darüber beraten, wie radikal oder moderat diese Maßnahmen eingeführt werden sollen. In dieser Phase ist es u. a. wichtig, Mitstreiter auf allen Ebenen der Organisation für das Projekt zu gewinnen und diese zu überzeugen. Die Einbindung und Überzeugung von

Eigentümern, Management respektive Führungskräften und Mitarbeitern und damit das erfolgreiche Stakeholder-Management ist hier von großer Bedeutung. Es muss geklärt werden, wer für die erfolgreiche Umsetzung benötigt wird, wer sich fachlich einbringen und wie die Umsetzung erfolgen kann.

### Schritt 3: Wie setzen wir um? Pilotprojekt umsetzen

Im dritten Schritt ist es ratsam, die Implementierung mit einem Pilotprojekt zu beginnen, um erste Erfahrungen zu sammeln und aus den Maßnahmen Verbesserungen für die großflächige Umsetzung abzuleiten. Für das Pilotprojekt eignen sich Abteilungen, die tendenziell offener für Veränderungen sind. Möglicherweise bietet sich die IT-Abteilung oder die Personalabteilung dafür an. Es ist bereits zu diesem Zeitpunkt wichtig zu verstehen, dass jegliche organisatorische Veränderung immer auch Widerstand hervorruft. Wenn eine neue Führungskultur etabliert werden soll, müssen gewohnte Denk- und Handlungsmuster verändert werden, was wiederum Zeit erfordert und mit organisationsstrukturellen Veränderungen einhergeht (vgl. Hackl, Benedikt et al. (2020), S. 149). Die Umsetzung eines Pilotprojekts bedarf einer überzeugenden Unternehmenskommunikation. Kommunikationsmaßnahmen sind in jeder Phase von entscheidender Bedeutung und werden oft unterschätzt. Es wird in der Regel nicht gelingen alle Beteiligten zu überzeugen, aber es ist wichtig, dass eine kritische Masse die Umsetzung mitträgt. Nur dann können die Maßnahmen erfolgreich implementiert werden. Die Abteilung, in der die Umsetzung stattfindet, sollte regelmäßig über die Fortschritte berichten, ihre Erfahrungen mit anderen Abteilungen teilen und diese intern im Unternehmen kommunizieren. Veränderungsprozesse werden nicht bei allen Beteiligten auf große Freude stoßen. Mit Ängsten und Widerstand, die nicht unberechtigt sein müssen, ist zu rechnen. New-Work-Maßnahmen können zum Beispiel auch mit dem Verlust von Arbeitsplätzen einhergehen, und dies wird selbst unter Managern nur hinter vorgehaltener Hand diskutiert.

### Schritt 4: Was haben wir gelernt und wo setzen wir es großflächig um?

Im vierten Schritt bedarf es der sogenannten Lessons learned aus dem Pilotprojekt. Es sollte auf den Prüfstand gestellt werden, welche Maßnahmen in der Breite implementiert werden sollten und welche Veränderungen möglicherweise kontraproduktiv waren. Ggf. sollte die breitflächige Unterstützung durch externe Beratende begleitet werden. Die detaillierte Umsetzung hängt vom konkreten Fall ab und wird an dieser Stelle nicht weiter behandelt. Leserinnen und Leser, die sich näher mit diesem Thema befassen möchten, werden auf unseren Band „Organisation und Projektmanagement" in der 2. Auflage (2025) verwiesen.

**Schritt 5: Wie evaluieren wir?**

Die Ergebnisse einzelner New-Work-Maßnahmen lassen sich schwer quantifizieren. Der Ursache-Wirkungs-Zusammenhang ist nicht immer eindeutig. In der Fachliteratur und unter Vertretern der Praxis wird sehr kontrovers diskutiert, inwieweit typische Key-Performance-Indicators (KPIs) wie die Steigerung des Geschäftsergebnisses, die Produktivitätssteigerung oder die Senkung der Fluktuation aussagekräftig bei der Messung von New-Work-Effekten sind.

## 3 Hinweise zur Lösung

Die erfolgreiche Implementierung eines New-Work-Konzeptes ist eine typische Projektaufgabe und erfordert professionelles Projektmanagement. Die interessierte Leserschaft sei auf Standardwerke wie „Modernes Projektmanagement: Mit traditionellem, agilem und hybridem Vorgehen zum Erfolg" von Holger Timinger (2024) verwiesen.

Im Unterschied zu vielen anderen zeigt der Organisationssoziologe Prof. Dr. Stefan Kühl in seinen Publikationen die Schattenseiten von Demokratisierungsprozessen in Organisationen und ihre kontraproduktiven Wirkungen auf. Die interessierte Leserschaft sei auf folgende Bücher verwiesen: „Wenn die Affen den Zoo regieren: Tücken der flachen Hierarchien" (2015), „Das Regenmacher-Phänomen: Widersprüche im Konzept der lernenden Organisation" (2015) und „Sisyphos im Management: Vergebliche Suche nach der optimalen Organisationsstruktur" (2015).

## 4 Literaturempfehlungen

Eichenberg, Timm/Hahmann, Martin/Hördt, Olga/Luther, Maren/Stelzer-Rothe, Thomas (2025): Organisation und Projektmanagement: Fallstudien, Klausuren, Übungen und Lösungen, 2. Aufl., Berlin/Boston.

Hackl, Benedikt/Wagner, Marc/Attmer Lars/Baumann, Dominik (2020): New Work: Auf dem Weg zur neuen Arbeitswelt: Management-Impulse, Praxisbeispiele, Studien, Wiesbaden. S. 103–158.

Helmold, Marc/Dathe,Tracy/Landes, Miriam/Steiner, Eberhard/Jeschio, Lars (2023): New Work, Neues Arbeiten virtuell und in Präsenz: Konzepte und Werkzeuge zu innovativer, agiler und moderner Führung, Wiesbaden, S. 35–45.

Kühl, Stefan (2015a): Das Regenmacher-Phänomen: Widersprüche im Konzept der lernenden Organisation, 2. Aufl., Frankfurt/New York.

Kühl, Stefan (2015b): Sisyphos im Management: Vergebliche Suche nach der optimalen Organisationsstruktur, 2. Aufl., Frankfurt/New York.

Kühl, Stefan (2015c): Wenn die Affen den Zoo regieren: Tücken der flachen Hierarchien, 6. Aufl., Frankfurt/New York.

Kühl, Stefan (2015d): Wie demokratisch können Organisationen sein? In: wirtschaft + weiterbildung, Nr. 6, S. 18–25. https://www.uni-bielefeld.de/soz/personen/kuehl/pdf/Kuehl-Stefan-2015-ww0615_18-25_TT.pdf (24.03.2024).

Timinger, Holger (2024): Modernes Projektmanagement: Mit traditionellem, agilem und hybridem Vorgehen zum Erfolg, 2. Aufl, Weinheim.

**Aufgabe 2: Anforderungen an das Management bei der Implementierung von New Work**

| Wissen, Verstehen, Anwenden, Transfer | 30–40 Minuten |
|---|---|

## 1 Fragestellung

Die wichtigste Rolle im Prozess der Implementierung von New Work spielt das Management. Diskutieren Sie diese These,

## 2 Lösung

Der Rolle des Managements wird bei der Implementierung von New-Work-Maßnahmen eine entscheidende Bedeutung zugeschrieben. Führungskräfte werden als Visionäre und Vorbilder im Veränderungsprozess betitelt. Gemäß der Role-Model-Theory haben das Handeln der Führungskräfte, deren Einstellungen und Persönlichkeitsmerkmale einen entscheidenden Einfluss auf die Mitarbeiter. Wie sagt man so schön: „Der Fisch stinkt vom Kopf her." Ohne die Wichtigkeit der Führungskräfte infrage zu stellen, sollte an dieser Stelle die Bedeutung der Mitarbeiter hervorgehoben werden. Leider wird insbesondere in der praktischen Umsetzung häufig außer Acht gelassen, dass auch die Mitarbeiter eine wichtige Rolle in Veränderungsprozessen spielen. Führung als Interaktionsprozess findet nicht nur von oben nach unten, sondern auch umgekehrt von unten nach oben statt. Damit Veränderungen gelingen, bedarf es einer Interaktion zwischen Management und den unteren Ebenen. Die Führungskraft hat die Vision über den Wandel und muss die Mitarbeiter auf dem Weg dorthin mitnehmen. Eine Vision zu verkünden oder zu verordnen funktioniert in den seltensten Fällen und ist oftmals zum Scheitern verurteilt. Die Menschen müssen von der Notwendigkeit und dem Wandel überzeugt sein, und dieser Veränderungsprozess muss in den Mitarbeitern ebenso stattfinden wie in den Führungskräften. Es bedarf umfangreicher Interaktion, Diskussion und Austausch. Die kommunikativen Anforderungen an das Management sind sehr hoch und es bedarf Empathie und Geduld, um dem bekannten Credo „Betroffene zu Beteiligten zu machen" zu folgen. Dies ist die wohl größte Herausforderung an die Führung. Obwohl diese Erkenntnis so profan ist; in der Umsetzung stellt sie oft einen blinden Fleck dar. Deshalb ist es die größte Anforderung an das Management die Beschäftigten mitzunehmen und dauerhaft zu motivieren. Das Wohlergehen der Beschäftigten darf nicht vernachlässigt werden.

### 3 Hinweise zur Lösung

Für weiterführende Einsichten und kritische Reflexionen zum Thema wird die interessierte Leserschaft auf die Werke von Stefan Kühl verwiesen. Seine Publikationen bieten wertvolle Erkenntnisse zu den Herausforderungen und Fallstricken im Change-Management. Darüber hinaus kann der Podcast von Frank Düsterbeck „Scharlatanerie im Change-Management" zusätzliche Perspektiven und Diskussionen zu diesem Thema liefern. Der Podcast bietet eine informative Ressource für die Vertiefung des Verständnisses über effektive Veränderungsstrategien und die kritische Betrachtung gängiger Praktiken im Change-Management (vgl. Düsterbeck, Frank/Kühl, Stefan (2024)).

### 4 Literaturempfehlungen

Dinkelmann, Max (2016): Methode zur Unterstützung der Mitarbeiterpartizipation im Change Management der variantenreichen Serienproduktion durch Lernfabriken, Stuttgart, S. 42–47.

Gall, Sabrina/Wittenberg, Jörg (2023): Erfolgreich führen in hybriden Arbeitswelten: Analog und digital – Roadmap für Führungskräfte, Wiesbaden, S. 73–75.

Düsterbeck, Frank/Kühl, Stefan (2024): Scharlatanerie im Change-Management – Gütekriterien der Organisationsberatung // Im Gespräch mit Stefan Kühl; in: Kurswechsel Podcast, Folge 260, 31. Januar 2024, https://kurswechsel.jetzt/2024/01/31/260-scharlatanerie-im-change-management/ (09.09.2024).

Mühlbacher, Jürgen (2003): Role Models in Leadership and Self Psychology According to Kohut, in: Journal of Global Business and Technology, https://gbata.org/wp-content/uploads/2013/02/JGBAT_Vol1-1-p2.pdf, S. 32–38.

Schermuly, Carsten C. (2024): New Work – Gute Arbeit gestalten: Psychologisches Empowerment von Mitarbeitern, 4. Aufl., Freiburg/München/Stuttgart, S. 97–106.

Weibler, Jürgen (2023). Personalführung: Personen – Beziehungen – Kontexte – Wirkungen. 4. Aufl., München, S. 666–667.

## 6.2 Das psychologische Empowerment als Voraussetzung für eine Implementierung von New Work

**Aufgabe 1: Strukturelles und psychologisches Empowerment im Kontext der Implementierung von New Work**

| | |
|---|---|
| Wissen, Verstehen, Anwenden, Transfer | 30 Minuten |

### 1 Fragestellung

Was ist unter dem psychologisch orientierten Empowerment-Ansatz im Kontext von New-Work-Konzepten zu verstehen? Differenzieren Sie zwischen strukturellem und psychologischem Empowerment.

### 2 Lösung

Der Empowerment-Ansatz aus der Organisationspsychologie hat zunehmend Eingang in Managementkonzepte im Kontext von New Work gefunden. Mit Empowerment allgemein werden Strategien und Maßnahmen bezeichnet, die Menschen in Organisationen ermächtigen (empowern) sollen, einen höheren Grad an Selbstbestimmung und Autonomie zu entwickeln und damit selbstbestimmter und eigenverantwortlicher zu agieren. Der Ansatz bezeichnet sowohl einen Zustand als auch den Prozess dorthin. Das Ziel von New Work ist u. a. das Erleben von Empowerment. Es wird in der Arbeits- und Organisationspsychologie zwischen dem strukturellen und psychologischen Empowerment unterschieden (vgl. Schermuly, Carsten C. (2021), S. 55 ff.). Das strukturelle Empowerment bezeichnet die Rahmenbedingungen in der Organisation und nimmt Bezug auf ihre Strukturen. Das psychologische Empowerment fokussiert das individuelle Erleben und das von Individuen empfundene subjektive und individuelle Gefühl des Empowerments. Nach Schermuly (vgl. Schermuly, Carsten C. (2021) S. 59) kann das strukturelle Empowerment mit der „Hardware" eines Unternehmens verglichen werden. Diese ist notwendig, aber nicht ausreichend. Eine Organisation benötigt auch die „Software", die Schermuly als psychologisches Empowerment bezeichnet.

Im Konzept des strukturellen Empowerments stehen, wie der Name schon sagt, die Organisationsstrukturen im Mittelpunkt. Empowerment erfolgt diesem Ansatz zufolge primär durch die Strukturen. Strukturelles Empowerment kann durch Demokratisierungsprozesse in Organisationen erfolgen, die mit der Abflachung von Hierarchien und der Dezentralisierung von Entscheidungswegen einhergehen sowie die Handlungs- und Entscheidungsbefugnisse der Individuen erweitern. Machtunterschiede zwischen dem Management und den Beschäftigten sollen verringert werden und Macht über alle organisatorischen und hierarchischen Ebenen zunehmend geteilt werden. Dieser Zugewinn an Macht und Vertrauen auf der Seite der Mitarbeiter soll zu reziproken Verhaltensweisen gegenüber dem Arbeitgeber führen und bei den Mitarbeitern ein Verpflichtungsgefühl entstehen lassen, das wiederum zu mehr Engagement bei der Arbeit führt und die Arbeitszufriedenheit erhöht.

Agile Arbeitsmethoden, die freie Wahl des Arbeitsortes, der Arbeitszeit und höchstmögliche Flexibilität sind Beispiele für strukturelles Empowerment. Einige Firmen gehen sogar so weit, dass sie mit der freien Wahl des Urlaubsumfangs experimentieren. In Abstimmung mit den Kollegen bestimmen die Beschäftigten ihren Urlaubsumfang flexibel und in Bezug auf ihre private Situation.

Forschungsergebnisse zeigen, dass strukturelles Empowerment zwar moderate, aber dennoch günstige Wirkungen auf das Arbeitsengagement und die Arbeitszufriedenheit hat. Strukturelles Empowerment erfordert u. a. klare Rollenerwartungen, Feedbackprozesse und Transparenz und hat seine Grenzen dort, wo die Menschen nicht selbstorganisiert und autonom arbeiten können oder wollen. Dann kann strukturelles Empowerment auch zu Überforderung und sozialem Stress bei den Mitarbeitern führen. In der derzeitigen New-Work-Diskussion wird oft ausgeblendet, dass es auch Menschen gibt, die in beruflicher Hinsicht Eigenverantwortung ablehnen und hierarchische Strukturen bevorzugen, die ihnen Sicherheit geben (vgl. Erbeldinger, Jürgen (2015)).

Weiterhin zeigen Forschungsergebnisse, dass die Veränderung von Strukturen nicht zwangsläufig bei allen Mitarbeitern zu mehr Erleben des Empowerments und damit zu höherem Arbeitsengagement und höherer Arbeitszufriedenheit führt. Insgesamt ist aus den Unzulänglichkeiten des strukturellen Empowerments der Ansatz des psychologischen Empowerments entstanden.

Gretchen Spreitzer (2008, S. 6 ff.) hat maßgeblich den Ansatz des psychologischen Empowerments geprägt. Psychologisches Empowerment ist ein Gefühlszustand, der beschreibt, wie Mitarbeiter ihre Arbeit erleben. Nach Carsten Schermuly (vgl. Schermuly, Carsten (2021), S. 68 ff.), dem führenden Autor der deutschsprachigen Literatur zu diesem Thema, ist psychologisches Empowerment eine wesentliche Voraussetzung für die Implementierung von New-Work-Maßnahmen.

Die Facetten des psychologischen Empowerments setzen sich nach Spreitzer aus den folgenden vier Bestandteilen zusammen (siehe auch Abbildungen 39 und 40):

1. Bedeutsamkeitserleben („Ich will", „Ich habe eine sinnvolle Arbeit": das Gefühl des sinnerfüllten Arbeitens)
2. Kompetenzerleben („Ich kann", „Ich bin selbstwirksam": das Gefühl, die Arbeitsaufgaben erledigen zu können und die erforderlichen Kompetenzen zu besitzen)
3. Selbstbestimmungserleben („Ich darf", „Ich habe das Gefühl, frei entscheiden zu können": das Autonomiegefühl)
4. Einfluss („Ich verändere", „Ich habe das Gefühl, gehört zu werden und mich einbringen zu können").

Das Zusammenwirken dieser vier Facetten führt zu psychologischem Empowerment und beeinflusst die Arbeitszufriedenheit. Wie Schermuly ausführt fühlen sich Mitarbeiter mit einem hohen psychologischen Empowerment energetisiert in Bezug auf ihr berufliches Handeln, und dies ermöglicht proaktives Handeln, welches wiederum eine Person und die Organisation verändern kann. Wichtig ist, dass alle vier Teilaspekte wahrgenommen werden. Fehlt eine, kann dauerhaft kein psychologisches Empowerment entstehen.

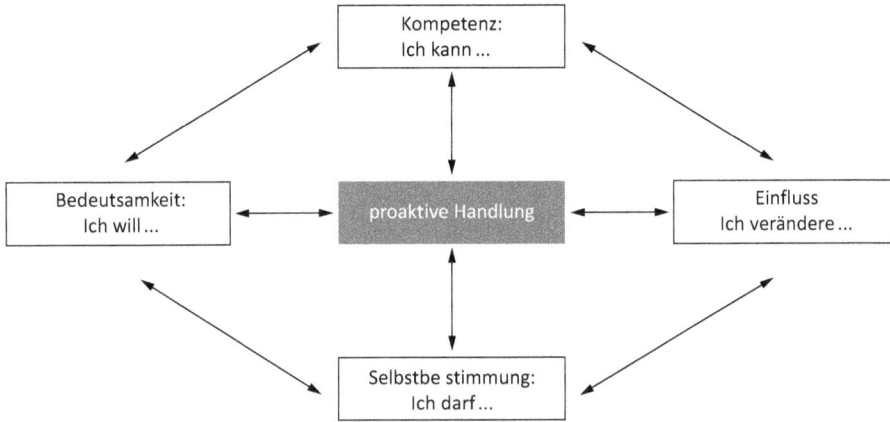

**Abb. 39:** Zusammenwirken der Empowerment-Facetten auf (proaktive) Handlungen.
Quelle: Schermuly, Carsten C. (2021), S. 69.

Diese vier Aspekte wirken zusammen, können aber unterschiedlich ausgeprägt und je nach beruflichem Entwicklungsstadium mehr oder weniger bedeutsam sein.

**Abb. 40:** Die vier Facetten von psychologischem Empowerment (nach Spreitzer, Gretchen M. (1995)).
Quelle: Schermuly, Carsten C. (2021), S. 60.

Die Gesichtspunkte können von den Mitarbeitern in Bezug auf Quantität und Qualität sehr unterschiedlich erlebt werden und unterliegen somit subjektiver Interpretation. In welchem Ausmaß eine Person psychologisches Empowerment erlebt, hängt unter anderem von ihrem Selbstbewusstsein, Status etc. ab.

## 3 Hinweise zur Lösung

Das Zusammenwirken von Kompetenz-, Bedeutsamkeits-, Selbstbestimmungs- und Einflusserleben beeinflusst nach Gretchen M. Spreitzer (1995) das Gefühl von psychologischem Empowerment. Da es sich dabei um subjektive Interpretationen handelt, kann es von zwei Menschen, die exakt die gleiche Berufsrealität vorfinden, unterschiedlich empfunden werden. Für das Empfinden von psychologischem Empowerment spielen neben den vier genannten Facetten auch noch Kontextfaktoren wie beispielsweise die Organisationskultur, das Führungsverhalten und Persönlichkeitsmerkmale sowie die eigene mentale Stärke eine Rolle. Zur Vertiefung der Wirkung von Kontextfaktoren sei die interessierte Leserschaft auf Carsten Schermuly (2021) verwiesen.

An folgendem fiktiven Beispiel von zwei Beschäftigten aus dem Gesundheits- und Sportbereich soll die unterschiedliche Interpretation des Erlebens von psychologischem Empowerment verdeutlicht werden. Herr Völkner (Ende 20) und Frau Lindemann (Anfang 20), arbeiten in einem Sportstudio, das Elektro-Myo-Stimulationstraining (EMS-Training) anbietet. Beide Personen sind umfangreich für das Training mit Strom ausgebildet. Bei diesem Training handelt es sich um ein hochpreisiges Angebot, quasi ein Personal Training, das von der dementsprechenden Klientel genutzt wird. In einer Trainingseinheit von 20 Minuten werden in der Regel zwei Kunden bedient. Sie müssen eine spezielle Kleidung und eine Weste anziehen, werden verkabelt, an ein Gerät angeschlossen und müssen dann die Körperbewegungen nachmachen, die der Trainer oder die Trainerin vormacht, während zeitgleich Strom durch den Körper fließt.

Frau Lindemann ist Anfang 20 und studiert im Dualen Studium Sport- und Fitnessmanagement. Herr Völkner ist dabei seine Ausbildung zum Sportfachwirt zu beenden. Beide haben zwar die methodischen Kompetenzen, das Training sachgerecht auszuführen, aber Frau Lindemann fühlt sich insbesondere im Umgang mit älteren Klienten nicht sicher und zweifelt oft an ihren Fähigkeiten und ihren sozialen Kompetenzen. Insbesondere dem Umgang mit ihrer Führungskraft und schwierigen Kunden fühlt sie sich nicht gewachsen. Frau Lindemann ist die Erste in ihrer Familie, die ein Studium absolviert – ein typisches Arbeiterkind. Herr Völkner hingegen, dessen Eltern beide Mediziner sind, hat schon seit seiner Kindheit in seinem privaten Umfeld viel über die Funktionsweise des menschlichen Körpers erfahren. Er bildet sich privat weiter und fühlt sich sehr kompetent. Er verfügt über eine hohe soziale Kompetenz und kann mit Kundenbeschwerden sehr gut umgehen. Obwohl beide in formaler Hinsicht über die Kompetenzen verfügen, werden diese unterschiedlich von Frau Lindemann und Herrn Völkner und interpretiert, was wiederum das Erleben des eigenen Kompetenzgefühls beeinflusst.

In Bezug auf das Erleben von Bedeutsamkeit unterscheiden sich Frau Lindemann und Herr Völkner ebenso. Frau Lindemann ist von ihrer Persönlichkeit eher eine Frohnatur und lebt tendenziell im Hier und Jetzt. Ihre Arbeit macht ihr Spaß und sie erfährt ein Sinnerleben. Herr Völkner hingegen befindet sich in einer Lebenskrise, neigt zu depressiven Verstimmungen und empfindet nur wenig Sinn in seiner Tätigkeit. Die Ratschläge, die er seinen Kunden in Bezug auf Sport und Gesundheit gibt, werden aus seiner Sicht nicht umgesetzt und seiner Meinung nach erzielen die meisten Kunden keine nennenswerten Veränderungen in Bezug auf Körperform und Fitness. Sein Sinnerleben und damit sein Gefühl von Bedeutsamkeit ist gering, während es bei Frau Lindemann hoch ausgeprägt ist.

Anhand dieses Beispiels soll verdeutlicht werden, dass trotz gleicher objektiver Bedingungen das individuelle Erleben unterschiedlich ausgeprägt sein kann und somit unterschiedlich stark zum psychologischen Empowerment der Menschen beiträgt.

## 4 Literaturempfehlungen

Deci, Edward L./Connell, James P./Ryan Richard M (1989): Self-determination in a work organization; in: Journal of Applied Psychology, Vol. 74, No. 4, S. 580–590.

Erbeldinger, Jürgen (2015): Freiwilligkeit und 180 Tage Arbeitszeit. Ein radikaler Ansatz; in: Sattelberger, Thomas/Welpe, Isabell/Boes, Andreas (Hrsg.), Das demokratische Unternehmen: Neue Arbeits- und Führungskulturen im Zeitalter digitaler Wirtschaft, Haufe, S. 173–200.

Schermuly, Carsten C. (2014): Psychologisches Empowerment und Mitarbeiterführung; in: Felfe, Jörg (Hrsg.), Trends der psychologischen Führungsforschung: Neue Konzepte, Methoden und Erkenntnisse, Göttingen, S. 303–316.

Schermuly, Carsten C. (2021). New Work – Gute Arbeit gestalten: Psychologisches Empowerment von Mitarbeitern, 3. Aufl., Freiburg.

Schermuly, Carsten C./Meyer, Bertolt (2016): Good relationships at work: The effects of Leader-Member Exchange and Team-Member Exchange on psychological empowerment, emotional exhaustion, and depression; in: Journal of Organizational Behavior, Vol. 37, No. 5, S. 673–691.

Schermuly, Carsten C./Meyer, Bertolt (2020): Transformational Leadership, Psychological Empowerment, and Flow at Work; in: European Journal of Work and Organizational Psychology, Vol. 29, No. 5, S. 740–752.

Scholl, Wolfgang (2007): Grundkonzepte der Organisation; in: Schuler, Heinz (Hrsg.), Lehrbuch der Organisationspsychologie, 4. Aufl., Bern, S. 515–556.

Spreitzer, Gretchen M. (1995): Psychological empowerment in the workplace: Dimensions, measurement, and validation; in: Academy of Management Journal, Vol. 38, No. 5, S. 1442–1465.

Spreitzer, Gretchen M. (2008): Taking stock: A review of more than twenty years of research on empowerment at work; in: Barling, Julian/Cooper, Cary L. (Hrsg.), The SAGE Handbook of organizational behavior, Los Angeles/London; S. 6–8.

Thomas, Kenneth W./Velthouse, Betty A. (1990): Cognitive elements of empowerment: An „Interpretive" Model of intrinsic task motivation; in: The Academy of Management Review, Vol. 15, No. 4, S. 666–681.

**Aufgabe 2: Single-Choice-Fragen zum psychologischen Empowerment-Ansatz**

| Wissen, Verstehen | 5 Minuten |
|---|---|

### 1 Fragestellung

Bitte tragen Sie bei den folgenden Aussagen in Bezug auf Schermuly (2021) ein, ob diese richtig („R") oder falsch („F") sind.

a) ☐ Strukturelles Empowerment setzt sich aus den vier Facetten des Erlebens von Kompetenz, Bedeutsamkeit, Selbstbestimmung und Einfluss zusammen.

b) ☐ Psychologisches Empowerment wird in erster Linie durch die Organisationsstrukturen erzeugt.

c) ☐ Ein Grundbedürfnis des Menschen ist es, in einer hierarchiefreien und selbstbestimmten Arbeitsumgebung tätig zu sein.

d) ☐ Beim Erleben von psychologischem Empowerment spielen Kontextfaktoren wie beispielsweise Persönlichkeitsmerkmale, Status und soziostrukturelle Merkmale eine Rolle.

e) ☐ Die Organisationsstrukturen und das psychologische Empowerment kann man als die Hardware eines Unternehmens bezeichnen.

f) ☐ Psychologisches Empowerment setzt sich aus den vier Facetten wie Bedeutsamkeit, Kompetenzerleben, Selbstbestimmung und Einfluss zusammen.

g) ☐ Das Zusammenspiel von Kompetenz-, Bedeutsamkeits-, Selbstbestimmungs- und Einflusserleben bestimmt das Gefühl von psychologischem Empowerment.

### 2 Lösung

a) ☐ F Strukturelles Empowerment setzt sich aus den vier Facetten des Erlebens von Kompetenz, Bedeutsamkeit, Selbstbestimmung und Einfluss zusammen.

b) ☐ F Psychologisches Empowerment wird in erster Linie durch die Organisationsstrukturen erzeugt.

c) ☐ F Ein Grundbedürfnis des Menschen ist es, in einer hierarchiefreien und selbstbestimmten Arbeitsumgebung tätig zu sein.

d) ☐ R Beim Erleben von psychologischem Empowerment spielen Kontextfaktoren wie beispielsweise Persönlichkeitsmerkmale, Status und soziostrukturelle Merkmale eine Rolle.

e) ☐ F Die Organisationsstrukturen und das psychologische Empowerment kann man als die Hardware eines Unternehmens bezeichnen.

f) ☐R Psychologisches Empowerment setzt sich aus den vier Facetten wie Bedeutsamkeit, Kompetenzerleben, Selbstbestimmung und Einfluss zusammen.

g) ☐R Das Zusammenspiel von Kompetenz-, Bedeutsamkeits-, Selbstbestimmungs- und Einflusserleben bestimmt das Gefühl von psychologischem Empowerment.

## 3 Hinweise zur Lösung

Weitere Erläuterungen zum Verständnis, warum die Antworten richtig oder falsch sind, finden sich in den Lösungen und Lösungshinweisen der vorherigen Aufgabe 1 dieses Abschnitts.

## 4 Literaturempfehlungen

Hackl, Benedikt/Wagner, Marc/Attmer Lars/Baumann, Dominik (2020): New Work: Auf dem Weg zur neuen Arbeitswelt: Management-Impulse, Praxisbeispiele, Studien, Wiesbaden. S. 103–158.

Schermuly, Carsten C. (2024): New Work – Gute Arbeit gestalten: Psychologisches Empowerment von Mitarbeitern, 4. Aufl., Freiburg.

## Aufgabe 3: Die Rolle der Führung beim psychologischen Empowerment von Mitarbeitern

| Wissen, Verstehen, Anwenden, Transfer | 30–40 Minuten |
| --- | --- |

## 1 Fragestellung

Psychologisches Empowerment hat nachweislich positive Effekte auf die Arbeitszufriedenheit, die Bindung an die Organisation, das extraproduktive Verhalten, auf Innovation und Leistung sowie die psychische Gesundheit von Mitarbeitern. Erläutern Sie, welche Rolle die personelle Führung für das psychologische Empowerment spielt.

## 2 Lösung

Der Umfang der empirischen Forschung zu psychologischem Empowerment und Führungsverhalten ist überschaubar. Die Forschergruppe um Gretchen M. Spreitzer (1999) hat den Einfluss von psychologischem Empowerment auf die Führung untersucht. In ihrer Untersuchung (393 Manager der mittleren Ebene, 46 Jahre Durchschnittsalter) der Fortune-500-Unternehmen in den USA, at die Forschungsgruppe festgestellt, dass Führungskräfte, die über ein hohes Maß an psychologischem Empowerment verfügten, von ihren Mitarbeitern als innovativer, aufwärts gerichteter und inspirierender angesehen wurden. Psychologisches Empowerment bei Führungskräften ist positiv verbunden mit Führungseigenschaften, die auf Veränderungen abzielen (innovativ zu sein, Vorgesetzte zu beeinflussen („upward influencing") und Mitarbeiter zu inspirieren). Keinen Zusammenhang hingegen konnten sie zwischen psychologischem Empowerment und dem Überwachungsverhalten und dem Aufrechterhalten des Status quo feststellen. Führungskräfte, die Veränderungen initiieren wollen, müssen u. a. neue Ideen und Handlungsweisen entwickeln, für diese Ideen und Konzepte Unterstützer finden und auch die Mitarbeiter inspirieren, miteinbeziehen und für die Umsetzung gewinnen. Die Forschungsarbeiten von Spreitzer et al. (1999) sind insofern von Bedeutung, als dass Führungskräfte des mittleren Managements untersucht wurden und nicht das obere Management, wie die meisten Forschungsarbeiten zu veränderungsorientiertem Führungsverhalten. Auch zeigen andere Forschungsarbeiten, dass häufig Widerstand gegen Veränderungen aus dem mittleren Management kommt. Spreitzer et al. (1999) konnten zeigen, dass Führungskräfte der mittleren Ebenen, sofern sie über ein hohes Maß an psychologischem Empowerment verfügen, auch veränderungsorientierte Verhaltensweisen zeigen können und damit nicht Quelle des Widerstands sind (vgl. Kanter, Rosabeth et al. (1992)).

Forschungsarbeiten aus der Leader-Member-Exchange-Theorie (LMX-Theorie) zeigen, dass die Qualität der Beziehung zwischen einer Führungskraft und den Mitarbeitern maßgeblich das psychologische Empowerment beeinflusst. Gemäß der LMX-Theorie (vgl. Graen, Goerge/Cashman, J. F. (1975)), die den Theorien des sozialen Austausches zugeordnet werden kann, beeinflusst die Beziehung zwischen Führungskraft und Mitarbeitern die Nachhaltigkeit der Arbeit. Führung ist gemäß diesem Modell als eine dyadische Beziehung und im Zeitverlauf entwickelte Interaktion zwischen Führungskraft und Mitarbeitern zu verstehen (vgl. Graen, George/Uhl-Bien, Mary (1995)). Die Qualität dieser Beziehung kann je nach Mitarbeiter unterschiedlich positiv oder negativ ausgeprägt sein. Indikatoren zur Bewertung der Qualität der Beziehung sind u. a. die Motivation, die Kompetenz, die Fähigkeiten der Mitarbeiter und das entgegengebrachte Vertrauen.

Die Qualität der Beziehung lässt Rückschlüsse auf die Arbeitseinstellung und das Arbeitsverhalten der Mitarbeiter zu und beeinflusst die Arbeitsleistung und die Zufriedenheit. Lorra, Jana/Möltner, Hannah (2020) haben die Effekte von Leader-Member-Exchange auf das psychologische Empowerment, extraproduktives Verhalten und die

Fluktuationsabsicht der Mitarbeiter anhand einer quantitativen Erhebung (n = 150) mittels eines Strukturgleichungsmodells untersucht. Sie kommen u. a. zu dem Ergebnis, dass die Förderung von psychologischem Empowerment die Fluktuationsabsicht der Mitarbeiter verringert. Die Forscherinnen haben die Zusammenhänge sowohl zwischen Leader-Member-Exchange (LMX) und Organizational-Citizenship-Behavior (OCB) als auch LMX und Fluktuationsabsicht untersucht. Organizational-Citizenship-Behavior meint extraproduktives Arbeitsverhalten, das aus der Einsatzbereitschaft und Eigeninitiative der Mitarbeiter hervorgeht. Psychologisches Empowerment mediiert beide Aspekte. Trotz der Limitationen der Studie (u. a. Selbsteinschätzung der Mitarbeiter, soziale Erwünschtheit im Antwortverhalten, Untersuchungszeitpunkt und eingeschränkte Generalisierbarkeit) liefern die Ergebnisse einen wichtigen Beitrag zur Bedeutung des psychologischen Empowerments und für die erfolgreiche Umsetzung einer Empowerment-orientierten Führung.

Für den im deutschsprachigen Raum führenden Empowerment-Forscher Carsten Schermuly (2021) haben Führungskräfte einen entscheidenden Einfluss auf das psychologische Empowerment-Erlebnis der Mitarbeiter auf drei Ebenen. Wie aus der folgenden Abbildung 41 ersichtlich, können Führungskräfte durch das eigene Empowerment, ihren Führungsstil und die Arbeitsgestaltung das psychologische Empowerment der Mitarbeiter erhöhen.

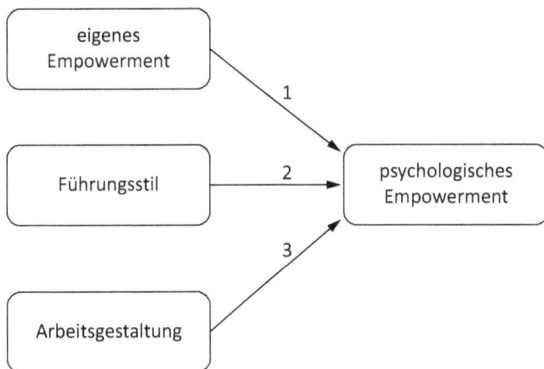

**Abb. 41:** Wege, auf denen Führungskräfte das psychologische Empowerment ihrer Mitarbeiter beeinflussen.
Quelle: Schermuly, Carsten (2021), S. 185.

Nach Schermuly ist Empowerment ansteckend wie ein Virus. Je mehr Empowerment-Erlebnis die Führungskraft hat, desto stärker empowert fühlen sich die Mitarbeiter. In einer empirischen Untersuchung von Grützmacher, Lisa/Schermuly, Carsten C. (2021) konnte nachgewiesen werden, dass die wahrgenommene Kompetenz der Führungskräfte sowohl das Empfinden von Kompetenz bei den Mitarbeitern als auch deren Wahrnehmung von Einfluss positiv beeinflusst. Ein besonders starker Effekt wurde durch das Ausmaß an Vertrauen der Mitarbeiter gegenüber den Führungskräften festgestellt. Praktische Implikationen zur Stärkung des Erlebens des Empowerments umfassen Feedbackprozesse der Vorgesetzten an die Mitarbeiter und die glaubhafte Vermittlung dessen, was Vorgesetzte an ihrer Arbeit, den Produkten oder Dienstleistungen des Unternehmens als sinnvoll empfinden.

Hinsichtlich des Führungsstils stellt Schermuly fest, dass der kooperative und der transformationale Führungsstil das Empowerment-Erlebnis fördern und günstiger für Empowerment sind als der autoritäre und der Laissez-faire-Führungsstil. Obwohl die genannten Führungsstile Elemente enthalten, die das Empowerment-Erleben fördern, sind sie allein laut Schermuly (vgl. Schermuly, Carsten C. (2021)) nicht ausreichend. Weiterhin stellt er einen empowermentorientierten Führungsstil vor, der die folgenden sechs Dimensionen umfasst: Sinnstiftung, individualisierte Berücksichtigung, Partizipation, Verantwortung, Kompetenzerleben, idealisierter Einfluss. Dies wird in der nachfolgenden Tabelle 9 erläutert. Nach Schermuly (vgl. Schermuly, Carsten C. (2021), S. 197 f.) eignet sich der empowermentorientierte Führungsstil für Organisationen, in denen komplexe Probleme gelöst werden müssen, höhere Anforderungen in Bezug auf die Kreativität der Mitarbeiter gestellt werden und Interdependenzen vorhanden sind. Der Führungsstil eignet sich nicht für Organisationen, die strikt hierarchisch geführt werden, sondern eher für die Führung in dynamischen Netzwerken. Eine ausführliche Darstellung mit ansprechenden Beispielen und Praxisempfehlungen ist in Schermuly (Schermuly, Carsten C. (2021), S. 209 ff.) zu finden.

**Tab. 9:** Der empowermentorientierte Führungsstil mit seinen Dimensionen.

| Dimension | Rolle | Beschreibung | wirkt besonders auf ... | Kernaussagen |
|---|---|---|---|---|
| Sinnstiftung | Sinnstifter | Erklärt den Sinn der gegenwärtigen Arbeitsaufgaben  Entwirft eine attraktive Zukunftsvision | Bedeutsamkeit | *„Ihre Arbeit leistet einen wichtigen Beitrag auf unserem Weg ..."* |
| Individualisierte Berücksichtigung | Coach | Tritt als Agent der Kompetenzen und Bedürfnisse des Mitarbeiters auf  Behandelt Mitarbeiter als Individuen und ist an ihren Meinungen interessiert | Kompetenz und Bedeutsamkeit | *„Was bereitet Ihnen an Ihrer Arbeit Freude?"* |

**Tab. 9** (fortgesetzt)

| Dimension | Rolle | Beschreibung | wirkt besonders auf ... | Kernaussagen |
|---|---|---|---|---|
| Partizipation | Beteiligter | Lässt Mitarbeiter an wichtigsten Entscheidungen teilhaben Informiert rechtzeitig | Selbstbestimmung und Einfluss | „Was ist Ihre Meinung dazu?" |
| Verantwortung | Ermächtigter | Baut bürokratische Hürden ab und reduziert Kontrollmechanismen Weist dem Mitarbeiter verantwortungsvolle Aufgaben zu | Einfluss und Selbstbestimmung | „Ich würde Ihnen gerne diese wichtige Aufgabe übertragen ..." |
| Kompetenzentwicklung | Personalentwickler | Entwickelt die Kompetenzen des Mitarbeiters Macht Vorschläge, wie man das Arbeitsverhalten verbessern kann Gibt regelmäßiges Feedback | Kompetenz und Einfluss | „Versuchen Sie doch einmal ..." |
| Idealisierter Einfluss | Vorbild | Die Führungskraft agiert glaubwürdig Setzt hohe Standards an das eigene Verhalten | Bedeutsamkeit und Kompetenz | „Das fordere ich auch von mir selbst ein, dass ..." |

Quelle: Schermuly, Carsten (2021), S. 206 f.

In Bezug auf die Arbeitsgestaltung werden von Schermuly (vgl. Schermuly, Carsten C. (2021), S. 111 ff.) Maßnahmen empfohlen, die grundsätzlich mit Demokratisierungsprozessen verbunden sind, wobei die Arbeit an die Menschen in Organisationen angepasst wird und nicht umgekehrt. Als klassische Arbeitsgestaltungsmaßnahmen werden Job-Enrichment, teilautonome Arbeitsgruppen, das betriebliche Vorschlagswesen, Qualitätszirkel, Arbeitszeitautonomie und Arbeitsortautonomie empfohlen. Für moderne Formen der Arbeitsgestaltung (vgl. Schermuly, Carsten C. (2021), S. 129 ff.) werden „agile Methoden, Holocracy und hierarchiefreie Raumgestaltung" thematisiert. Die ausführliche Darstellung ist Schermuly (vgl. Schermuly, Carsten C. (2021), S. 132) zu entnehmen.

## 3 Hinweise zur Lösung

An dieser Stelle sollen in Kurzform die Führungsstile charakterisiert werden. Eine ausführliche Darstellung ist Weibler (vgl. Weibler, Jürgen (2023), S. 333 ff.) zu entnehmen.

Für den autoritären Führungsstil ist, wie der Name schon vermuten lässt, charakteristisch, dass das Führungsverhalten auf Befehl und Kontrolle basiert. Vorgesetzte führen hierarchisch, es gibt eine strikte Trennung zwischen Mitarbeitern und Vorgesetzten. Entscheidungsprozesse verlaufen von oben nach unten und die Entscheidungshoheit liegt bei der Führungskraft. Es bestehen für die Mitarbeiter wenig bis keine Möglichkeiten, sich mit Ideen und Kreativität einzubringen, von ihnen wird erwartet, dass sie sich regelkonform verhalten. Die Vorteile des Führungsstiles liegen u. a. darin, dass Verantwortlichkeiten klar geregelt sind und schnelle Entscheidungen getroffen werden können statt zahlreicher Diskussionen und Abwägungsprozesse in Gesprächen. Die Führungskraft ist in der Regel über alle Geschehnisse in der Organisation gut informiert.

Den Laissez-faire -Führungsstil charakterisiert, dass Führung eigentlich nicht stattfindet. Dieser Führungsstil ist geprägt von maximaler Freiheit der Mitarbeiter. Diese treffen eigenständig Entscheidungen, kontrollieren sich selbst und können den Arbeitsprozess selbstständig steuern. Die Führungskraft beobachtet lediglich, hält sich aber aus den Prozessen heraus. Dieser Führungsstil, der durch ein Höchstmaß an Passivität der Führungskraft gekennzeichnet ist, kann zu Überforderung und Konflikten führen.

Im Kontrast zu den beiden oben genannten Stilen steht der partizipative Führungsstil. Charakteristisch für ihn ist, wie der Name schon vermuten lässt, die Partizipation. Mitarbeiterführung und Mitbestimmung erfolgen durch ihre Einbeziehung. Es werden nicht einfach Lösungen oktroyiert, sondern es werden Ansichten erfragt, die Meinung der Mitarbeiter wird einbezogen, Kritik und Vorschläge werden vom Team erwartet. Die Mitarbeiter sind informiert und stehen im Austausch mit der Führungskraft. Vertrauen spielt hier eine wichtige Rolle, und die Kompetenzen der Beschäftigten werden anerkannt. Führungskraft und Mitarbeiter treffen Entscheidungen und entwickeln die Lösungen gemeinsam, aber die endgültige Entscheidungsmacht liegt bei der Führungskraft.

Beim transformationalen Führungsstil soll die Führungskraft mit ihren gesamten Charaktereigenschaften, mit persönlicher Motivation, Charisma und Vision die Mitarbeiter transformieren. Die Geführten sollen durch diesen Führungsstil im Höchstmaß motiviert werden. Mit Begeisterungsfähigkeit sollen die Mitarbeiter moralisch adressiert werden. Die Werte und Einstellungen sollen im Sinne der Unternehmensziele und der Leistungssteigerung transformiert werden. Mitarbeiter sollen zu unternehmerischem Handeln motiviert werden, Eigeninitiative soll gestärkt werden, um herausfordernde Zielsetzungen der Organisation zu bewältigen. Eine offene und klare Kommunikation und eine stabile Vertrauensbasis sind die Voraussetzung dafür.

## 4 Literaturempfehlungen

Aryee, Samuel/Chen, Zhen Xiong (2006): Leader-member exchange in a Chinese context: Antecedents, the mediating role of psychological empowerment and outcomes; in: Journal of Business Research, Vol. 59, No. 7, S. 793–801.

Graen, George B./Uhl-Bien, Mary (1995): Relationship-based approach to leadership: development of leader member exchange (LMX) theory of leadership over 25 years: applying a multi-level multi-domain perspective; in: The Leadership Quarterly, Vol. 6, No. 2, S. 219–247.

Graen, George/Cashman, James F. (1975): A Role Making Model in Formal Organizations: A Developmental Approach; in: Hung, James. G./Larson, Lars L. (Hrsg.), Leadership Frontiers, Kent, S. 143–165.

Grützmacher, Lisa/Schermuly, Carsten C. (2021): A Social Learning Perspective on the Trickle-Down of Psychological Empowerment from Supervisor to Subordinate; in: Zeitschrift für Arbeits- und Organisationspsychologie A&O, 65. Jg., H. 3, S. 1–24.

Kanter, Rosabeth M./Stein, Berry/Jick,Todd D. (1992): The Challenge of Organizational Change: How Companies Experience It and Leaders Guide It, New York.

Liden, Robert C./Wayne, Sandy. J./Sparrowe, Raymond T. (2000): An examination of the mediating role of psychological empowerment on the relations between the job, interpersonal relationships, and work outcomes; in: Journal of Applied Psychology, Vol. 85, No. 3, S. 407–416.

Lorra, Jana/Möltner, Hannah (2021): New Work: Die Effekte von Leader-Member Exchange auf psychologisches Empowerment, extraproduktives Verhalten und Fluktuationsabsicht der Mitarbeitenden; in Zeitschrift für Arbeitswissenschaft, 75, S. 22–336.

Schermuly, Carsten C. (2021): New Work – Gute Arbeit gestalten: Psychologisches Empowerment von Mitarbeitern, 3. Aufl., Freiburg, S. 109–180.

Spreitzer, Gretchen M./Janasz, Suzanne C./Quinn, Robert E. (1999): Empowered to lead: The role of psychological empowerment in leadership; in: Journal of Organizational Behavior, Vol. 20, No. 4, S. 511–526.

## 6.3 Auswirkungen von New Work auf die Beschäftigten

**Aufgabe 1: Der Einfluss des Homeoffice auf die selbsteingeschätzte Produktivität**

| Wissen, Verstehen | 15–20 Minuten |
|---|---|

### 1 Fragestellung

Sie sind Führungsnachwuchskraft in Unternehmen der Abfallwirtschaft (3000 Beschäftigte) in Norddeutschland und wollen die nächste Karrierestufe erklimmen. Sie sollen im Rahmen eines Management-Audits dem oberen Führungskreis die wissenschaftlichen Erkenntnisse zu Produktivität und arbeitsbezogenen Wahrnehmungen der Beschäftigten im Homeoffice vorstellen. Das Homeoffice ist die umgangssprachliche Bezeichnung für das zeit- und ortsunabhängige Mobile Arbeiten und die Arbeit von zu Hause (sogenannte Telearbeit) gemäß § 2 Abs. 7 der Arbeitsstättenverordnung.

Die Führungskräfte sind der Meinung, dass das Homeoffice zu weniger Produktivität der Beschäftigten führt. Welche Argumente legen Sie dar?

## 2 Lösung

Inwieweit das Homeoffice als ein Bestandteil von New Work zu weniger oder mehr Produktivität führt oder auch gar keinen Einfluss auf die Produktivität hat, wird sich nach derzeitigem Stand der Forschung nicht abschließend beantworten lassen.

Verschiedene Faktoren beeinflussen die Produktivität eines Menschen. Die allgemeine Formel für die Arbeitsproduktivität lautet Arbeitsproduktivität = Output/Arbeitseinsatz. Am Beispiel eines Schreiners soll dies verdeutlicht werden. Stellt ein Schreiner zum Beispiel bei einem Arbeitseinsatz von 6 Stunden 30 Tischbeine her, so lautet die Formel: Arbeitsproduktivität: 30/6 = 5. Folglich produziert der Schreiner 5 Tischbeine pro Stunde. Diese Form der Arbeitsproduktivitätsmessung ist mit möglichen Fehlschlüssen verbunden, denn die Arbeitsproduktivität sagt nichts über die Qualität der Leistung aus und ist für den Bereich der Wissensarbeit kaum bzw. nur sehr eingeschränkt anwendbar.

Die Forschung zu den Auswirkungen von Homeoffice ist zwar nicht neu, wurde allerdings seit der Covid-19-Pandemie stärker verfolgt. Die Erkenntnisse dazu sind vielfältig und sind, wie Juristen es zu sagen pflegen, „von den Umständen des Falls abhängig".

Sie sollten den oberen Führungskreis darüber aufklären, dass es je nach Untersuchungsdesign und Stichprobe zu unterschiedlichen Aussagen in Bezug auf die Wirkungen von Homeoffice kommen kann. Die Forschungsergebnisse sind teilweise widersprüchlich und zeigen kein einheitliches Bild (vgl. Bonin, Holger et al. (2020); Alipour, Jean-Victor et al. (2021); Golden, Timothy D. et al. (2008)). Die Forschung bringt mehr Fragen als Antworten hervor, denn zu viele Kontextfaktoren spielen eine Rolle. Die methodischen Unzulänglichkeiten und die kontroversen Ergebnisse sollten Sie allerdings nicht davon abhalten, über die Ausgestaltung und die Rahmenbedingungen des Homeoffice in Ihrem Unternehmen zu reflektieren.

Interessante Ergebnisse zu den Auswirkungen von Homeoffice auf die wahrgenommene Produktivität, die Arbeitszufriedenheit und die Stresswahrnehmung zeigt die Panelstudie von Süß und seinem Team (vgl. Süß, Stefan/Ruhle, Sascha/Schmoll, René (2022)), die erstmalig im April 2020 unter 1.291 Wissensarbeitenden sowie im September 2020 und im April 2021 erneut durchgeführt wurde. Die Ergebnissen zeigen, dass die selbsteingeschätzte Produktivität und andere arbeitsbezogene Wahrnehmungen sich im Zeitablauf und unter den Individuen unterscheiden. Während zu Beginn der Pandemie zum erstmaligen Zeitpunkt der empirischen Untersuchung ein Produktivitätsrückgang um 9 % im Vergleich zur Arbeitssituation vor der Pandemie zu verzeichnen war, ist dieser Rückgang im Sommer 2020 wieder um 7 % angestiegen. Wie Süß et al. (vgl. Süß, Stefan/Ruhle, Sascha/Schmoll, René (2022)) anmerken, ist der Rückgang der selbsteingeschätzten Produktivität im April 2020 möglicherweise darauf zurückzuführen, dass die Beschäftigten zunächst weder über Vorerfahrung mit dem Homeoffice noch über eine geeignete Infrastruktur verfügten, und dass weitreichende Schulschließungen für Beschäftigte mit Kindern sich produktivitätsmindernd auswirkten. Im Sommer 2020 fanden die Forscher einen Produktivitätsanstieg von 7 % und damit erreichte das selbsteingeschätzte Produktivitätsniveau fast den Zustand vor der Covid-19-Pandemie. Eine weitere wichtige und überraschende Erkenntnis ist, dass die Befragten, die vollständig ins Büro zurückgekehrt sind, eine signifikant niedrigere selbsteingeschätzte Produktivität aufwiesen. Süß et al. (vgl. Süß, Stefan/Ruhle, Sascha/Schmoll, René (2022)) verweisen darauf, dass die als höher selbsteingeschätzte Produktivität darauf zurückzuführen ist, dass Beschäftigte im Homeoffice einem erhöhten Erreichbarkeitsdruck unterliegen und dadurch mehr arbeiten.

Eine Auswertung von 46 Querschnittsstudien (die Datengrundlage umfasst insgesamt 12.883 Beschäftigte) aus dem Jahr 2007 zeigt, dass die selbsteingeschätzte Leistung und das Homeoffice nicht im Zusammenhang standen (vgl. Guthier, Christina (2022)). Allerdings wie die Auswertung aus, dass Führungskräfte den Beschäftigten ein positives Leistungsverhalten attestierten. Eine Befragung von Firmen zu ihrer Einschätzung der Produktivität für den Fall, dass es eine vollständige Rückkehr ins Homeoffice geben würde, zeigt, dass 31,6 % der Befragten eine höhere Leistung bei vollständiger Rückkehr erwarten, 60,1 % gehen davon aus, dass sich nichts verändert, und nur 8,3 % gaben an, dass sie eine Verschlechterung erwarten bei vollständiger Rückkehr zum Homeoffice (vgl. Dolls, Mathias (2023)).

## 3 Hinweise zur Lösung

Einen messbaren quantitativen und qualitativen produktivitätsmindernden Effekt des Arbeitens im Homeoffice haben Emanuel und Harrington (2023) festgestellt. Sie befragten in ihrer Befragung der Fortune-500-Unternehmen Callcenter-Mitarbeiter im Zeitraum von Januar 2019 bis Oktober 2021 dazu, wie das Arbeiten im Homeoffice die Produktivität beeinflusst und wie produktiv die Beschäftigten von zu Hause aus arbeiten. Dazu befragten sie sowohl Callcenter-Mitarbeiter befragt, die vor der Covid-19-Pandemie ausschließlich im Homeoffice gearbeitet haben, als auch solche, die nur vor Ort in Präsenz gearbeitet haben. Die Ergebnisse zeigen, dass die Beschäftigten, die bereits vor der Pandemie nur im Homeoffice gearbeitet haben, 12 % weniger Anrufe beantwortet haben als die Beschäftigten vor Ort. Die Gründe für die geringere Produktivität sind unklar. Die Forscher geben an, dass die Selbstmotivation geringer gewesen sein könnte, oder dass weniger produktive Mitarbeiter von vornherein solche Jobs wählen, die ausschließlich im Homeoffice zu erledigen sind. Im Zuge der Büroschließungen während der Covid-19-Pandemie wurde die Produktivität der beiden Gruppen verglichen. Die Gruppe der Mitarbeiter, die zuvor vor Ort und dann aufgrund der Pandemie im Homeoffice gearbeitet haben, verzeichnete eine 4 % geringere Produktivität als diejenigen, die schon immer im Homeoffice gearbeitet haben (vgl. Emanuel, Natalia/Harrington, Emanuel (2023)).

Sollten basierend auf diesen Ergebnissen Unternehmen zukünftig kein Homeoffice mehr anbieten? Die Antwort ist nicht trivial und die Forscher verweisen auf das Gefangenendilemma: Alle Unternehmen würden davon profitieren, Präsenzarbeitsplätze und Homeoffice anzubieten, aber es würde auch Unternehmen geben, die dadurch die von vornherein weniger produktiven Beschäftigten anziehen.

Abschließend sei der Vollständigkeit halber noch einmal betont, dass New Work ein Sammelbegriff ist und nicht nur auf das Homeoffice reduziert werden sollte. Das Homeoffice als Ausprägung von New Work wurde hier exemplarisch aus didaktischen Gründen gewählt.

## 4 Literaturempfehlungen

Alipour, Jean-Victor/Falck, Oliver/Peichl, Andreas/Sauer, Stefan (2021): Homeoffice-Potenzial weiterhin nicht ausgeschöpft, in ifo: Schnelldienst Digital, Nr. 6, S. 1–4, https://www.ifo.de/publikationen/2021/aufsatz-zeitschrift/homeoffice-potenzial-weiterhin-nicht-ausgeschoepft (30.06.2024).

Bonin, Holger et al. (2020): Verbreitung und Auswirkungen von mobiler Arbeit und Homeoffice, IZA-Institute of Labor Economics, IZA Research Report Nr. 99, S. 27–30, https://www.bmas.de/DE/Service/Publikationen/Forschungsberichte/fb-549-verbreitung-auswirkungen-mobiles-arbeiten.html (30.06.2024).

Dolls, Mathias (2023): Mehrheit der Unternehmen sieht gleiche Produktivität im Büro und im Homeoffice, Ifo Institut, https://www.ifo.de/fakten/2023-10-17/mehrheit-der-unternehmen-sieht-gleiche-produktivitaet-im-buero-und-homeoffice (30.06.2024).

Emanuel, Natalia/Harrington, Emanuel (2023): Working Remotely? Selection, Treatment, and the Market for Remote Work, Federal Reserve Bank of New York Staff Reports, No. 1061, S. 1–2, https://www.newyorkfed.org/medialibrary/media/research/staff_reports/sr1061.pdf?sc_lang=en (30.06.2024).

Golden, Timothy D./Veiga, John F./Dino, Richard N. (2008): The impact of professional isolation on teleworker job performance and turnover intentions: Does time spent teleworking, interacting face-to-face, or having access to communication-enhancing technology matter?; in: Journal of Applied Psychology, Vol. 93, No. 6, S. 1412–1421.

Guthier, Christina (2022): Mitarbeitende sind im Homeoffice produktiver; in: PERSONAL 74. Jg., H. 1, S. 50–51.

Süß, Stefan/Ruhle, Sascha/Schmoll, René (2022): Homeoffice – aktuelle Erkenntnisse zu Produktivität und arbeitsbezogenen Wahrnehmungen; in: PERSONALquarterly, 74. Jg., H. 4, S. 32–37.

**Aufgabe 2: Psychische Gesundheit und agile Arbeitsmethoden**

| Wissen, Verstehen | 15–20 Minuten |
|---|---|

## 1 Fragestellung

Frithjof Harold Bergmann, der als Begründer der „New-Work"-Bewegung gilt, erklärte einmal: *„Die Arbeit, die wir leisten, sollte nicht all unsere Kräfte aufzehren und uns erschöpfen. Sie sollte stattdessen mehr Kraft und Energie verleihen."* (Bergmann, Frithjof (2020), S. 11). Inwieweit haben die Vorstellungen von New Work, wie Bergmann sie formulierte, mit der Realität zu tun? Recherchieren Sie dazu die Auswirkungen agiler Arbeitsmethoden auf die psychische Gesundheit. Welche Forschungsergebnisse gibt es dazu?

## 2 Lösung

Zur Beantwortung der Frage soll zunächst auf die Definition von „psychischer Gesundheit" der Weltgesundheitsorganisation (WHO) zurückgegriffen werden. Die WHO definiert psychische Gesundheit als *„Zustand des Wohlbefindens, in dem der Einzelne seine Fähigkeiten ausschöpfen, die normalen Lebensbelastungen bewältigen, produktiv und fruchtbar arbeiten kann und imstande ist, etwas zu seiner Gemeinschaft beizutragen"* (World Health Organization (2022), S. 12).

Im Kontext von New Work und psychischer Gesundheit wird insbesondere auf die Gefahren verwiesen, die u. a. durch Entgrenzung, Selbstausbeutung, ständige Erreichbarkeit und Technologie-Stress entstehen können. Auf der anderen Seite wird im Zusammenhang mit New Work herausgestellt, dass Veränderungen der Arbeitsumgebung und der Arbeitsweisen einen positiven Effekt auf die psychische Gesundheit haben können.

Zu den Forschungsergebnissen: Generell gilt auch hier, dass die Forschungsergebnisse zu den Auswirkungen von New Work eher rar sind, zumindest in dem deutschsprachigen Raum. Messproblematiken, Datenschutzaspekte und weitere Restriktionen erschweren es, empirisch evidente Aussagen zu treffen. Bei der Beantwortung der Frage könnten Sie auf die Ergebnisse des Forscherteams Rietze, Sarah/Zacher, Hannes (vgl. Rietze, Sarah/Zacher, Hannes (2023a), (2023b)) zurückgreifen, die die Auswirkungen agiler Arbeitsmethoden auf die psychische Gesundheit erforscht haben.

Der bisherige Forschungsstand, wie Rietze, Sarah/Zacher, Hannes (vgl. Rietze, Sarah/Zacher, Hannes (2023a)) ausführen, lässt sich wie folgt resümieren: Agile Arbeitsmethoden, die sich durch Selbstorganisation, schnelle und proaktive Entscheidungsfindung sowie Transparenz, Kollaboration und Reflexion charakterisieren lassen, haben positive Auswirkungen auf der affektiven Ebene, der Verhaltensebene und der kognitiven Ebene. Die nachfolgende Tabelle 10 verdeutlicht dies.

**Tab. 10:** Auswirkungen agiler Arbeitsmethoden.

| Ebene | Positive Auswirkungen agiler Arbeitsmethoden auf |
|---|---|
| Affektive Ebene | Arbeitszufriedenheit |
| | Commitment und Stress |
| Verhaltensebene | Leistung und Innovationsverhalten |
| Kognitive Ebene | Psychologisches Empowerment |

Quelle: Eigene Darstellung in Anlehnung an Rietze, Sarah/Zacher, Hannes (2023a), S. 32 ff.

Weiterhin werden durch agile Arbeitsmethoden die psychologischen Grundbedürfnisse nach Selbstbestimmung, sozialer Zugehörigkeit und Kompetenz erfüllt und Stressoren reduziert.

Nach der Selbstbestimmungstheorie (vgl. Ryan, Richard M./Deci, Edward L. (2000)), die den theoretischen Rahmen der psychologischen Grundbedürfnisse darstellt, fördert ein hohes Maß an Selbstbestimmung, sozialer Zugehörigkeit und Kompetenzerleben die Motivation der Beschäftigten. Die Selbstbestimmungstheorie, die im Englischen als Self-Determination-Theory (SDT) bezeichnet wird, beschreibt den Zusammenhang der Grundbedürfnisse nach sozialer Eingebundenheit, nach Kompetenzerleben und nach Autonomie und ist im Zusammenhang mit Motivation für ein bestimmtes Verhalten und die Gestaltung einer optimalen Arbeits- und Lernumgebung am Arbeitsplatz eine der am weitesten verbreiteten Theorien. Sie wird auch im Kontext der Vorhersage von Burn-out-Risiken am Arbeitsplatz eingesetzt. Je stärker die drei psychologischen Grundbedürfnisse befriedigt werden, desto höher ist auch das Wohlbefinden, das wiederum Voraussetzung für psychische Gesundheit ist. Gemäß der Selbstbestimmungstheorie haben Menschen angeborene Wachstumstendenzen, wollen neue Erfahrungen machen und Herausforderungen bewältigen. Agile Arbeitsmethoden bieten im Regelfall ein hohes Maß an Selbstbestimmung, sozialer Eingebundenheit (im Homeoffice nur unter bestimmten Bedingungen) und Kompetenzerleben und folglich sollten sich agile Arbeitsweisen und Umgebungen positiv auf die psychische Gesundheit auswirken.

Die soziale Eingebundenheit beschreibt die Qualität der sozialen Interaktionen sowie die Bedeutung, die andere Personen für einen haben. Soziale Eingebundenheit beschreibt, wie gut sich Menschen bspw. in einer Gruppe oder mit Kollegen eingebunden fühlen. Soziale Eingebundenheit ist mit körperlicher Präsenz verbunden. Dieses Bedürfnis kann zwar auch in digitalen Umgebungen befriedigt werden, ist aber voraussetzungsvoll und bedarf entsprechender Maßnahmen.

Kompetenzerleben bezeichnet, effektiv auf die Dinge einwirken zu können und entsprechend Resultate zu erzielen, ausreichende Qualitäten, um Aufgaben zu erledigen, ausreichende Geschicklichkeit und Stärke, effektiv mit der Umwelt zu interagieren und sein Umfeld beherrschen zu können.

Autonomie bezieht sich auf die subjektiv empfundene Freiwilligkeit und bezeichnet den Wunsch, eigenes Verhalten selbst zu kontrollieren und über Mitbestimmungsmöglichkeiten zu verfügen. Autonomiemotiviertes Verhalten führt zu höherer Kreativität und Problemlösungsverhalten sowie zu mehr Durchhaltevermögen.

Der Grad an Autonomie ist entscheidend, insbesondere wenn es um komplexe Aufgabenstellungen geht. Es gilt hier: „Die Dosis macht das Gift". Zu viel Autonomie kann zu Verunsicherung und Überforderung fühlen, und zu wenig Autonomie zu mangelnder Motivation und Frustration.

Rietze/Zacher (vgl. Rietze, Sarah/Zacher, Hannes (2023a)) haben in ihrer Fragebogenstudie 260 Beschäftigte, die in agilen Teams arbeiten, befragt und kommen zu dem Ergebnis, dass agile Arbeitsmethoden zu höherem Engagement und geringerer Ermüdung führen und damit positive Auswirkungen auf die psychische Gesundheit haben. In ihrer Studie nehmen Rietze/Zacher Bezug auf das Job-Demands-Resources-Model (JD-R-Model) von Demerouti und Kollegen (vgl. Demerouti, Evangelia et al. (2001); Bakker, Arnold/Demerouti, Evangelika (2007)). In diesem Model werden Arbeitsanforderungen und Arbeitsressourcen unterschieden. Das Modell verbindet Job-Design-Theorien (vgl. Hackman, J. Richard/Oldham, Greg R. (1980)) und Belastungs- und Stresstheorien (vgl. Selye, Hans (1956)).

## 3 Hinweise zur Lösung

Eine gesicherte Datenbasis zu der Anzahl der Unternehmen, die agile Arbeitsweisen ein- und umgesetzt haben, gibt es nicht. Agile Arbeitsweisen bergen auch Risiken für die psychische Gesundheit, denn mit Entscheidungsfreiheiten und Verantwortung müssen Mitarbeiter auch umgehen können und wollen. Nach Heike Bruch und Bernd Vogel kann die sogenannte Beschleunigungsfalle dazu führen, dass Teams an die Grenze ihrer Leistungsfähigkeit und Belastbarkeit gebracht werden und die Beeinträchtigung psychischer Gesundheit erleben (z. B. mentale Erschöpfung, Burn-out usw.). Bei der Implementierung von agilen Arbeitsmethoden sollten unter dem Aspekt der psychischen Gesundheit sehr genau die Rahmenbedingungen analysiert werden. Denn steigende Burn-out- und Depressionsraten verweisen auf die Wichtigkeit der Auseinandersetzung mit psychischer Gesundheit auch im Kontext von guter Arbeit (vgl. Bruch, Heike/Vogel, Bernd (2009)).

## 4 Literaturempfehlungen

Bakker, Arnorld B./Demerouti, Evangelia (2007): The job demands-resources model: State of the art; in: Journal of Managerial Psychology, Vol. 22, No. 3, S. 309–328.

Bergmann, Frithjof (2020): Neue Arbeit, Neue Kultur, Arbor Verlag, Freiburg im Breisgau, S. 11.

Bruch, Heike/Vogel, Bernd (2009): Organisationale Energie: Wie Sie das Potenzial Ihres Unternehmens ausschöpfen, Wiesbaden, S. 58–64; S. 77–81 sowie S. 255–256.

Demerouti, Evangelia/Bakker, Arnold B./Nachreiner, Friedhelm/Schaufeli, Wilmar B. (2001): The job demands-resources model of burnout; in: Journal of Applied Psychology, Vol. 86, No. 3, S. 499.

Hackman, J. Richard/Oldham, Greg R. (1980): Work Redesign, London.

Rietze, Sarah/Zacher, Hannes (2023a): Healthy New Work: Auswirkung agiler Arbeit auf die psychische Gesundheit; in: PERSONALquarterly, 75. Jg., H. 3, S. 32–38.

Rietze, Sarah/Zacher, Hannes (2023b): Agile work practices: opportunities and risks for occupational well-being; in: Gruppe. Interaktion. Organisation, Zeitschrift für Angewandte Organisationspsychologie (GIO), Vol. 54, S. 483–498.

Ryan, Richard M./Deci, Edward L. (2000): Self-determination theory and the facilitation of intrinsic motivation, social development, and well-being; in: American Psychologist, Vol. 55, No. 1, S. 68–78.

Selye, Hans (1956): The stress of life, New York.

World Health Organization (2022), Mental health, https://www.who.int/news-room/fact-sheets/detail/mental-health-strengthening-our-response (30.06.2024).

World Health Organization (2004): Promoting mental health: Concepts, emerging evidence, practice: Summary report. Geneva: World Health Organization, S. 12, https://iris.who.int/bitstream/handle/10665/42940/9241591595.pdf (30.06.2024).

## Aufgabe 3: Homeoffice und die Auswirkungen auf das Sinnerleben

| | |
|---|---|
| **Wissen, Verstehen, Anwenden** | **15 Minuten** |

## 1 Fragestellung

Sie haben die Leitung für das Projekt „Einführung von New Work" in Ihrem Unternehmen inne. Sie haben am Wochenende einen Bericht über den Arzt und Philosophen Viktor E. Frankl (1905–1997) gelesen. Er gilt als bedeutender Sinnsucher und Denker des letzten Jahrhunderts. Inspiriert von den Ausführungen von Frankl und Ihren eigenen Recherchen zum Sinn in der Arbeit, wollen Sie die Arbeit im Kontext von New Work in Ihrem Unternehmen sinnstiftender gestalten, entsprechend den aktuellen Diskursen. Was New Work ausmacht, ist eben die Frage nach dem Sinn. Dazu setzen Sie ein Meeting mit Ihrem Projektteam an und führen aus, wie wichtig, gerade in Zeiten des Fachkräftemangels und im Wettbewerb um die Talente, eine sinnstiftende Arbeit sei, um als attraktiver Arbeitgeber zu gelten. Auch auf die Arbeitsergebnisse der Beschäftigten werde sich sinnstiftende Arbeit positiv auswirken. Eine Mitarbeiterin aus Ihrem Team entgegnet Ihnen, dass das doch alles Worthülsen von New-Work-Konzepten seien. Ein anderer Kollege ergänzt, dass insbesondere die Erfahrungen mit dem Homeoffice in

Zeiten der Covid-19-Pandemie gezeigt hätten, dass es eine Beeinträchtigung im Sinnerleben der Beschäftigten gegeben habe.

Erläutern Sie, was unter Sinn im Kontext von Erwerbsarbeit und New-Work-Konzepten zu verstehen ist und welche Auswirkungen es hat, wenn Beschäftigte ihre Arbeit als sinnvoll erachten bzw. Beschäftigte ihrer Arbeit Sinn zuschreiben können.

Recherchieren Sie, welche Auswirkungen das Homeoffice während der Covid-19-Pandemie auf das Sinnerleben hatte und wie diese Erkenntnisse bei der Ausgestaltung von New-Work-Konzepten berücksichtigt werden können oder warum diese Berücksichtigung finden sollten.

## 2 Lösung

Wie Viktor Frankl aufzeigt, ist das Erleben von Sinn sehr individuell und der Mensch hat viele Möglichkeiten im Leben einen Sinn zu finden. Für die Sinnfindung im Kontext der Erwerbsarbeit gilt das Gleiche. Sinnfindung ist etwas sehr Individuelles und empirisch schwer zu erheben. Eine einheitliche Definition, was Sinn ist und welche Erfahrungen Sinnhaftigkeit in der Arbeit ausmachen, existiert nicht (Bailey et al. (2019)). Im Kontext von New Work, insbesondere der fortschreitenden Digitalisierung und dem möglichen Wegfall von Arbeitsplätzen, stellt sich die Frage nach der gesellschaftlichen und individuellen Neuausrichtung der Bedeutung von Arbeit umso dringender. Nach Hardering (2020) lässt sich die Erforschung von sinnvoller Arbeit auf den folgenden drei Ebenen analysieren:

1. Gesellschaftlicher Sinn der Arbeit (Welche gesellschaftliche Bedeutung hat Erwerbsarbeit?),
2. Individueller Sinn der Arbeit (Wie wichtig ist Arbeit in meinem Leben?),
3. Sinn der Arbeit (Inwieweit erlebe ich meine Arbeit als sinnvoll?).

Die Forschungsergebnisse zeigen, dass erlebte Sinnhaftigkeit in der Arbeit (entspricht der 3. Ebene) in welcher Form auch immer mit einer Reihe von positiven Effekten verbunden ist und sich beispielsweise auf die Motivation, die Arbeitszufriedenheit und psychische und physische Gesundheit und Wohlbefinden positiv auswirkt (Allan et al. (2019)). Eine ausführliche und umfassende Darstellung von Sinnerleben und die Auswirkungen auf die Beschäftigten ist in Badura et al. (2018) zu finden.

Nach Friedericke Hardering (vgl. Hardering, Friedericke (2023), S. 10) erleben Menschen Sinn in ihrer Arbeit, wenn sie u. a. das Gefühl haben, in Übereinstimmung mit ihren Werten und Zielen zu sein, ihre Potenziale zu entwickeln und dazuzulernen, Gemeinschaft und Zugehörigkeit zu erleben sowie einen Beitrag zum Großen und Ganzen leisten zu können.

Ausgehend von der zuvor erläuterten 3. Ebene (Sinn in der Arbeit) lassen sich die Struktur- und die Subjektperspektive differenzieren. Blickt man durch die Linse der Strukturperspektive, so beeinflussen Arbeitsorganisation und Arbeitsbedingungen das Sinnerleben. Im Fokus der Strukturperspektive steht die Frage, wie die Strukturen verändert werden können, um mehr Sinnerleben, das eine subjektive Wahrnehmung ist, zu ermöglichen. Das Job-Characteristics-Modell von Hackman, J. Richard/Oldham, Greg R. (1980) steht für den strukturzentrierten Ansatz. Das Modell umfasst die Faktoren:

- Vielfalt der Fähigkeiten
- die Identität der Aufgabe
- die Bedeutung der Aufgabe
- die Autonomie und das Feedback.

Das Job-Characteristics-Modell ist nicht explizit für das Sinnerleben konzipiert, aber es wird im Kontext von Sinnerleben darauf rekurriert. Bei der Subjektperspektive geht es um die Zuschreibung von Sinn als vom Individuum hergestellten Vorgang. Sinnerleben ist demzufolge eine Zuschreibungsleistung, die über die individuelle Interpretation erfolgt.

Mittlerweile liegen zahlreiche Studien sowohl national als auch international vor, die die Auswirkungen von Homeoffice auf die Arbeitserfahrungen, die Produktivität, die Ansprüche und die Belastungen physischer und psychischer Natur der Beschäftigten dokumentieren. In Bezug auf das Sinnerleben und das Homeoffice sind die Erkenntnisse hingegen rar. Für den deutschsprachigen Raum sei für die Erstellung der Lösung auf die Forschungsergebnisse von Hardering, Friedericke/Biesel, Mareike (2023) verwiesen. Hardering/Biesel untersuchten die Auswirkungen der Homeoffice-Pflicht während der Covid-Pandemie auf das Sinnerleben der Beschäftigten. Die Forscherinnen befragten in ihrer qualitativen empirischen Untersuchung im Jahr 2021 Wissensarbeiter aus verschiedenen Berufen während der Zeit der Homeoffice-Pflicht. Sie kommen zu dem Ergebnis, dass das Erleben von Autonomie bei der Zeitgestaltung eine Verbesserung der Work-Life Balance zur Folge hatte, die sich positiv auf das Sinnerleben auswirkte. Gleichzeitig stellte die soziale Isolation, hervorgerufen durch das Inkrafttreten der Homeoffice-Pflicht im Frühjahr 2021 und damit verbundene Kontaktbeschränkungen, eine Hürde im Sinnerleben dar.

## 3 Hinweise zur Lösung

Insbesondere in dem angloamerikanischen Raum werden unter der Bezeichnung „purpose" Konzepte angepriesen, die etwa die „Warum-Frage" stellen oder die Bedeutsamkeit, Haltung und Moral von unternehmerischem Tun hinterfragen. Unternehmen müssen heutzutage einen Purpose haben und diesen an die Beschäftigten vermitteln. Eine definitorische Abgrenzung zu Sinn bzw. Sinnerleben ist nicht trennscharf.

Insgesamt werden die Diskussionen zu dem Thema Sinn und Arbeit sehr kontrovers geführt. Während die einen betonen, es handele sich um Beratermoden, betonen die anderen die Bedeutung der Thematik. Zur kritischen Auseinandersetzung sei auf das Buch „Sinnlos glücklich" von Ingo Hamm (2021) verwiesen.

## 4 Literaturempfehlungen

Allan, Blake/Batz-Barbarich, Cassondra/Sterling, Haley M./Tay, Louis (2019): Outcomes of meaningful work: a meta-analysis; in: Journal of Management Studies, Vol. 56, No. 3, S. 500–528.

Badura, Bernhard/Ducki, Antje/Schröder, Helmut/Klose, Joachim/Meyer, Markus (2018): Fehlzeiten-Report 2018: Sinn erleben – Arbeit und Gesundheit, Wiesbaden.

Bailey, Catherine/Yeoman, Ruth/Madden, Adrian/Thompson, Marc/Kerridge, Gary. (2019): A Review of the Empirical Literature on Meaningful Work: Progress and Research Agenda; in: Human Resource Development Review, Vol. 18, No. 1, S. 83–113.

Hackman, J. Richard/Oldham, Greg R. (1980): Work Redesign, London.

Hamm, Ingo (2021): Sinnlos glücklich: Wie man auch ohne Purpose Erfüllung bei der Arbeit findet, München.

Hardering, Friedericke (2020): Sinn in der Arbeit. Überblick über Grundbegriffe und aktuelle Debatten. Wiesbaden, S. 11–17.

Hardering, Friedericke (2021): Von der Arbeit 4.0 zum Sinn 4.0? Über das Sinnerleben in Zeiten der Digitalisierung; in: Österreichische Zeitschrift für Soziologie, Vol. 46, No. 1, S. 27–44.

Hardering, Friedericke/Biesel, Mareike (2023): Sinn finden im Homeoffice: Barrieren und Strategien der Sinnfindung; in: PERSONALquarterly, 75. Jg., H. 1, S. 10–15.

# Literaturverzeichnis

Alipour, Jean-Victor/Falck, Oliver/Peichl, Andreas/Sauer, Stefan (2021): Homeoffice-Potenzial weiterhin nicht ausgeschöpft, in ifo: Schnelldienst Digital, Nr. 6, S. 1–4, https://www.ifo.de/publikationen/2021/aufsatz-zeitschrift/homeoffice-potenzial-weiterhin-nicht-ausgeschoepft (30.06.2024).

Allan, Blake/Batz-Barbarich, Cassondra/Sterling, Haley M./Tay, Louis (2019): Outcomes of meaningful work: a meta-analysis; in: Journal of Management Studies, Vol. 56, No. 3, S. 500–528.

Allmendinger, Jutta/Schroeder, Wolfgang (2023): Souveränitätsgewinne oder Freiheitsverluste – wohin treibt der Arbeitsmarkt?; in: Legrand, Jupp/Linden, Benedikt/Arlt, Hans-Jürgen (Hrsg.), Transformation und Emanzipation: Perspektiven für Arbeit und Demokratie, Wiesbaden, S. 113–124.

Altun, Ufuk/Hartmann, Veit (2023): Handlungsfelder der aktuellen und zukünftigen Arbeitszeitgestaltung; in: Knappertsbusch, Inka/Wisskirchen, Gerlind (Hrsg.), Die Zukunft der Arbeit: New Work mit Flexibilität und Rechtssicherheit gestalten, Wiesbaden, S. 99–106.

Amler, Ann-Sophie (2023): Coworking Space als dritter Arbeitsort; in: Knappertsbusch, Inka/Wisskirchen, Gerlind (Hrsg.), Die Zukunft der Arbeit: New Work mit Flexibilität und Rechtssicherheit gestalten, Wiesbaden, S. 73–79.

Aryee, Samuel/Chen, Zhen Xiong (2006): Leader-member exchange in a Chinese context: Antecedents, the mediating role of psychological empowerment and outcomes; in: Journal of Business Research, Vol. 59, No. 7, S. 793–801.

Auctority GmbH (2023), Erschöpfung bei Führungskräften, https://www.auctority.net/wp-content/uploads/2024/02/AUCTORITY-Studie-Erscho%CC%88pfung-bei-Fu%CC%88hrungskra%CC%88ften_2024.pdf (30.06.2024).

Badura, Bernhard/Ducki, Antje/Schröder, Helmut/Klose, Joachim/Meyer, Markus (2018): Fehlzeiten-Report 2018: Sinn erleben – Arbeit und Gesundheit, Wiesbaden.

BAG (Bundesarbeitsgericht), Urt. v. 1.12.2020 – 9 AZR 102/20.

Bailey, Catherine/Yeoman, Ruth/Madden, Adrian/Thompson, Marc/Kerridge, Gary. (2019): A Review of the Empirical Literature on Meaningful Work: Progress and Research Agenda; in: Human Resource Development Review, Vol. 18, No. 1, S. 83–113.

Bakker, Arnorld B./Demerouti, Evangelia (2007): The job demands-resources model: State of the art; in: Journal of Managerial Psychology, Vol. 22, No. 3, S. 309–328.

Baresel, Kira (2023): Wenn Lebensläufe sich wandeln (würden) Erfahrungen mit Sabbaticals aus Unternehmensperspektive; in Hahmann, Julia et al. (Hrsg.), Gerontologie gestern, heute und morgen. Multigenerationale Perspektiven auf das Alter(n), S. 159–187.

Barmer Krankenkasse/Universität St. Gallen (2019): Gesundheitliche Effekte des digitalen Wandels am Arbeitsplatz. Ergebnisse einer repräsentativen Längsschnittanalyse der Universität St. Gallen im Auftrag der BARMER Krankenkasse, Barmer, Berlin, https://www.barmer.de/resource/blob/1024368/831b3890cf152fe66583e15c74668a34/entfallen-barmer-gesundheitliche-effekte-der-digitalisierung-am-arbeitsplatz-data.pdf (26.08.2024).

Bayerisches Forschungsinstitut für Digitale Transformation (2023): Themenmonitor Wirtschaft & Arbeit, https://www.bidt.digital/themenmonitor-wirtschaft-arbeit/ (03.09.2024).

Barsalou, Lawrence W. (2020): Challenges and Opportunities for Grounding Cognition; in: Journal of Cognition, 3. Jg., 2020, H. 1, S. 1–24.

Barton, Thomas/Müller, Christian/Seel, Christian (2018): Digitalisierung in Unternehmen: Von den theoretischen Ansätzen zu der praktischen Umsetzung, Wiesbaden.

Bauer, Joachim (2014): Prinzip Menschlichkeit: Warum wir von Natur aus kooperieren, Hamburg.

Bauer, Joachim (2015): Arbeit: Warum sie uns glücklich oder krank macht, München.

Bauer, Joachim (2023): Realitätsverlust. Wie KI und virtuelle Welten von uns Besitz ergreifen – und die Menschlichkeit bedrohen, München.

Beck et al. (2001): Manifesto for Agile Software Development, https://agilemanifesto.org (29.03.2024).

https://doi.org/10.1515/9783111388861-007

Biemann, Torsten/Weckmüller, Heiko (2021): Psychologische Sicherheit in der Personalführung; in: PERSONALquarterly, 73. Jg., H. 4, 2021, S. 46–49.

Bergmann, Frithjof (1990): Neue Arbeit (New Work). Das Konzept und seine Umsetzung in der Praxis; in: Fricke, Werner (Hrsg.): Jahrbuch Arbeit und Technik, Bertelsmann Verlag, S. 71–80.

Bergmann, Frithjof (2005): Die Freiheit leben, Freiburg im Breisgau.

Bergmann, Frithjof (2017): Neue Arbeit, neue Kultur, Freiamt.

Bergmann, Frithjof (2020): Neue Arbeit, Neue Kultur, Freiburg im Breisgau.

Berthel, Jürgen/Becker, Fred G. (2022): Personal-Management: Grundzüge für Konzeptionen betrieblicher Personalarbeit, 12. Aufl., Stuttgart, S. 831–849.

Bonin, Holger et al. (2020): Verbreitung und Auswirkungen von mobiler Arbeit und Homeoffice, IZA-Institute of Labor Economics, IZA Research Report Nr. 99, S. 27–30, https://www.bmas.de/DE/Service/Publikationen/Forschungsberichte/fb-549-verbreitung-auswirkungen-mobiles-arbeiten.html (30.06.2024).

Breuer, Sandra/Kienbaum, Laura (2023): Arbeiten ist kein Ort zum Hingehen mehr Wie durch die Ablösung vom Büro als Arbeitsort Chancen für die Entwicklung unserer Gesellschaft und Städte entstehen; in: Knappertsbusch, Inka/Wisskirchen, Gerlind (Hrsg.), Die Zukunft der Arbeit: New Work mit Flexibilität und Rechtssicherheit gestalten, Wiesbaden, S. 57–64.

Brommer, Dorothee/Hockling, Sabine/Leopold, Annika (Hrsg.) (2019): Faszination New Work: 50 Impulse für die neue Arbeitswelt, Wiesbaden.

Bruch, Heike/Vogel, Bernd (2009): Organisationale Energie: Wie Sie das Potenzial Ihres Unternehmens ausschöpfen, Wiesbaden.

Bundesverband Coworking Spaces e.V. (2024): Was ist Coworking – Definition; https://www.bundesverband-coworking.de/was-ist-coworking/ (29.03.2024).

Cremer, Kira Marie (2024): Eingetaucht: New Work: Wie arbeiten wir in Zukunft?, Köln.

Daft, Richard L./Lengel, Robert H. (1984): Information Richness: A New Approach To Managerial Behavior And Organization Design; in: Staw, B. M./Cummings, L. L. (Hrsg.), Research In Organizational Behavior, Vol. 6, 1984, S. 191–233.

Daft, Richard L./Lengel, Robert H. (1986): Organizational Information Requirements, Media Richness And Structural Design; in: Management Science, Vol. 32, 1986, No. 5, S. 554–571.

Dark Horse Innovation (2023): New Workspace Playbook: Das unverzichtbare Praxisbuch für neues Arbeiten in neuen Räumen, 3. Aufl., Hamburg.

Deci, Edward L./Connell, James P./Ryan Richard M (1989): Self-determination in a work organization; in: Journal of Applied Psychology, Vol. 74, No. 4, S. 580–590.

Demerouti, Evangelia/Bakker, Arnold B./Nachreiner, Friedhelm/Schaufeli, Wilmar B. (2001): The job demands-resources model of burnout; in: Journal of Applied Psychology, Vol. 86, No. 3, S. 499.

Dengler, Katharina/Matthes, Britta (2015): Folgen der Digitalisierung für die Arbeitswelt: Substituierbarkeitspotenziale von Berufen in Deutschland, IAB-Forschungsbericht, Nr. 11/2015. Institut für Arbeitsmarkt- und Berufsforschung (IAB), Nürnberg, https://www.econstor.eu/bitstream/10419/146097/1/843867167.pdf (26.08.2024).

Development Dimensions International (2021), Global Leadership Forecast, https://www.ddiworld.com/global-leadership-forecast-2021 (30.06.2024).

Dinkelmann, Max (2016): Methode zur Unterstützung der Mitarbeiterpartizipation im Change Management der variantenreichen Serienproduktion durch Lernfabriken, Stuttgart.

Doerr, John. (2018): OKR: Objectives& Key Results: Wie Sie Ziele, auf die es wirklich ankommt, entwickeln, messen und umsetzen, München.

Dolls, Mathias (2023): Mehrheit der Unternehmen sieht gleiche Produktivität im Büro und im Homeoffice, Ifo Institut, https://www.ifo.de/fakten/2023-10-17/mehrheit-der-unternehmen-sieht-gleiche-produktivitaet-im-buero-und-homeoffice (30.06.2024).

Domke, Friedrun (2023): Arbeiten, wo andere Urlaub machen „Workation" ein Modell mit Zukunft?; in: Knappertsbusch, Inka/Wisskirchen, Gerlind (Hrsg.), Die Zukunft der Arbeit: New Work mit Flexibilität und Rechtssicherheit gestalten, Wiesbaden, S. 81–88.

Doran, George T. (1981): There's a S.M.A.R.T. way to write management goals and objectives; in: Management Review, 70. Jg., 1981, H. 11, S. 35–36.

Dotou, Omer/Schwanitz, Anne-Katrin/Hochgraef, Steffi (2024): Workation: Arbeiten, wo andere Urlaub machen, Freiburg.

Düsterbeck, Frank/Kühl, Stefan (2024): Scharlatanerie im Change-Management – Gütekriterien der Organisationsberatung // Im Gespräch mit Stefan Kühl; in: Kurswechsel Podcast, Folge 260, 31. Januar 2024, https://kurswechsel.jetzt/2024/01/31/260-scharlatanerie-im-change-management/ (09.09.2024).

Dull, Doris (2023): New Work – die Illusion von der großen Freiheit, Ausprägungen der neuen Arbeitswelt, Wiesbaden.

Edmondson, Amy C. (1999): Psychological safety and learning behavior in work teams; in: Administrative Science Quarterly, Vol. 44, No. 2, S. 350–383.

Ehmann, Brigitte (2024): 30 Minuten Geteilte Führung: Shared Leadership, Offenbach, S. 9–85.

Eichenberg, Timm (2006): Führung auf Distanz in internationalen Unternehmen: Auslöser und Dimensionen; in: Bruch, Heike/Krummaker, Stefan/Vogel, Bernd (Hrsg.), Leadership – Best Practices und Trends, Wiesbaden 2006, S. 87–94.

Eichenberg, Timm (2007): Distance Leadership: Modellentwicklung, empirische Überprüfung und Gestaltungsempfehlungen, Wiesbaden 2007.

Eichenberg, Timm (2007): Distance Leadership: Modellentwicklung – Empirische Überprüfung – Gestaltungsempfehlungen; in: Zeitschrift für Personalforschung, 21. Jg., 2007, H. 4, S. 454–456.

Eichenberg, T. (2024): Führung von Projektteams auf Distanz: Mediennutzung und Führungsbeziehung als zentrale Gestaltungsfelder für Projektleiter; in: Fazal-Baqaie, M. et al. (Hrsg.), GI Edition Proceedings Band 353: Projektmanagement und Vorgehensmodelle 2024, Gesellschaft für Informatik, S. 61–76.

Eichenberg, Timm/Hahmann, Martin/Hördt, Olga/Luther, Maren/Stelzer-Rothe, Thomas (2019): Personalmanagement, Führung und Change Management, Berlin/Boston.

Eichenberg, Timm/Hahmann, Martin/Hördt, Olga/Luther, Maren/Stelzer-Rothe, Thomas (2025): Organisation und Projektmanagement: Fallstudien, Klausuren, Übungen und Lösungen, 2. Aufl., Berlin/Boston.

Emanuel, Natalia/Harrington, Emanuel (2023): Working Remotely? Selection, Treatment, and the Market for Remote Work, Federal Reserve Bank of New York Staff Reports, No. 1061, S. 1–2, https://www.new yorkfed.org/medialibrary/media/research/staff_reports/sr1061.pdf?sc_lang=en (30.06.2024).

Endres, Sigrid/Weibler, Jürgen (2019): Plural Leadership: Eine zukunftsweisende Alternative zur One-Man-Show, Wiesbaden.

Endres, Sigrid/Weibler, Jürgen (2020): Understanding (non)leadership phenomena in collaborative interorganizational networks and advancing leadership theory: An interpretive grounded theory study; in: Business Research, Vol. 13, No. 1, S. 275–309.

Erbeldinger, Jürgen (2015): Freiwilligkeit und 180 Tage Arbeitszeit. Ein radikaler Ansatz; in: Sattelberger, Thomas/Welpe, Isabell/Boes, Andreas (Hrsg.), Das demokratische Unternehmen: Neue Arbeits- und Führungskulturen im Zeitalter digitaler Wirtschaft, Haufe, S. 173–200.

Erickson, Milton H. und Rossi, Ernest L. (2016): Hypnotherapie: Aufbau – Beispiele – Forschungen, Stuttgart.

Feichtinger, Christoph (2023): Agiles Controlling: Anforderungen und Umsetzungsempfehlungen, Wiesbaden.

Feldmann, Camilla et al. (2018): Crowdworking: Einflüsse der Arbeitsbedingungen auf die Motivation der Crowd Worker, Diskussionspapier, Universität Bielefeld, Forschungsschwerpunkt Digitale Zukunft, Bielefeld, S. 1–43, https://pub.uni-bielefeld.de/record/2930948 (08.08.2024).

Furkel, Daniela (2018): Was aus dem Wunsch nach Wandel wurde; in: Personalmagazin, 20. Jg., 2018, H. 9, S. 21–24.

Frischmuth, Carlos (2021): New Work Bullshit. Was wirklich zählt in der Arbeitswelt: Von Digitalisierung bis Home Office: was Entscheider wissen müssen und was moderne Unternehmen wirklich brauchen. Eine kritische Analyse, Hamburg.

Gall, Sabrina/Wittenberg, Jörg (2023): Erfolgreich führen in hybriden Arbeitswelten: Analog und digital – Roadmap für Führungskräfte, Wiesbaden.

Gates, Herbert T. (2024): Agile Unternehmensführung im 21. Jahrhundert: Erfolgsmodelle des Great Game of Business, der Soziokratie und Holakratie im Vergleich, VERLAGSORT.

Geramanis, Olaf (2024): Vertrauen und Vertrautheit in Organisationen: Beziehung gestalten zwischen Stabilität und Wagnis, Göttingen.

Gerstbach, Ingrid (2017): 77 Tools für Design Thinker: Insider-Tipps aus der Design-Thinking-Praxis, Offenbach.

Gilbert, Dirk U. (2006): Systemvertrauen in Unternehmensnetzwerken: Eine Positionsbestimmung aus strukturationstheoretischer Perspektive; in: Götz, Klaus (Hrsg.) Vertrauen in Organisationen, München.

Gimpel, Henner/Lanzl, Julia/Manner-Romberg, Tobias/Nüske, Niclas (2018): Digitaler Stress in Deutschland. Eine Befragung von Erwerbstätigen zu Belastung und Beanspruchung durch Arbeit mit Technologien, Diskussionspaper Nummer 101, Hans-Böckler-Stiftung, Düsseldorf, https://www.fim-rc.de/Paperbibliothek/Veroeffentlicht/834/wi-834.pdf (26.08.2024).

Glasl, Friedrich (2024): Konfliktmanagement, Bern.

Golden, Timothy D./Veiga, John F./Dino, Richard N. (2008): The impact of professional isolation on teleworker job performance and turnover intentions: Does time spent teleworking, interacting face-to-face, or having access to communication-enhancing technology matter?; in: Journal of Applied Psychology, Vol. 93, No. 6, S. 1412–1421.

Guthier, Christina (2022): Mitarbeitende sind im Homeoffice produktiver; in: PERSONAL74. Jg., H. 1, S. 50–51.

Gürtler, Jochen/Meyer, Johannes (2017): Design Thinking, Offenbach.

Graen, George/Cashman, James F. (1975): A Role Making Model in Formal Organizations: A Developmental Approach; in: Hung, James. G./Larson, Lars L. (Hrsg.), Leadership Frontiers, Kent, S. 143–165.

Graen, George B./Uhl-Bien, Mary (1995): Relationship-based approach to leadership: development of leader member exchange (LMX) theory of leadership over 25 years: applying a multi-level multi-domain perspective; in: The Leadership Quarterly, Vol. 6, No. 2, S. 219–247.

Greenleaf, Robert, K. (1970): The Servant as a Leader, Indianapolis.

Gren, Lucas/Lenberg, Per (2020): Agility is responsiveness to change: An essential definition; Proceedings of Evaluation and Assessment in Software Engineering, Trondheim, Norway, April 15–17, 2020 (EASE 2020).

Grove, Andrew S. (1983): High Output Management, New York.

Grützmacher, Lisa/Schermuly, Carsten C. (2021): A Social Learning Perspective on the Trickle-Down of Psychological Empowerment from Supervisor to Subordinate; in: Zeitschrift für Arbeits- und Organisationspsychologie A&O, 65. Jg., H. 3, S. 1–24.

Hackl, Benedikt/Wagner, Marc/Attmer, Lars/Baumann, Dominik (2017): New Work. Auf dem Weg zur neuen Arbeitswelt: Management-Impulse, Praxisbeispiele, Studien, Wiesbaden, S. 17–34.

Hackman, J. Richard (2002): Leading Teams – Setting the Stage for Great Performance, Boston.

Hackman, J. Richard/Oldham, Greg R. (1980): Work Redesign, London.

Haller, Reinhard (2022): Die Macht der Kränkung, Salzburg und München.

Hamm, Ingo (2021): Sinnlos glücklich: Wie man auch ohne Purpose Erfüllung bei der Arbeit findet, München.

Hardering, Friedericke (2020): Sinn in der Arbeit. Überblick über Grundbegriffe und aktuelle Debatten, Wiesbaden.

Hardering, Friedericke (2021): Von der Arbeit 4.0 zum Sinn 4.0? Über das Sinnerleben in Zeiten der Digitalisierung; in: Österreichische Zeitschrift für Soziologie, Vol. 46, No. 1, S. 27–44.

Hardering, Friedericke/Biesel, Mareike (2023): Sinn finden im Homeoffice: Barrieren und Strategien der Sinnfindung; in: PERSONALquarterly, 75. Jg., H. 1, S. 10–15.

Häusling, André/Römer, Esther/Zeppenfeld, Nina (2019): Praxisbuch Agilität: Tools für Personal- und Organisationsentwicklung, 2. Aufl., Freiburg.

Hasenbein, Melanie (2023): Mensch und KI in Organisationen: Einfluss und Umsetzung Künstlicher Intelligenz in wirtschaftspsychologischen Anwendungsfeldern, Wiesbaden.

Helmold, Marc/Dathe,Tracy/Landes, Miriam/Steiner, Eberhard/Jeschio, Lars (2023): New Work, Neues Arbeiten virtuell und in Präsenz: Konzepte und Werkzeuge zu innovativer, agiler und moderner Führung, Wiesbaden.

Hillebrecht, Steffen (2018): Sabbaticals für die Personalentwicklung: Arbeitshilfen für Arbeitnehmer und Personalabteilung, Wiesbaden.

Hüther, Gerald/Burdy, Robert (2022): Wir informieren uns zu Tode: Ein Befreiungsversuch für verwickelte Gehirne, Freiburg i. B., S. 13–36.

Institut DGB-Index Gute Arbeit (2022): Digitalisierung und Arbeitsbelastung: Ergebnisse der Befragung 2022, Deutscher Gewerkschaftsbund, Verfügbar unter: https://index-gute-arbeit.dgb.de/++co+ +e9c777a4-507f-11ed-9da8-001a4a160123 (26.08.2024).

Jacob, Michael (2023): Digitalisierung der Arbeitswelt: Gegenwart und Zukunft, Wiesbaden.

Jäger, Georg et al. (2019): Crowdworking: Working with or against the crowd?; in: Journal of Economic Interaction and Coordination, 14. Jg., 2019, o. H., S. 761–788.

Jirabek, Heinz/Edmüller, Andreas (2015): Konfliktmanagement: Ein Handbuch für Führung, Beratung und Mediation, 13. Aufl., München.

Jordan, Frederic (2018): Kanban: Ursprung, Gemeinsamkeiten, Unterschiede, Wirkungsweise; in: Bartonitz, Martin et al. (Hrsg.), Agile Verwaltung: Wie der Öffentliche Dienst aus der Gegenwart die Zukunft entwickeln kann; Wiesbaden, S. 55–64.

Kanter, Rosabeth M./Stein, Berry/Jick,Todd D. (1992): The Challenge of Organizational Change: How Companies Experience It and Leaders Guide It, New York.

Kauffeld, Simone/Sauer, Nils/Handke, Lisa (2017): Shared Leadership; in: Gruppe. Interaktion. Organisation. Zeitschrift für Angewandte Organisationspsychologie, Vol. 48, No. 3, S. 235–238.

Kette, Sven/Muster, Judith (2023): Reform als Zumutung? Warum Verwaltungen sich mit Innovationen oft schwertun; in: Organisationsentwicklung, Zeitschrift für Unternehmensentwicklung und Change Management, Nr. 3, S. 27–31.

Klau, Rick (2013): How Google sets goals: OKRs / Startup Lab Workshop, https://www.youtube.com/watch? v=mJB83EZtAjc (29.03.2024).

Klaffke, Martin (2014): Büro der Zukunft – Generationenorientierte Gestaltung von Arbeitswelten; in: Klaffke, Martin (Hrsg.), Generationen-Management – Konzepte, Instrumente, Good Practice-Ansätze, Wiesbaden, S. 205–226.

Kleinebrink, Wolfgang (2017): Arbeitsrechtliche Herausforderungen der Digitalisierung im Arbeitsvertragsrecht; in: Der Betrieb, H. 30, Köln, S. 1713–1718.

Klinke, Sebastian/Gundert, Hannah/Nagler, Brigitte (2011): Konzepte von Vertrauen und Kultur in Unternehmen: Theoretische und empirische Konstrukte, artec-paper Nr. 174, Bremen: Universität Bremen, S. 8–17, https://www.uni-bremen.de/fileadmin/user_upload/sites/artec/Publikationen/artec_ Paper/174_paper.pdf (09.09.2024).

Knappertsbusch, Inka/Wisskirchen, Gerlind (Hrsg.) (2023): Die Zukunft der Arbeit: New Work mit Flexibilität und Rechtssicherheit gestalten, Wiesbaden.

Knappertsbusch, Inka/Stute, Hannah (2023): Work from anywhere – Die freie Wahl des Arbeitsortes; in: Knappertsbusch, Inka/Wisskirchen, Gerlind (Hrsg.), Die Zukunft der Arbeit: New Work mit Flexibilität und Rechtssicherheit gestalten, Wiesbaden, S. 89–96.

Kniberg, Henrik/Ivarsson, Anders (2012): Scaling Agile @ Spotify with Tribes, Squads, Chapters&Guilds; https://blog.crisp.se/wp-content/uploads/2012/11/SpotifyScaling.pdf (29.03.2024).

Kock, Net (2019): Empathetic Leadership: How Leader Emotional Support and Understanding Influences Follower Performance; in: Journal of Leadership & Organizational Studies, 26. Jg., 2019, H. 2, S. 217–236.

Kühl, Stefan (2015a): Das Regenmacher-Phänomen: Widersprüche im Konzept der lernenden Organisation, 2. Aufl., Frankfurt/New York.

Kühl, Stefan (2015b): Sisyphos im Management: Vergebliche Suche nach der optimalen Organisationsstruktur, 2. Aufl., Frankfurt/New York.

Kühl, Stefan (2015c): Wenn die Affen den Zoo regieren: Tücken der flachen Hierarchien, 6. Aufl., Frankfurt/New York.

Kühl, Stefan (2015d): Wie demokratisch können Organisationen sein? In: wirtschaft + weiterbildung, Nr. 6. S. 18–25, https://www.uni-bielefeld.de/soz/personen/kuehl/pdf/Kuehl-Stefan-2015-ww0615_18-25_TT.pdf (24.03.2024).

Kühl, Stefan/Sua-Ngam-Iam, Phanmika (Hrsg.) (2023): Holacracy: Funktionen und Folgen eines Managementmodells, Wiesbaden.

Kuster, Jörg et al. (2022): Handbuch Projektmanagement: Agil – Klassisch – Hybrid, Berlin/Heidelberg.

Kreikebaum, Hartmut (2002): Gerechtigkeit und Fairness; in: Schreyögg, Georg/Werder, Axel v. (Hrsg.): Handwörterbuch Unternehmensführung und Organisation, Stuttgart, S. 347–353.

Kreyenberg, Jutta (2005): Handbuch Konfliktmanagement, 2. Aufl., Berlin.

Laloux, Frederic (2015): Reinventing Organizations: Ein Leitfaden zur Gestaltung sinnstiftender Formen der Zusammenarbeit, München.

Landes, Miriam/Steiner, Eberhard (2023): Integration von New Work in die Unternehmenskultur; in: Helmold, Marc et al. (Hrsg.): New Work, Neues Arbeiten virtuell in Präsenz: Konzepte und Werkzeuge zu innovativer, agiler und moderner Führung, Wiesbaden, S. 19–34.

Lee-Davies, Linda/Kakabadse, Nada K./Kakabadse, Andrew (2007): Shared leadership: leading through polylogue; in: Business Strategy Series, Vol. 8, No. 4, S. 246–253.

Lewrik, Michael/Link, Patrick/Leifer, Larry (2017): Das Design Thinking Playbook, München.

Liden, Robert C./Wayne, Sandy. J./Sparrowe, Raymond T. (2000): An examination of the mediating role of psychological empowerment on the relations between the job, interpersonal relationships, and work outcomes; in: Journal of Applied Psychology, Vol. 85, No. 3, S. 407–416.

Lippold, Dirk (2023): Modernes Personalmanagement: Personalmarketing im digitalen Wandel, 4. Aufl., Berlin/Boston.

Lorra, Jana/Möltner, Hannah (2021): New Work: Die Effekte von Leader-Member Exchange auf psychologisches Empowerment, extraproduktives Verhalten und Fluktuationsabsicht der Mitarbeitenden; in Zeitschrift für Arbeitswissenschaft, 75, S. 322–336.

Lütke-Lanfer, Sarah/Becker, Cathrin (2020): Offene Büroumgebungen und psychische Gesundheit: Theoretische Überlegungen zu psychologischen Einflussfaktoren; in: Zeitschrift für Arbeitswissenschaft 74 Jg., 2020, H. 3, S. 206–215.

Luhmann, Niklas (2014): Vertrauen. Ein Mechanismus der Reduktion sozialer Komplexität, 5. Aufl., Stuttgart.

Mayer, Roger C./Davis, James H./Schoorman, F. David (1995): An integrative model of organizational trust; in: Academy of Management Review, Vol. 20, No. 3, S. 709–734.

Mayer, Roger C./Gavin, Mark B. (2005): Trust in management and performance: who minds the shop while the employees watch the boss?; in: Academy of Management Journal, Vol. 48. No. 5, S. 874–888.

Meckel, Miriam (2011): Brief an mein Leben. Erfahrungen mit einem Burnout, 10. Aufl., Reinbek.

Meifert, Matthias (2008): Ist Vertrauenskultur machbar? Vorbedingungen und Überforderungen betrieblicher Personalpolitik; in: Benthin, Rainer/Brinkmann, Ulrich (Hrsg.): Unternehmenskultur und Mitbestimmung: Betriebliche Integration zwischen Konsens und Konflikt, Frankfurt/New York, S. 309–327.

Meinel, Christoph/Weinberg, Ulrich/Krohn, Timm (2017): Design Thinking Live – Eine Einführung; in: Meinel, Christoph/Weinberg, Ulrich/Krohn, Timm (Hrsg.), Design Thinking Live, 2. Aufl., Hamburg, S. 11–23.

Meissner, Jens O./Heike, Michael/Sigrist, Daniel (2023): Organisationsdesign in einer komplexen und instabilen Welt: Einführung in Modelle und Konzepte sowie deren Anwendung, Wiesbaden, S. 91–95.

Möller, Heidi (Hrsg.) (2012): Vertrauen in Organisationen: Riskante Vorleistung oder hoffnungsvolle Erwartung? Wiesbaden.

Möllering, Guido (2007): Grundlagen des Vertrauens: Wissenschaftliche Fundierung eines Alltagsproblems; in: Max-Planck-Institut für Gesellschaftsforschung (Hrsg.): Jahrbuch 2007–2008, Köln: Max-Planck-Institut für Gesellschaftsforschung, S. 73–78.

Mühlbacher, Jürgen (2003): Role Models in Leadership and Self Psychology According to Kohut; in: Journal of Global Business and Technology, https://gbata.org/wp-content/uploads/2013/02/JGBAT_Vol1-1-p2.pdf, S. 32–38.

NANK Co:llaboratory (2024) https://newwork-newculture.dev/frithjofbergmann/ (20.07.2024).

Neck, Christopher P. et al. (2013): Self-Leadership: A cognitive resource for entrepreneurs; in: Journal of the Small Business and Entrepreneurship, 26. Jg., 2013, H. 5, S. 463–480.

Nielsen, Lene (2019). Personas – User focused design. Wiesbaden.

Nitzl, Christian/Hirsch, Bernhard/Marx, Ulrike (2013): Die Entstehung von interpersonellem Vertrauen am Beispiel der Manager-Controller-Interaktion; in: Vollmar, Jens/Becker, Roman/ Hoffend, Isabella (Hrsg.), Macht des Vertrauens; Perspektiven und aktuelle Herausforderungen im unternehmerischen Kontext, Wiesbaden, S. 37–51.

Nooteboom, Bart (2003): Trust: Forms, Foundations, Functions, Failures and Figures, Cheltenham.

Oestereich, Bernd/Schröder, Claudia (2017): Das kollegial geführte Unternehmen: Ideen und Praktiken für die agile Organisation von morgen, München.

Ozkan, Necmettin/Gok, Mehmet S. (2022): Definition Synthesis of Agility in Software Development: Comprehensive Review of Theory to Practice; in: International Journal of Modern Education and Computer Science, 2022, Nr. 3, S. 26–44.

Pearce, Craig L./Conger, Jay A. (2003): All those years ago: The historical underpinnings of shared leadership; in: Pearce, Craig L./Conger, Jay A. (Hrsg.), Shared leadership: Reframing the hows and whys of leadership. Thousand Oaks, S. 1–18.

Personalmagazin (9/2018): Interview mit Frithjof Bergmann: Für viele ist New Work etwas, was Arbeit ein bisschen reizvoller macht, quasi Lohnarbeit im Minirock; in: Personalmagazin 09/2018, S. 40–43.

Pfeiffer, Sabine et al. (2019): Crowdworking und Leistungsgerechtigkeit, Ansprüche von Crowdarbeitenden an distributive, prozedurale und informationale Gerechtigkeit; in: HMD Praxis der Wirtschaftsinformatik, 56. Jg., 2019, o. H., S. 748–765.

Piechatzek, Julia M. (2023): Die Transformation der Arbeitswelt: Hybrides Arbeiten als entscheidender Wettbewerbsvorteil für Arbeitgeber, S. 15–20.

Pichler, Roman (2009): Scrum – Agiles Projektmanagement erfolgreich einsetzen, Heidelberg.

Project Management Institute (2017): Agile Practice Guide, Newtown Square.

Rau, Ted J. (2024): Soziokratie – kurz erklärt. Sociocracy For All, ohne Ort.

Rawitzer, Heike (2022): Servant Leadership: der dienende Führungsansatz als Erfolgsfaktor; in: Zeitschrift für Führung + Organisation, 91. Jg., 2022, H. 6, S. 387–390.

REFA AG (2024): Agilität, https://refa.de/service/refa-lexikon/agilitaet (30.06.2024).

Reh, Sebastian (2023): Veränderungen und Trends hinsichtlich des Arbeitsorts: Coworking und Coopetition als Entwicklungstrends im Rahmen der Digitalisierung; in: Eichenberg, T./von Zobeltitz, A. (Hrsg.): Trends im Management von Nachhaltigkeit und Digitalisierung 2023: Gestaltung der Unternehmensentwicklung im Kontext der digitalen Transformation und der 17 Sustainable Development Goals, Band 4 der Schriftenreihe Hochschule Weserbergland 2023, S. 209–223.

Reichwald, Ralf/Hesch, Gerhard (1998): Mitarbeiter und Manager in neuen Organisationen; in: Adam, Dietrich (Hrsg.), Komplexitätsmanagement, Schriften zur Unternehmensführung, 1998, Wiesbaden, S. 87–96.

Rice, Ronald E. (1992): Task Analyzabilty, Use Of New Media, And Effectiveness: A Multi-Site Exploration Of Media Richness; in: Organization Science, Vol. 3, 1992, No. 4, S. 475–500.

Rietze, Sarah/Zacher, Hannes (2023a): Healthy New Work: Auswirkung agiler Arbeit auf die psychische Gesundheit; in: PERSONALquarterly, 75. Jg., H. 3, S. 32–38.

Rietze, Sarah/Zacher, Hannes (2023b): Agile work practices: opportunities and risks for occupational well-being; in: Gruppe. Interaktion. Organisation, Zeitschrift für Angewandte Organisationspsychologie (GIO), Vol. 54, S. 483–498.

Rüther, Christian (2017): Vergleich Holakratie – Soziokratie. Verfügbar unter: https://www.soziokratie.org/wp-content/uploads/2017/09/vergleich-holakratie-soziokratie1.1.pdf (09.09.2024).

Rüther, Christian (2018): Soziokratie, S3, Holakratie, Frederic Laloux' „Reinventing Organizations" und „New Work": Ein Überblick über die gängigsten Ansätze zur Selbstorganisation und Partizipation, 2. Aufl., Norderstedt, S. 18–25.

Ryan, Richard M./Deci, Edward L. (2000): Self-determination theory and the facilitation of intrinsic motivation, social development, and well-being; in: American Psychologist, Vol. 55, No. 1, S. 68–78.

Schein, Edgar H. (1984): Coming to a New Awareness of Organizational Culture; in: Sloan Management Review, Vol. 25, No. 2, S. 3–16.

Schein, Edgar H. (1995): Unternehmenskultur. Ein Handbuch für Führungskräfte, Frankfurt/New York.

Schein, Edgar H. (2003): Organisationskultur. "The Ed Schein Corporate Culture Survival Guide", Köln.

Schein, Edgar/Schein, Peter (2018): Organisationskultur und Leadership, 5. Aufl., München.

Scheller, Torsten (2017): Auf dem Weg zur agilen Organisation: Wie Sie Ihr Unternehmen dynamischer, flexibler und leistungsfähiger gestalten, München.

Schermuly, Carsten C. (2014): Psychologisches Empowerment und Mitarbeiterführung; in: Felfe, Jörg (Hrsg.), Trends der psychologischen Führungsforschung: Neue Konzepte, Methoden und Erkenntnisse, Göttingen, S. 303–316.

Schermuly, Carsten C. (2021). New Work – Gute Arbeit gestalten: Psychologisches Empowerment von Mitarbeitern, 3. Aufl., Freiburg.

Schermuly, Carsten C. (2024): New Work – Gute Arbeit gestalten: Psychologisches Empowerment von Mitarbeitenden, 4.+Aufl., Freiburg.

Schermuly, Carsten C./Meifert, Matthias (2022): Ergebnisbericht zum New Work-Barometer 2022, https://www.srh-berlin.de/fileadmin/Hochschule_Berlin/New_Work-Barometer_2022_Ergebnisbericht.pdf (26.08.2024).

Schermuly, Carsten C./Meyer, Bertolt (2016): Good relationships at work: The effects of Leader–Member Exchange and Team–Member Exchange on psychological empowerment, emotional exhaustion, and depression; in: Journal of Organizational Behavior, Vol. 37, No. 5, S. 673–691.

Schermuly, Carsten C./Meyer, Bertolt (2020): Transformational Leadership, Psychological Empowerment, and Flow at Work; in: European Journal of Work and Organizational Psychology, Vol. 29, No. 5, S. 740–752.

Schmidt, Gunther (2016): Einführung in die hypnosystemische Therapie und Beratung, Heidelberg.

Scholl, Wolfgang (2007): Grundkonzepte der Organisation; in: Schuler, Heinz (Hrsg.), Lehrbuch der Organisationspsychologie, 4. Aufl., Bern, S. 515–556.

Scholz, Christian/Scholz, Tobias M. (2019): Grundzüge des Personalmanagements, 3. Aufl., München.

Schwaber, Ken/Sutherland, Jeff (2020): Der Scrum Guide – Der gültige Leitfaden für Scrum: Die Spielregeln, https://scrumguides.org/docs/scrumguide/v2020/2020-Scrum-Guide-German.pdf (29.03.2024 oder in der jeweils aktuellen Fassung unter www.scrum.org).

Schweer, Martin K. (1999): Vertrauen und Misstrauen – zwei Seiten derselben Medaille? Eine Untersuchung zu den impliziten Theorien interpersonalen Vertrauens und Misstrauens; in: Holtappels, Heinz-Günter/Schweer, Martin K./Wigger, Lothar (Hrsg.): Schriften des Instituts für Erziehungswissenschaft, Band 4, Vechta: Universität Vechta, S. 7–24.

Schweer, Martin K. W. (2003): Vertrauen als Organisationsprinzip. Vertrauensförderung im Spannungsfeld personalen und systemischen Vertrauens; in: Erwägen Wissen Ethik, Nr. 14, S. 323–332.

Schweer, Martin K. W. (2004): Vertrauen; in: Auhagen, Ann E. (Hrsg.): Positive Psychologie. Anleitung zum „besseren" Leben, Weinheim/Basel, S. 125–138.

Schweer, Martin K. W. (Hrsg.) (2010): Vertrauensforschung: A State of the Art, Frankfurt am Main.

Schweer, Martin K./Vaske, Christian/Vaske, Ann-Kathrin (2009): Zur Funktionalität und Dysfunktionalität von Misstrauen in virtuellen Organisationen; in: Meißner, Klaus/Engelien, Martin (Hrsg.), GeNeMe '09: Gemeinschaften in Neuen Medien, Dresden.

Schwegler, Christian (2014): Der Hypnotherapeutische Werkzeugkasten: 50 Hypnotherapeutische Techniken für gelungene Induktionen und Interventionen, 2. Aufl., ohne Ort.

Scholl, Wolfgang et al. (2012): Wissensgewinnung durch Führung – die Vermeidung von Informationspathologien durch Kompetenzen für Mitarbeitende (Empowerment); in: Grote, Sven (Hrsg.), Die Zukunft der Führung, S. 391–414.

Schreyögg, Georg/Koch, Joachim (2024): Grundlagen des Managements, 4. Auflage, Wiesbaden.

Selye, Hans (1956): The stress of life, New York.

Spears, Larry (2010): Character and Servant Leadership: Ten Characteristics of Effective, Caring Leaders; in: The Journal of Virtues & Leadership, 1 Jg., 2010, H. 1, S. 25–30.

Spitzer, Manfred (2018): Einsamkeit – die unerkannte Krankheit, München.

Spreitzer, Gretchen M. (1995): Psychological empowerment in the Workplace: Dimensions, measurement and validation; in: Academy of Management Journal, 38. Jg., 1996, H. 5, S. 1441–1465.

Spreitzer, Gretchen M. (2008): Taking stock: A review of more than twenty years of research on empowerment at work; in: Barling, Julian/Cooper, Cary L. (Hrsg.), Los Angeles/London, S. 6–8.

Spreitzer, Gretchen M./Janasz, Suzanne C./Quinn, Robert E. (1999): Empowered to lead: The role of psychological empowerment in leadership; in: Journal of Organizational Behavior, Vol. 20, No. 4, S. 511–526.

Statista (2023): Neue Arbeitswelt – Statista Trend-Report zu Veränderungen in der Arbeitswelt, Juni 2023, https://de.statista.com/statistik/studie/id/62636/dokument/neue-arbeitswelt/ (29.03.2024).

Stankewitz, Leonie Kristina (2023): Anforderungen an den Arbeitsplatz der Zukunft – Wirksame Zusammenarbeit und Innovationsfähigkeit durch Activity Based Working; in: Knappertsbusch, Inka/Wisskirchen, Gerlind (Hrsg.), Die Zukunft der Arbeit: New Work mit Flexibilität und Rechtssicherheit gestalten, Wiesbaden, S. 273–280.

Steinle, Claus/Ahlers, Friedel/Eichenberg, Timm (2005): Phasen einer Führung auf Distanz; in: Personalwirtschaft – Magazin für Human Resources, 32. Jg., 2005, H. 7, S. 15–17.

Strauch, Barbara/Ornetzeder, Daniel (2022): Soziokratie: Organisationsstrukturen zur Stärkung von Beteiligung und Mitverantwortung des Einzelnen in Unternehmen, Politik und Gesellschaft, 2. Aufl., München.

Strauch, Barbara/Reijmer, Annewiek (2018): Soziokratie: Kreisstrukturen als Organisationsprinzip zur Stärkung der Mitverantwortung des Einzelnen, München.

Stoi, Roman/Dillerup, Ralf (2022): Unternehmensführung: Erfolgreich durch modernes Management & Leadership, 6. Aufl., München.

Süß, Stefan/Ruhle, Sascha/Schmoll, René (2022): Homeoffice – aktuelle Erkenntnisse zu Produktivität und arbeitsbezogenen Wahrnehmungen; in: PERSONALquarterly, 74. Jg., H. 4, S. 32–37.

Teipel, Philipp/Alberti, Marco. (2023): Vision und Strategie verwirklichen mit OKR; in: Controlling & Management Review, H. 5, 2023, S.+34–29.

Thiedmann, Rosemarie (2023): 30 Minuten New Work, Offenbach.

Timinger, Holger (2024): Modernes Projektmanagement: Mit traditionellem, agilem und hybridem Vorgehen zum Erfolg, 2. Aufl, Weinheim.

Thomas, Kenneth W./Velthouse, Betty A. (1990): Cognitive elements of empowerment: An „Interpretive" Model of intrinsic task motivation; in: The Academy of Management Review, Vol. 15, No. 4, S. 666–681.

Tuckman, Bruce W. (1965): Developmental sequence in small groups; in: Psychological Bulletin, Vol. 63, No. 6, S. 384–399.

Tüxen, Dana et al. (2023): Empathische Kommunikation im virtuellen Führungskontext; in: Zeitschrift für Führung + Organisation, 92. Jg., 2023, H. 2, S. 76–81.

Vahs, Dietmar (2023): Organisation: Ein Lehr- und Managementbuch, München.

Van Vugt, Mark (2012): The nature in leadership: Evolutionary, biological and social neuroscience perspectives; in: Day, David Vaughn/Antonakis, John (Hrsg.): The Nature of Leadership, 2. Aufl., Los Angeles, S. 141–175.

Wagner, Dieter et al. (2021): New Work in Brandenburg; in: PERSONALquarterly, 73. Jg., 2021, H. 4, S. +50–51.

Waldinger, Robert/Schulz, Marc (2023): Summary of Robert Waldinger and Marc Schulz´s The Good Life, Stuttgart.

Wang, Danni/Waldmann, David A./Zhang, Zhen (2014): A meta-analysis of shared leadership and team effectiveness; in: Journal of Applied Psychology; Vol. 99, No. 2, S. 181–198

Weckmüller, Heiko (2018): Was ist Sinn dahinter; in: Personalmagazin, 20. Jg., 2018, H. 9, S. 27–29.

Weibler, Jürgen (2023): Personalführung: Personen – Beziehungen – Kontexte – Wirkungen, 4. Aufl., München.

Weiand, Achim (2023): Digitalisierung, Gesellschaft und Unternehmen; in: Schallmo, Daniel R. A. et+al. (Hrsg.): Digitalisierung – Fallstudien, Tools und Erkenntnisse für das digitale Zeitalter, Wiesbaden, S. 25–48.

West, Dave (2016): Updates to the Scrum Guide: The 5 Scrum values take center stage, https://www. scrum.org/resources/blog/5-scrum-values-take-center-stage (29.03.2024).

World Health Organization (2022): Mental health, https://www.who.int/news-room/fact-sheets/detail/men tal-health-strengthening-our-response (30.06.2024).

World Health Organization (2004): Promoting mental health: Concepts, emerging evidence, practice: Summary report. Geneva: World Health Organization, S. 12, https://iris.who.int/bitstream/handle/ 10665/42940/9241591595.pdf (30.06.2024).

Uebernickel, Falk et al. (2015): Design Thinking: Das Handbuch, Frankfurt am Main.

Väth, Markus (2016): Arbeit. Die schönste Nebensache der Welt, E-Book, Offenbach.

Vereinte Nationen (1948): Resolution der Generalversammlung 217 A (III). Allgemeine Erklärung der Menschenrechte, https://www.un.org/depts/german/menschenrechte/aemr.pdf/ (18.07.2024).

Zak, Paul J. (2017): The Neuroscience of Trust; in: Harvard Business Review, Vol. 95, No. 1, S. 84–90.

ZEW – Leibniz-Zentrum für Europäische Wirtschaftsforschung (2022): Digitalisierung schadet Arbeitern und sorgt für Ungleichheit, https://www.zew.de/presse/pressearchiv/digitalisierung-schadet-arbeitern-und-sorgt-fuer-ungleichheit (26.08.2024).

# Tabellenverzeichnis

https://doi.org/10.1515/9783111388861-008

# Abbildungsverzeichnis

https://doi.org/10.1515/9783111388861-009

# Über die Autoren

Prof. Dr. rer. pol. **Timm Eichenberg**, Dipl.-Ök. ist Professor für Personalmanagement und Projektmanagement am Fachbereich Wirtschaft der Hochschule Weserbergland in Hameln.

Prof. Dr. rer. pol. **Olga Hördt**, Dipl.-Ök. ist Professorin für Allgemeine BWL, insbesondere Organisation, Führung und Personal an der Hochschule Ruhr West in Mülheim an der Ruhr.

Prof. Dr. rer. pol. **Thomas Stelzer-Rothe**, Dipl.-Hdl. lehrt und forscht mit dem Schwerpunkt Personalmanagement an der FH SWF, Hochschule für Technik und Wirtschaft, Abteilung Hagen, und ist Präsident des Hochschullehrerbund Nordrhein-Westfalen.

https://doi.org/10.1515/9783111388861-010

# Stichwortverzeichnis

https://doi.org/10.1515/9783111388861-011